埃莉诺·奥斯特罗姆教授
历史上首位诺贝尔经济学奖女性得主

Photo credit: Ric Cradick, Indiana University

2004年2月赴印第安纳大学拜访埃莉诺

2004年2月赴印第安纳大学拜访文森特

2007年7月埃莉诺在清华大学参加国际经济学会会议

2007年7月奥斯特罗姆夫妇访问北京期间合影

2009年9月研究所为文森特庆祝90大寿

2009年6月WOW4会议后在研究所向埃莉诺请教

2009年6月WOW4会议期间中国学者与奥斯特罗姆夫妇合影

2009年10月埃莉诺获诺奖次日在研究所合影

2009年12月埃莉诺在印第安纳大学诺奖壮行会上

2010年4月陪同埃莉诺到科罗拉多大学访学

2009年12月埃莉诺瑞典归来后为访问学者颁发"巧克力诺贝尔奖"

2009年12月埃莉诺在瑞典获颁诺贝尔奖

2011年5月埃莉诺做客清华论坛发表演讲

2011年5月埃莉诺访问清华大学晚宴
与三位导师留影

2011年5月埃莉诺在清华论坛上
回答师生提问

2011年5月埃莉诺在清华公管学院座谈后与师生合影

2011年5月与埃莉诺在长城合影

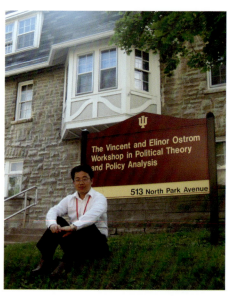

2014年6月参加WOW5会议重游
奥斯特罗姆研究所

2014年6月在WOW5会议期间参观
埃莉诺诺奖展览

埃莉诺获诺奖后修葺一新的研究所

2014年6月参加WOW5会议在
印第安纳大学博物馆前留影

增进公共事物治理

奥斯特罗姆学术探微与应用

ENHANCING COMMONS
GOVERNANCE:
ELINOR OSTROM'S
SCHOLARSHIP AND
APPLICATIONS

王亚华 ⊙ 著

清华大学出版社
北京

版权所有，侵权必究。举报：010-62782989，beiqinquan@tup.tsinghua.edu.cn。

图书在版编目(CIP)数据

增进公共事物治理：奥斯特罗姆学术探微与应用/王亚华著. —北京：清华大学出版社，2017（2024.5重印）
ISBN 978-7-302-46054-1

Ⅰ. ①增… Ⅱ. ①王… Ⅲ. ①奥斯特罗姆－行政管理－思想评论 Ⅳ. ①D035

中国版本图书馆 CIP 数据核字(2017)第 004890 号

责任编辑：	周　菁
封面设计：	史宪罡
责任校对：	王荣静
责任印制：	曹婉颖

出版发行：	清华大学出版社
网　址：	https://www.tup.com.cn, https://www.wqxuetang.com
地　址：	北京清华大学学研大厦 A 座　邮　编：100084
社 总 机：	010-83470000　邮　购：010-62786544
投稿与读者服务：	010-62776969, c-service@tup.tsinghua.edu.cn
质量反馈：	010-62772015, zhiliang@tup.tsinghua.edu.cn
印 装 者：	涿州市般润文化传播有限公司
经　销：	全国新华书店
开　本：	170mm×240mm　印张：22　插页：3　字　数：340 千字
版　次：	2017 年 3 月第 1 版　印　次：2024 年 5 月第 3 次印刷
印　数：	2201～2300
定　价：	58.00 元

产品编号：072457-01

序一:埃莉诺·奥斯特罗姆学术思想的中国价值

胡鞍钢*

埃莉诺·奥斯特罗姆(Elinor Ostrom)是诺贝尔经济学奖自设立以来的首位女性得主,曾经两次访问清华大学。第一次是2007年夏天她和先生文森特·奥斯特罗姆(Vincent Ostrom)一起来访;第二次是2011年5月,她在"清华论坛"发表了题为"诊断社会生态系统"的精彩演讲,当时我主持了报告会,之后她还与清华大学公共管理学院的师生座谈。那时她爽朗健谈,神采奕奕,没想到一年后她就驾鹤西去。虽然她已离开人世近五年,但留下了十分宝贵的学术思想,值得我们深入地学习、深刻地理解和永久地纪念。

奥斯特罗姆是一位成就卓越的学者,她在制度分析和公共政策、集体行动理论、公共资源管理、可持续发展等领域的研究成果,在世界范围内产生了很大影响。她因《公共事物的治理之道》一书,在国际政治经济学界享

---

* 清华大学公共管理学院教授、清华大学国情研究院院长。

有盛誉，并为中国社会科学界所熟悉。1973年，她和丈夫文森特共同创办了印第安纳大学政治理论与政策分析研究所，是誉满全球的跨学科社会科学研究机构。清华大学公共管理学院曾派王亚华教授前往该研究所访学，也因此与奥斯特罗姆学派建立了紧密的学术联系。

王亚华教授在印第安纳大学访学期间，恰逢埃莉诺·奥斯特罗姆获得诺贝尔经济学奖，见证了她荣膺该奖的全过程。从美国访学归来后，他在清华大学多次宣讲奥斯特罗姆夫妇的学术思想，受到了广大师生的欢迎和好评。近年来，他积极运用奥斯特罗姆的理论方法研究中国问题，在国际学术前沿理论与中国国情结合方面做出了有益探索，成为推动奥斯特罗姆学派与中国公共管理研究融合的重要学者之一。他在清华大学出版社出版的新著《增进公共事物治理——奥斯特罗姆学术探微与应用》，辑录了近年来传播和应用奥斯特罗姆学术思想的最新成果，是对奥斯特罗姆学术贡献的最好纪念，对国内社会科学界具有重要的理论参考价值。

王亚华教授的这部新著，收录了他不同时期的随笔5篇，保存了他跟随奥斯特罗姆访学、见证大师获得诺贝尔经济学奖及参与有关学术活动的珍贵记录，记述了中国学者融入学术全球化的"一段佳话"；他在不同场合介绍和阐释奥斯特罗姆学术思想的讲稿5篇，深入浅出地介绍奥斯特罗姆的学术思想，又能结合中国语境有自己的理解和阐发，展现了奥斯特罗姆学派成果与中国实践的紧密联系，也提供了观察和分析中国道路的一个新的理论视角；他应用奥斯特罗姆理论方法研究中国问题的习作4篇，反映了对制度分析与发展（IAD）框架和社会生态系统（SES）框架的深刻理解，为应用这两个理论框架研究中国治理问题提供了示范，显示了奥斯特罗姆的理论方法在中国问题研究中的应用前景。此外，该书还收录了奥斯特罗姆的诺贝尔讲稿和学术自传的中文译稿，具有重要的学术资料价值。全书的内容非常丰富，多角度和多侧面呈现了奥斯特罗姆的学术思想及其重大价值。

通过阅读这本书，我认为，奥斯特罗姆的学术思想对于中国的发展和改革实践，具有非常重要的借鉴和参考价值。特别是她很多社会治理和制度分析的学术思想，与当今中国治国理政的新理念和新思路高度契合，所谓"天下智谋之士所见略同"。

比如,奥斯特罗姆的自主治理理论非常有启发价值。她倡导在政府与市场之外,要重视社会自主组织的力量,并提出了自主治理有效运作的理论,这是对人类公共事物治理的重要思想贡献。中国的经济体制改革,主要是两大主体,前者是各级政府;后者是由民营企业、个体工商户等构成的市场主体,如何正确认识并处理好政府与市场的关系是核心问题。中国的社会体制改革,主要是另两大主体,即政府与社会(包括社会组织法人和市民)的关系,如何正确认识并处理好政府与社会的关系是核心问题。因此,中国经济社会改革的关键,是如何统筹政府、市场和社会三大主体,形成利益共同体、发展共同体、命运共同体,充分提高各方的积极性。这是习近平总书记在中央城市工作会议首次提出"三只手合力论":统筹政府、社会、市民三大主体积极性,尽最大可能推动政府、社会、市民同心同向行动,使政府有形之手、市场无形之手、市民勤劳之手同向发力。①

如何发挥社会之手的作用,是当前中国国家治理体系改革的重中之重。中国目前已经是世界人口最为众多、疆域最为辽阔、经济总量最为庞大的国家之一,极为复杂和多样,社会快速变迁。如何治理这样的社会,对我们来讲始终是巨大的挑战。为此必须充分动员各种社会资源和力量,有效调动全体人民的积极性和主动性,积极发挥社会的自组织力量,增进公共事物的治理,构建社会主义和谐社会。在此过程中,奥斯特罗姆的自主治理理论,对于中国的社会治理具有重要的理论参考价值和政策指导意义。

再如,奥斯特罗姆的制度多样性理论,对中国的发展和改革也很有参考价值。奥斯特罗姆的学术研究侧重于制度,她认为制度多样性与生物多样性一样重要,强调不存在普遍适用的制度"万能药",面对复杂的公共事物治理问题,无论是政府、市场还是用户自治,都是过于简单的药方,实际的有效机制可能是各种制度的复杂组合。中国正经历世界规模最大、速度最快、各类矛盾最突出的城镇化进程,最基本关系和核心矛盾既有政府与市场之间的矛盾,也有政府与社会之间的矛盾,还有市场与社会之间的矛盾。应对这些复杂的矛盾和问题,没有包治百病的"灵丹妙药",相信改革,但不能迷信

---

① 新华社北京 2015 年 12 月 22 日电。

改革，不要以为改革能够解决一切问题。只能具体问题具体分析，具体解决，因地制宜，因时制宜。这就是为什么我很赞同奥斯特罗姆关于不存在制度"万能药"的观点。实际上，无论是社会体制的改革，还是生态文明体制的改革，既要解放思想，勇于改革，又要破除迷信，善于改革，因为政府不是万能的，市场不是万能的，社会也不是万能的，他们都会有缺陷，都会有失效。这就需要政府、市场和社会多元主体的合作、互补和协调，充分发挥"三只手"的作用并形成强大的合力，实现共治、共管、共建、共享，这是中国国家治理体系改革的基本取向，也应当成为新的"改革共识"。

奥斯特罗姆的学术思想博大精深，其价值当然不限于以上所述。王亚华教授多年研习奥斯特罗姆的学术思想，对其学术理论和方法有着精深的见解，这些认识散见于本书的各个篇章，相信读者通过阅读会有更多的收益。王亚华教授长期在清华大学国情研究院工作，在持续研究中国水治理问题的基础上，将中国的治理问题与奥斯特罗姆的学术思想有机联系，在奥斯特罗姆学派理论的"本土应用"和"本土化"方面做出了有益尝试。他在本书最后的学术小结《探寻中国公共事物的治理之道》一文中，回顾了过去十几年从水治理到公共事物治理研究的探索历程，对中国公共治理中广泛存在的"政府失灵""市场失灵"和"社会失灵"现象进行了总结提炼，努力为"三只手合力论"建构更坚实的学理基础，提出了中国公共治理研究的未来方向。我认为，本书呈现的这些成果和思考，反映了王亚华教授作为一名优秀学者的学术敏感性和社会责任感，以及积极借鉴西方优秀成果、解决中国现实问题的务实精神和远见卓识。

中国的发展和改革已经进入最激动人心的阶段，"十三五"时期中国将全面建成小康社会，开始向高收入水平阶段过渡。在这个伟大的历史进程中，积极吸收借鉴人类最优秀的文明成果，是中国创新发展道路、实现伟大复兴的必由之路。中国社会治理的复杂性，中国发展改革的紧迫性，要求我们必须大量吸收新思维、新理论，开放式地学习人类一切有益的治理理论和知识。奥斯特罗姆的学术思想及其所代表的学派，是当代国际社会科学界重要的智慧结晶之一，对于中国的发展和改革具有重要的参考价值。王亚华教授的这部新著，为促进奥斯特罗姆学术思想在中国的传播和应用发挥了桥梁和纽带作用，为中国吸收借鉴国际社会科学前沿学术成果提供了有益示范,为推动中国的公共治理变革做出了知识贡献。我积极向广大读者推荐此书,期望读者能认真学习以奥斯特罗姆为代表的国际前沿的学术思想,为中国的发展和改革提供新思路、新见解和新方案。

2016 年 12 月 4 日于北京

序二：奥斯特罗姆夫妇与中国

毛寿龙*

1997年夏天，刘军宁告诉我，美国著名政治学家奥斯特罗姆夫妇应中国政治学会的邀请访问中国社会科学院法学所（当时政治学所在法学所内），让我过去见见，因为我也研究制度分析，和奥斯特罗姆夫妇属于同一个学术传统。

当时法学所负责政治学的副所长白钢研究员在北海的仿膳宴请奥斯特罗姆夫妇，我也应邀参加，和奥斯特罗姆夫妇聊了好长时间。在北京期间又和奥斯特罗姆夫妇聊了几次，觉得非常投缘。当年秋天，我已经受英国皇家科学院的资助去英国访问三个月，奥斯特罗姆夫妇邀请我顺道访问美国印第安纳大学政治理论与政策分析研究所。1998年1月初，我从伦敦出发，转机芝加哥，到了奥斯特罗姆夫妇所在的印第安纳大学，在研究所的客房住了两周。期间在研究所做了一个有关中国社会科学发展的学术报告，座无虚席，可见奥斯特罗姆夫妇团队对中

---

* 中国人民大学公共管理学院教授、公共政策研究院执行副院长。

国研究的重视。

在此期间,奥斯特罗姆夫妇把他们的著作赠送给我,我觉得非常有必要把奥斯特罗姆夫妇的重要著作介绍到中国来。通过刘军宁博士联系了上海三联书店,敲定了马上翻译出版《制度分析与公共政策译丛》。回国后经过一年的努力,翻译了奥斯特罗姆夫妇的六本著作,并于2000年出版。此后又陆陆续续翻译了很多奥斯特罗姆夫妇的著作。加上其他学者的努力,现在奥斯特罗姆的著作基本上已经翻译成中文了。奥斯特罗姆夫妇有时候开玩笑说,他们在中国的影响比在美国还大。当然这并不符合实际,因为埃莉诺得了诺贝尔经济学奖,这显然是对他们在西方世界巨大影响的肯定。但我认为,这两位老人家这样说显然是对我们的工作的肯定,也是对我们进一步工作的期待。

自此之后,奥斯特罗姆夫妇经常邀请我去印第安纳大学短期参会或者访问,其中有一次还在奥斯特罗姆夫妇的森林木屋里住了一个月,近距离观察了大师的学术生活。奥斯特罗姆夫妇起得很早,每次当我起来煮咖啡的时候,他们已经工作了几个小时了,然后我们一起准备早餐。早餐后我陪文森特出去走走,然后去研究所工作。傍晚开车回家,简单吃完晚饭,继续工作。可见,大师的生活都是简单的,也是很有规律的,最大的特点是专注,所有的时间和精力,都放在学术上,数十年如一日。显然,大师们都有很多学术成果,这并不是天上掉下来的,而是勤奋努力出来的。

奥斯特罗姆夫妇的研究主要是基于美国的经验,后来扩展到西半球,他们一直想开拓在中国的研究,但时间精力不允许。不过,他们每隔两年都会来中国访问,给北京的朋友们予学术的支持。有一个夏天他们一起到北京机场的时候,我通过机场的关系,直接在飞机门口迎接他们。他们兴奋得跟小孩一样,一直说,没想到我会在那儿迎接他们。2007年的时候,文森特已经88岁高龄了,身体已经不太好,但依然坚持和埃莉诺一起来访问北京,还一直参加在北京的一系列学术活动,多休息一会儿都不愿意。他对1997年来北京的首次访问记忆非常深刻。当我开车带他故地重游的时候,都会说,这个地方当时干了什么,依然记得当年情形。从中可以看出他们对中国文明的敬意。

2007年之后,文森特因为身体原因无法胜任长途飞机,但埃莉诺还是隔两年来一次。2011年那次来访的时候,明显感觉她会觉得累,有时候会要一杯威士忌喝。我当时很坚决地要求精简活动,而且确保在活动期间尽

序二：奥斯特罗姆夫妇与中国

可能让她多休息。但没想到，她回国后仅半年，文森特的长期秘书就给我消息说奥斯特罗姆夫妇俩身体都不好，而埃莉诺的身体尤其不好，恐怕时间不多了。但埃莉诺和我的通信一直有，而且她回得很快。最后一封信是北京时间2012年6月11日晚上收到的。但北京时间第二天一早，就收到研究所秘书的电子邮件，说埃莉诺在研究所同事的陪伴下与世长辞了。过了一个月，研究所再次来信，文森特也去世了。这是出乎我们的意料的，因为埃莉诺并没有达到高龄，诺贝尔经济学家平均得奖年龄是82岁，而她才79岁就去世了。一般得奖者都很高寿，九十多岁是没问题的，科斯甚至103岁了还在写作。我们都等着她2013年夏天再次访问中国，但再也等不到了。

奥斯特罗姆夫妇走了，但给中国的学者留下了很多宝贵的财富。他们等身的著作不用说了，一直是中国学者进一步学习和研究的学术基础。他们留给我们的重要的资产是：有一批中国学者，受到他们的邀请，在他们创建的研究所（Workshop）学习、生活过一段时间，回国后，在他们的精神的激励下，从事进一步的研究。他们留下的更重要的资产是：组织研究和组织学者生活的方式。去过印第安纳大学的中国学者们，身上都感染了一种精神的气质。这种精神气质，让我们的学者生活，不仅仅是个人的努力，而是一种原始学者秩序的努力，更是一种扩展的学者秩序的努力。

也许正是这些原因，每一次阅读奥斯特罗姆夫妇的书的时候，我都会感觉浑身充满着一种奇特的精神力量，仿佛他们依然在我们身边，关注着我们的研究和生活。这激励着我们继续工作，努力成为富有生产力的学者。

王亚华教授也是经常访问印第安纳大学政治理论与政策分析研究所的中国学者。他的新书《增进公共事物治理——奥斯特罗姆学术探微与应用》，整理了奥斯特罗姆夫妇的一些学术资料，同时也展示了他自己在中国语境下的研究努力，以及未来进一步探索的方向，展示了他探寻中国公共事物治理之道的思路和初步成果。这是对奥斯特罗姆夫妇的最好的礼物。我相信，通过阅读这本著作，中国的学者和学生，可以更好地了解奥斯特罗姆的学者人生，也可以更好地一起来继续探索中国的公共事物治理之道。

是为序！

2016年12月1日于北京

前　言

美国印第安纳大学的埃莉诺·奥斯特罗姆（Elinor Ostrom）教授，是历史上首位也是迄今唯一一位诺贝尔经济学奖的女性得主。她和丈夫文森特·奥斯特罗姆教授创立了著名的公共选择学派——布鲁明顿学派（Bloomington School），在国际人文社会科学界享有盛誉。自从 2000 年以《公共事物的治理之道》为标志的系列著作被译为中文以来，奥斯特罗姆夫妇的学术思想在中国人文社会科学界被广为传播。2009 年，埃莉诺·奥斯特罗姆（简称奥斯特罗姆）荣膺诺贝尔经济学奖，进一步扩大了她在全球范围的学术影响。笔者长期跟踪研究奥斯特罗姆的学术思想，2009—2010 年恰好在美国布鲁明顿跟随她访学，见证了其获得诺奖的过程。笔者大量运用奥斯特罗姆的理论方法研究中国的治理问题，归国后举办了系列学术讲座介绍奥斯特罗姆的学术思想。本书选取了笔者与奥斯特罗姆夫妇交往的见闻录，部分学术讲座的整理稿以及应用其学术思想的研究论文，汇集成书分享给中国读者。

作为研习公共事物治理分析大师奥斯特罗姆的中文学术专著，该书主体分为"亲历篇""阐释篇""研习篇"三个部分，分别记录了笔者见证奥斯特罗姆获得诺奖前后的见闻录，近年来在清华大学宣介奥斯特罗姆的学术讲座稿，及运用奥斯特罗姆学术思想研究中国公共治理问题的习作。为了使读者更为全面地了解奥斯特罗姆的学术思想，本书收录了奥斯特罗姆的诺贝尔演讲稿和学术自传，分别作为本书的起始和附录。全书完整展现了奥斯特罗姆的学术生平、学术思想发展脉络及其学术方法的应用示例。

奥斯特罗姆的学术思想对转型期中国的公共治理变革具有重大价值；奥斯特罗姆的学术方法对中国人文社会科学学者有重要借鉴意义；奥斯特罗姆的治学精神对广大社会科学工作者有很大的启发性。笔者运用奥斯特罗姆的学术思想，对中国公共治理和发展道路的思考，显示了国际社会科学理论前沿与中国发展实践的内在联系。笔者运用奥斯特罗姆的学术方法，对中国治理问题的诊断，展示了如何应用其学术精华——特别是制度分析与发展框架及社会生态系统分析框架。本书内容既存录感性见闻，又记录理性思考；既有学术探微，又有理论阐发；既展示理论见解，又提供应用示范。希望本书的出版，对于有兴趣了解奥斯特罗姆及其学术思想的读者，以及广大从事人文社会科学研究特别是公共管理领域的师生，有积极的参考价值。

奥斯特罗姆的学术研究是以 Common Pool Resources 以及更为一般的 Commons 为中心展开的。围绕 Common Pool Resources 和 Commons 的翻译，在上海三联书店 2000 年版的《公共事物的治理之道》中文版译序中，毛寿龙教授曾经做过详细的探讨，并将前者译为"公共池塘资源"，指难以排他同时又分别享用的物品；将后者译为"公共事物"，泛指与公共相关的事物，即除了私人物品之外的所有物品，包括公共物品、公共池塘资源和俱乐部物品。正如毛寿龙教授所指出的，尽管将奥斯特罗姆的"Govering the Commons"书名翻译为《公共事物的治理之道》，但其研究的公共事物主要还是集中于公共池塘资源，包括小规模的地下水资源、渔场资源和森林资源等。当然，此书英文版发表之后的 20 多年时间里，奥斯特罗姆与同事关于 Commons 的研究，早已从传统的自然资源领域拓展到保护地、滨海系统、全球气候变化等新兴环境问题，以及诸如知识、宗教、网络等非传统公共事物。本书书名《增进公共事物治理》，既是对奥斯特罗姆学术思想价值的概括，也是对 2000 年中文版《公共事物的治理之道》一书的致敬,故而相关专业术语的翻译沿袭了该书的用法。笔者认为,奥斯特罗姆的学术思想对涉及公共利益的一般性公共事物治理问题,均有理论上的启发意义。当前,中国很多的公共事物处于凋敝甚至陷入衰落的困境,希望本书的出版对中国公共事物"良治"提供有价值的理论借鉴。

目　录

奥斯特罗姆的诺贝尔讲座稿

超越市场与政府：复杂经济系统的多中心治理 ……… 3

亲　历　篇

奥斯特罗姆荣膺诺贝尔经济学奖侧记 ……………… 37
建设新的治理科学 …………………………………… 44
深切缅怀奥斯特罗姆教授 …………………………… 49
大师其萎、薪火相继——WOW5纪行 ……………… 53
公共事物研究方兴未艾——IASC2015参会感言 … 59

阐　释　篇

走向新一代的社会科学 ……………………………… 65
复杂世界的治理之道 ………………………………… 95
多中心治道与中国社会治理 ………………………… 127

治理之道与中国之路……………………………………………… 151
立足国情构建中国特色哲学社会科学…………………………… 171

研 习 篇

作为政策分析工具的制度分析与发展(IAD)框架的再评估…… 179
中国节能降耗目标的实施：基于IAD框架的分析……………… 193
中国渠系灌溉管理绩效及其影响因素：一项运用IAD框架的研究…… 218
中国古代灌溉事物自主治理的涌现：基于SES框架的透视…… 243

附录：奥斯特罗姆的学术自传

漫长的多中心之旅………………………………………………… 265

作者学术小结

探寻中国公共事物治理之道……………………………………… 297

后记………………………………………………………………… 305

参考文献 …………………………………………………………… 307

奥斯特罗姆的诺贝尔讲座稿

超越市场与政府:复杂经济系统的多中心治理[①]

埃莉诺·奥斯特罗姆

公共池塘资源(Common-pool Resources,CPRs)和公共物品的治理存在着多样性的制度安排,当代学者在多个层面对此进行了深入研究,这些研究主要建立在古典经济学理论的基础上,与此同时他们又发展了新的理论,用以解释一些并非"市场"与"国家"二分所能解释的现象。学者的研究范式

[①] 本文为2009年12月8日奥斯特罗姆教授在瑞典斯德哥尔摩所做诺贝尔讲座稿的中译稿,由王亚华教授团队译校。该文中文版翻译和刊印已获诺贝尔基金会授权℃ The Noble Foundation 2009。原文致谢如下:"我想感谢文森特·奥斯特罗姆(Vincent Ostrom),以及在印第安纳大学政治理论与政策分析研究所的众多同事们,他们与我一同为今天在这里所讨论的研究奋斗了多年。我也非常感谢埃仑·埃格拉沃尔(Arun Agrawal)、安德烈亚斯·雷布莱恩德特(Andreas Leibbrandt)、迈克·迈克金尼斯(Mike McGinnis)、吉米·沃克(Jimmy Walker)、汤姆·威斯多姆(Tom Wisdom)以及应用理论研究组(Applied Theory Working Group)和实验阅读组(Experimental Reading Group)的有益建议,同时,感谢帕蒂·赖若特(Patty Lezotte)出色的编辑。多年来,我得到了福特基金会(Ford Foundation)、麦克阿瑟基金会(MacArthur Foundation)以及美国国家科学基金会(National Science Foundation)的大力支持,由衷感谢。"

从最初假设一个简单的系统,逐渐转向使用更复杂的框架、理论和模型来理解人类社会面临的难题和问题,而这些存在多样性特征的难题和问题还存在着交互影响。我们所研究的人类有着复杂的动机结构,并且他们也构建了多元化的制度安排,这些为私人、政府和社区带来利益的制度安排既有创新性的产出,也会带来破坏性的以及有害的结果(North 1990,2005)。

在本文中,我将介绍过去半个世纪里我所走过的知识之旅,这段旅程始于我在20世纪50年代末开始的研究生学习。早期在加州地区地下水多中心治理研究上的付出对于我来说是开创性的。这个时期,文森特·奥斯特罗姆(V. Ostrom)和查尔斯·蒂布特(C. Tiebout)提出了大城市地区治理的多中心系统的概念;除了与他们一起工作外,我也研究了很多私人和公共水生产商的工作,他们同时面临着沿海地下水流域超采和海水倒灌威胁这两个可持续性利用的问题。20世纪70年代,我参加了同事的一项关于美国大城市地区多中心的治安服务研究,我们发现大量的改革提案所依据的主要理论是不正确的。如果由大大小小的生产者一起来为大城市地区提供服务,大城市就可以实现一些治安服务提供的规模经济,与此同时还能避免其他治安服务的规模不经济。

随着时间的推移,这些早期的实证研究引导了制度分析与发展(Institutional Analysis and Development,IAD)框架的开发。IAD是一个与博弈论相一致的通用框架,它使我们能够开展各种实证研究,例如我们利用此框架对世界各地关于公共池塘资源系统的大量研究案例进行的荟萃分析(Meta-Analysis)。在实验室中严谨设计的实验研究,已使我们能够检验结构变量的精确组合,我们发现孤立的、匿名的个体会过度使用公共池塘资源。只要允许他们简单沟通,或者"简单交流",就能让参与者减少过度开采并增加总收益,这与博弈论的预测结果恰恰是相反的。尼泊尔灌溉系统和世界各地森林所开展的大量研究,挑战了一个既有假设:在组织和保护重要资源的工作上,政府总是比用户做得更好。

目前,许多学者都在开展新的理论探索。他们的一个核心工作是正在开发的关于个体选择的更一般的理论,这个理论可以识别"信任"在应对社会困境中所扮演的核心作用。随着时间的推移,学者在微观层次上已经获得一系列明确的发现,这些发现是关于增进合作可能性的结构性影响因素。

由于更广泛的实地情景中的复杂性,人们还需要再接再厉,开发出更结构性的方法,来对促进或阻碍在多层次、多中心系统中自主治理努力的出现和是否稳健的因素开展研究。进而,实证研究在政策领域的应用,会引导人们强调制度规则与特定社会生态情景相适应的重要性。毕竟,"放之四海而皆准"的政策是无效的。

一、早期简单系统的世界观

20世纪中叶,学者的主要工作是将世界尽量纳入简单的模型中,并且批评与这些模型不吻合的制度安排。我将简要回顾在那段时间提出的一些基本假设,这些假设已被世界各地的学者包括赫伯特·西蒙(H. Simon, 1955)和文森特·奥斯特罗姆(2008)等质疑。

两种理想的组织形式

市场被看作私人物品生产和交换的最优制度;而对于非私人物品,人们需要政府制定规则和收税,以强制自利的个人贡献出必要的资源,并且抑制唯利是图的行为。如果没有一个科层制政府在各个层面上引导人们服从,唯利是图的公民和官员将无法有效率地生产公共物品,比如和平与安全(Hobbes [1651],1960;W. Wilson,1885)。举个例子来说,学者通常会强烈建议由一个单一的政府部门来改善大城市治理的"混乱"结构,提高效率,减少政府部门之间的冲突,和为同质视角下的公众群体提供最好的服务(Anderson和Weidner,1950;Gulick,1957;Friesema,1966)。这种二分法虽然解释了与严格私人物品的生产和交换市场有关的互动和其产出的模式(Alchian,1950),但它并没有充分阐明私人企业的内部动力是何(Williamson,1975、1986),也没有充分解释为何制度安排会存在广泛的多样性——但实际上,人类恰恰是通过这些制度安排,精巧地治理、提供和管理公共物品和公共池塘资源。

两种物品

保罗·萨缪尔森(Paul Samuelson,1954)在他的经典论文中将物品划分为两类。纯私人物品既具有排他性(除非付费,个体 A 会被排斥消费私人物品),又具有竞争性(只要个体 A 消费,其他任何人都不能消费)。公共物品既具有非排他性(不可能排除那些没有付费的人),又具有非竞争性(无论个体 A 消费多少,都不影响其他人的消费数量)。这个基本的划分与制度领域的二分是一致的:市场环境下的私有产权交换和公共科层所组织的政府所有产权;人们则通常被视为消费者或者选民。

一个关于个体的模型

主流经济学和博弈论普遍接受所有的个体都是完全理性的假设。完全理性的个体被假定:①知道在特定情景下能够使用的所有可能的策略;②在一个情境下,给定他人的可能行为,知道哪种结果和哪种策略是联系在一起的;③知道根据效用衡量的个体偏好对这些结果进行的等级排序。在每种情境下,对于个体来说,理性的策略是预期效用的最大化。效用最初被设想为多种外部价值和单一内部规模的一种结合方式,但在实践中,它已经等同于一个外部化的测量单位——比如预期利润。对于关于与特定属性的物品有关交易的结果,个体的这个模型已经卓有成效地产生有用的、并经得起实证检验的理论预测,然而这些预测是在竞争性市场的情景中,而在社会困境的多元化的情景中。我将在本文第 7 部分的"发展更具普适性的个体理论"部分返回到对个体行为理论的探讨。

二、早期深入理解复杂人类系统的努力

20 世纪中叶,随着大量的实证研究和符合博弈论模型的框架的开发,学者关于简单系统的观点已开始慢慢转型。

多中心公共行业的研究

普通公民、地方公共企业家、政府官员在不同层面以多种方式提供、生产、管理公共服务业和公共产权体制,学者进行的实证研究发现,前文所提及的两种理想的组织形式并不能对此进行很好的解释。在城市地区,许多公共机构和私人机构同时提供公共服务,有的学者批评这种公共服务供给模式是混乱的,也有学者认为这是有效的。文森特·奥斯特罗姆、查尔斯·蒂布特和罗伯特·沃伦(R. Warren,1961)在研究这一问题时,引入了"多中心"的概念。

"多中心"意味着许多决策中心在形式上是相互独立的。然而,他们之间是否真是独立运作还是组成相互依赖的系统,则需要学者在特定的实例中进行实证检验。在一定程度上,他们需要考虑处于竞争关系中的其他参与者,需要各式各样的契约与合作,需要诉诸某一中央机制来解决冲突。城市中不同的行政领域是以一种连续一致的、可预见的互动方式在运行,也即可被认为是以"系统"的方式在运行(V. Ostrom, Tiebout and Warren, 1961:831~32)。

借助公共服务业中的这一概念(Bain,1959;Caves,1964;V. Ostrom 和 Ostrom,1965),20世纪60年代,加州不同地区开展了几项关于用水行业绩效的研究(V. Ostrom,1962;Weschler,1968;Warren,1966;E. Ostrom,1965)。大量证据表明,多个公共和私人机构找到了在不同层面管理水资源的有效方法,这与"缺乏明确等级结构的政府单位参与将会带来混乱"的观点截然相反。这些证据进一步指出,有三大机制提高了多中心城市地区的有效性:①与大城市相比,中小城市能更有效地监督其市民的行为绩效和相关成本;②对公共服务不满的市民能够"用脚投票",搬到能提供他们理想的公共服务的行政区域;③高度合作的社区能与大型供应商签订合同,同时在对服务不满意时能更改合同,而这对旁边位于大城市里面的社区是无法做到的。

20世纪70年代,早期关于城市地区水资源供给有效方式的研究扩展到了治安和公共安全领域。我们发现,虽然许多治安部门都同时为我们所研究的80个城市提供服务,但每个部门提供的服务截然不同(E. Ostrom,

Parks 和 Whitaker,1978)。同时,我们并没有发现城市地区公共服务机构的多样化会导致低效率,而这在之前是被广泛认同的。事实上,"在既定投入下,与生产者较少的城市相比,最有效率的生产者在高度多元化的城市中能带来更多的产出"(Ostrom 和 Parks,1999:287)。拥有较多数量自主的提供直接服务的生产者的城市,在公共服务供给上有着更高的技术效率(Ostrom 和 Parks,1999:290),即便在那些提供非直接服务(比如无线电通信和犯罪试验分析)生产者数量较少的城市中,技术效率也能得到提高。我们拒绝了当时流行的城市改革理论。同时我们说明,在城市治理中,复杂并不等同于混乱。随着我们对全世界资源和基础设施系统多中心治理的实证研究的进一步开展,相关知识理论得到了不断的拓展推进(Andersson 和 Ostrom,2008;E. Ostrom, Schroeder 和 Wynne,1993)。

物品分类的改进

对全世界范围内个体如何应对多元公共问题的深入研究使得我们摒弃了萨缪尔森对物品的二分法。布坎南(Buchanan,1965)在此基础上加入了第三类物品——"俱乐部"物品。与其他物品相比,相关群体能很容易的针对这类物品建立私人协会(俱乐部),并将非协会成员排除在外,只向他们内部成员提供无竞争性的小规模的物品和服务。

为了进行更深入的实证和理论研究,我们对物品的分类做了进一步的修正,以识别影响个体激励的基本差异(V. Ostromt 和 Ostrom,1977)。

(1)用"使用的竞用性"(Subtractability of Use)替代术语"消费的竞争性"(Rivalry of Consumption)。

(2)将"使用的竞用性"和"排他性"(Excludability)定义为由低到高连续变化的概念,替代以前"存在"或"不存在"的定义方式。

(3)增加很重要的第四类物品——公共池塘资源,这类物品兼具私人物品的竞用性和公共物品的非排他性的特征(V. Ostrom 和 Ostrom,1977)。森林、水系统、渔业、全球大气都是地球上对人类生存至关重要的公共池塘资源。

(4)将"俱乐部"物品更名为"收费"物品,因为小规模的公共或私人协会均能提供许多这种类型的物品。

图1展示了这4大类物品的概况,类型不同会影响提供、生产和消费这些不同类物品的制度设计。同时,这4类物品又可以分为许多性质各异的小类,例如,河流和森林都是公共池塘资源,但在资源单位的流动性、测量的难易程度、再生产的时间周期等方面又有很大的差别。即使是特定的公共池塘资源,在空间范围用户的数量或其他方面也会有所不同。

		使用的竞用性	
		高	低
排除潜在获益者的难度	高	公共池塘资源:地下流域,湖泊,灌溉系统,渔业资源,森林资源等	公共物品:社区的和平与安全,国防,知识,防火,天气预报等
	低	私人物品:食品,衣物,手机等	俱乐部物品:剧院,私人俱乐部,日托中心

图1 4类不同类型的物品

资料来源:Ostrom,2005:24.

一个从事大量实地调查的人将会观察到各种各样的人类互动的情境。作为一个观察者,周六午夜驾驶巡逻车在美国大城市的中心城区观察到的人们互动的情形,与工作日下午学校放学时在郊区观察到的情形是截然不同的。在这两个情境中,都能观察到的是由本地政府官员提供的公共物品——地方安全,然而每个情境中的其他人在年龄、自律性、为什么在那儿、想要做什么等方面却是不同的,而这种不同的环境又会影响所观察的警员的行动策略。

就像上面描述的观察公共物品的生产那样,我们现在来观察私人自来水公司、城市公用事业部门、私人石油公司和当地居民群体,他们在不同场合集会,就谁应该为地下水超采、大规模海水倒灌负责以及接下来该采取什么行动展开讨论。这些个体都面临着同一个问题——公共池塘资源的过度开采,但当他们每月在私人用水协会碰面的时候,在法庭上对峙的时候,面向立法机构和民众建立设立"特别补给区"(Special Replenishment District)的时候,其行为又千差万别。这些情境以及在多个国家的灌溉系统和森林资源中观察到的其他情境,并不符合我们通常所见到的标准的市场或官僚制模型。

三、发展一个分析人类情境多样性的框架

我们已经研究过的实地情景具有复杂性和多样性,在这基础上,我们和政治理论与政策分析研究所(Workshop in Political Theory and Policy Analysis,简称研究所)的同事一起发展了 IAD 框架(V. Ostrom,1975;Kiser 和 Ostrom,1982;McGinnis 1999a,1999b,2000;Ostrom 1986,2005)。这个框架包含嵌套式的模块,社会科学家可以利用这些模块来研究人们的互动,以及在不同情境下的互动结果。IAD 建立在对于交易(Transactions)(Commons,[1924]1968)、情境的逻辑(Logic of the Situation)(Popper,1961)、集体结构(Collective Structures)(Allport,1962)、框架(Frames)(Goffman,1974)以及脚本(Scripts)(Schank 和 Abelson,1977)的早期研究基础之上。同时,IAD 也借鉴了科斯特罗(Koestler,1973)和西蒙(Simon,1981,1995)的研究结果,他们对人类的行为和行为结果完全取决于某一小模块约束的论断提出了质疑。

尽管许多学者会交替使用不同的框架(Frameworks)、理论(Theories)和模型(Models)这三个术语,我们仍然以嵌套的方式使用这些概念,将学者们提出的假设从最笼统到最精确进行排列。IAD 框架旨在包含最一般化的一组变量,制度分析可以用这些变量来检验多样化的制度设定,其中包括人们在市场、私人企业、家庭、社区组织、立法机构以及政府部门内的互动。IAD 提供了一套元理论(Meta Theoretical)的语言体系,学者可以利用这套语言体系来讨论任何一种特定的理论,或者进行理论之间的比较分析。

一个特定理论被用来详细说明到底是框架中的哪一部分对于解释多样化的结果是有用的,以及他们之间是如何相互关联的。微观层面的理论包括博弈论、微观经济学理论、交易成本理论和公共物品/公共池塘资源理论,以上这些理论都是和 IAD 框架兼容的。模型对某一理论中有限数量的变量进行精细化的解释并提出假设,学者可以使用这些假设来检验行动者动机以及他们所面临情境的结构。

IAD 框架使学者能够对包含一组变量的系统进行分析,每一个变量都

可以根据感兴趣的问题进行多次分解。IAD 框架的核心是行动情境（Action Situation）的概念。行动情境会受外部变量的影响（见图2）。对在特定时间点,能够影响行动情境的外部变量最宽泛的划分如下：

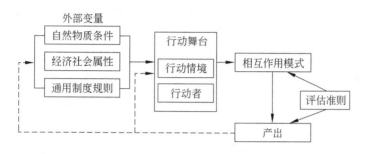

图 2　制度分析与发展（IAD）框架

资料来源：Ostrom Gardner and Walker 1994b, Ostrom 2005.

（1）自然物质条件（Biophysical Conditions）。在一些分析中可以被简化为图1所定义的四种物品中的一种。

（2）经济社会属性（Attributes of a Community）。这可能会包含之前互动的历史、内部同质性或异质性的几个关键特征,以及社区中参与或被别人影响的人们的知识以及社会资本。

（3）通用制度规则（Rules-in-use）。这些制度规则具体说明了对于谁可以、或不可以、或采取什么行动对影响他人的主体进行制裁的共同理解（Crawford 和 Ostrom,2005）。通用制度规则在变化的情境中会随时间演化,其间某行动情境中的参与者与其他参与者互动（Ostrom,2008；Ostrom 和 Basurto 2011；Boyd 和 Richerson,1985）,或是在集体选择、宪制选择的情境中随自我意识的变化而演化。

外部变量的集合会影响行动情境,从而产生互动模式和结果；行动情境的参与者（还有潜在的学者）评估这互动和结果,并进一步反馈给外部变量和行动情境。

某一行动情境的内部工作机制显然与某一理论学家用来分析正式博弈的变量有关[①]。这就意味着我们的同事已经能够用与 IAD 框架相契合的博

[①] 我非常感谢在20世纪80年代早期与莱因哈德·泽尔滕（R. Selten）的那些受益匪浅的讨论,那时我们开始发展 IAD 框架关于正式博弈的内部工作机制的部分。

弈理论模型,来分析简化而有趣的理论变量的组合,并从中得出可试验的结论(Acheson 和 Gardner,2005；Gardner 等,2000),和多主体仿真模型(Agent-based Models,ABMs)(Jager 和 Janssen,2002；Janssen,2008)。使用博弈论(甚至多主体仿真模型)来分析更加复杂的经验情境不太可行,因为这些经验情境包括很多能够影响结果的变量,而且这些变量对于制度分析具有重要性。但是,利用共同的结构元素来开发结构化的编码形式,以此来收集信息和分析结果是可能的。另外,我们也可以针对政治经济学者所关心的不同情境,用共同的变量来设计实验,检验为何特定的行为和结果会在某些情境下出现而在某些情境下不会。

为了明确说明博弈的结构并预测出结果,理论学家需要在以下方面提出假设:

(1) 所涉及的行动者的特点(包括理论学家采用的人类选择模型);
(2) 他们的立场(例如,他们是先驱者还是参与者);
(3) 在决策树的特定节点行动者可以采取的一系列措施;
(4) 决策节点所包含的信息;
(5) 决策者共同影响的结果;
(6) 一系列将在决策节点的行动者或行为映射到中介或最终结果的函数;
(7) 与所选行动和可获结果之间联系相关的成本和收益。

图 3 表示的同样是行动情境的内部工作机制。就像下面将要讨论的一

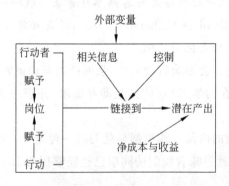

图 3　行动情境的内部结构

资料来源:Ostrom,2005:33.

样,采用一个可以覆盖研究广泛多样性的框架,使我们在研究非常复杂环境下的互动及其结果上,进行更好的研究积累和整合。IAD框架很显然地嵌入了一个特定的利益情境,这个情境在更广泛的外部变量环境之中,其中一些外部变量可以随着时间变化不断自我修正。

四、理性个体是否已经无奈的陷入社会困境?

理性个体将组织方式和物品进行二分的经典假设,掩盖了个体和群体组织起来解决社会困境(如公共池塘资源的过度开发、地方公共物品的供给不足)所潜在的生产性努力。经典模型经常被用来分析囚徒困境(Prisoner's Dilemma)或其他社会困境中的人们,这些人经常被困在各种困境中并且自己无力改变现状。这种分析人类状况的理论范式相对于以往来讲是种后退。人们是否有能力将各种影响自身情况的外生变量进行转换,取决于其所在的情境,不同的情境之间存在巨大的差异。这是具体情境具体分析的经验条件,而不具逻辑上的普适性。公共调查员都有意将罪犯隔离,就是为了不让他们相互交流。公共池塘资源的用户并没有这样的限制。

如果研究人员发现被纳入模型中的人们已经被困在反常的情境当中,研究人员就会认为除了相关人员之外的那些人,例如学者和社会官员等就可以看清这种局势,并查明为什么达不到预期的目标,最后总结出需要做出什么改变才能使得参与者的实验结果更好。之后,外部的官员就需要为相关人员设计出一套最佳规则。通常我们认为,要想重新建构他们的互动模式,改变的动力必须来自外部,而不是来自内部的反省和创新。正如萨格登(Sugden)之前所描述的那样:

大部分现代经济学理论都说世界是被一个政府(而显然不是一些政府)主持管理的,并且只通过政府的视角来看待这个世界。这个万能的政府必须有责任、有意志并且有权力用社会福利最大化的方法去重新建构、整改社会;就像美国西部的骑士一样,政府随时准备着当市场失灵的时候冲出去救活市场,经济学家的作用就是告诉政府什么时候去做和到底怎么做。独立的个体则恰恰相反,他们只有一点点甚至根本没有能力去解决社会的大问题。这就导致一些重要经济政治问题的看法发生了扭曲(Sugden,1986：3)。

加勒特·哈丁(G. Hardin,1968)对公共资源用户的描述是这样的：公共资源是面向所有人开放的,过度开发和使用及其带来的毁灭性后果已经被社会所普遍接受,这是因为它与在囚徒困境或是其他社会困境博弈中不存在合作的预期相一致。这种描述迅速抓住了学者和世界各地政策制定者的注意力。许多人假定所有公共池塘资源都不是被一人所独有的。因此,人们都觉得政府官员需要推出新的外生变量(比如说新的政策),来阻止那些消耗他们自己(也包括所有人)赖以生存资源的用户的破坏。

来自不同领域的学者检验资源用户是否总是陷入困境

资源的过度利用导致的悲剧事件已经获得广泛的关注,而人类学家、经济史学家、工程师、历史学家、哲学家以及地方治理政治学家所研究的中小型公共池塘资源长久以来不被众多理论家及政府官员所关注(Netting,1972；McCay 和 Acheson,1987；Coward,1980)。由于这些研究的参与者属于不同的学科领域,关注不同国家的不同资源,导致从这些研究产生的知识并没有得到积累和整合。

幸运的是,美国国家研究委员会(NRC)于 20 世纪 80 年代中期成立了一个委员会来评估不同制度安排,以便更有效地保护和利用那些由大家共同管理的资源。NRC 汇集了来自不同领域的学者,他们采用 IAD 框架来寻找那些影响资源用户组织行为的通用变量(Oakerson,1986；NRC,1986)。寻找多个资源用户成功组织起来案例,挑战了资源用户无法克服过度利用这一难题的假设。NRC 的报告展示了采用多种不同研究方法的可能性。NRC 的努力也促进了研究所的一项拓展性研究项目,即对其他学者的公共池塘资源案例研究进行编码分析。

公共池塘资源案例的荟萃分析

在一些公共池塘资源案例中,用户自主治理良好的案例有不少,为了深入探析其原因,研究所的同事针对那些通过 NRC 所甄别出的案例进行了荟萃分析①。我们前期针对复杂城市系统开展了研究,提出了将复杂系统内各部分连接起来的框架及通用语言体系,在此基础上我们采用了该框架来帮助组织我们的成果。IAD框架成为设计编码手册的基石,而此编码手册可以用来记录不同公共池塘资源研究中的变量组合。

这是一个巨大的成就。开发最终的编码手册花费超过2年的时间(Ostrom等,1989)。其中一个关键问题,是把不同领域的案例研究作者所界定的变量,最大限度地实现对应。研究组阅览了超过500份案例研究,目的在于找出一部分案例,这些案例记录着有关作者及其策略、资源条件,以及通用制度规则等详尽信息。② 在对44个近海渔民(Schlager,1990、1994)和47个由农民或政府管理的灌溉系统(Tang,1992、1994)进行研究时,研究组记录了一组通用变量。在这47个灌溉系统中,12个受到政府机构管理,而其中有较好表现的只有40%(7个);其余的25个由农民管理的灌溉系统中,超过70%(18个)表现较好(Tang,1994:234)。遵守规则是持续影响水量充足与否的重要变量(Tang,1994:229)。在施拉格(Schlager)所研究的近海渔民组中,没有一组是政府管理的,而其中11组(25%)并没有任何组织形式,其余33组则在决定谁可以被允许去特定地点捕鱼以及如何限制捕捞方面有着不同的非正式规则(Schlager,1994:260)。

为了探索合作在什么情况下会显著有效,我们为早期的针对特定环境中无合作模式的理论预测找到了一些文献支持。

在CPR困境中,人们彼此并不了解,也无法有效率地进行交流,因此不能发展出协议、规范、制裁,非合作博弈中理性个体模型的总和预测也得到了实质性的支持。在诸如此类的稀有环境中,完全理性显得是一个合理的假设(Ostrom、Gardner和Walker,1994:319)。

一方面,克服困境和创造有效治理的能力,比预期出现得更加频繁,这些能力依赖于资源本身的特性,以及用户制定的使用规则是否有效地与这

---

① 荟萃分析在波蒂特、詹森和奥斯特罗姆于2010年合著的书中第四章有详细的描述和解释(Poteete、Janssen和Ostrom,2010)。

② 各学科学者在描述实证情景时,尝试使用不同的术语和理论框架。使用荟萃分析进行研究的学者需要筛选大量的出版物来获得关于人们使用资源系统的一致的数据。帕格蒂、金和多尔蒂筛选了100篇文章来分析31个森林管理案例(Pagdee、Kim和Daugherty,2006)。鲁德尔筛选了将近1200个研究,来对268个热带森林覆盖率变化的案例进行荟萃分析(Rudel,2008)。

些特性联系起来(Blomquist 等,1994)。我们发现在一个自主治理的系统中,资源用户通常会创造出决定谁可以使用资源的边界规则、与资源单位分配有关的选择规则以及监督和制裁规则破坏者的有效形式(Blomquist 等,1994:301)。另一方面,我们没有发现任何一起案例中资源拥有者使用了"触发"(Grim Trigger)策略[①],即很多理论观点中所假定的关于个体如何解决重复困境的一种惩罚形式(Dutta,1990:264)。

有关公共池塘资源的产权束

资源经济学家通常用"公共财产资源"一词指代渔业及水资源(Gordon,1954;Scott,1955;Bell,1972)。将词语"财产"与"资源"联系起来会在利益的本质和产权制度存在与否之间造成相当大的混淆(Ciriacy-Wantrup 和 Bishop,1975)。公共池塘资源可以作为政府财产、私有财产、社区财产乃至无主的财产来管理(Bromley,1986)。本地用户往往缺乏发展产权制度的意识,很多学者推测一个更深层的原因是,用户事实上并没有任何产权,除非用户拥有异化权利,即售卖其财产的权利(Alchian 和 Demsetz,1973;Anderson 和 Hill,1990;Posner,1975)。

在借鉴了约翰·R.康芒斯(J. Commons,[1924] 1968)早期工作的基础上,施拉格和奥斯特罗姆(Schlager 和 Ostrom,1992)将产权制度概念化为包含权利束而不仅是单一的权利。对现有案例的荟萃分析界定出了使用公共池塘资源的个人可能累计拥有的五项产权:①进入(Access)——进入特定财产的权利[②];②使用(Withdrawal)——从资源中获取特定产品的权利;③管理(Management)——转变资源形式和规范内部使用形式的权利;④排他(Exclusion)——决定谁可以拥有进入、获取和管理的权利;⑤转让(Alienation)——出租或销售以上四种权利的权利。产权束的想法已被全球范围内研究不同产权制度的学者普遍接受(Brunckhorst,2000;Degnbol 和 McCay,2007;Paavola 和 Adger,2005;Trawick,2001;J. Wilson 等,

---

① 译者注:"触发策略"是指如果一方采取不合作的策略,另一方即也采取不合作策略并且永远采取不合作策略,在博弈论里面称之为触发策略(Trigger strategy),或称冷酷策略。

② 进入权的概念让一些学者困惑。一个日常的例子是购买进入公园的许可。这让许可的持有者在一个定义的时间中有了进入的权利、享受散步的权利和其他非收获性活动的权利。

1994)。

将行动情境的内部工作机制与外部规则关联起来

对资源拥有特定产权的行动者,同时也面临更多的影响其行动情境结构的基本规则。我们通过荟萃分析发现了一系列在不同情境设定下的特定规则(如水可以在什么时间什么地点使用多少资源单位,所有用户被要求提供什么信息,以及何种行为会影响到成本和收益等)。在我们尝试从大量不同的案例里寻找一种一致的编码和分析方法的过程中,我们又一次使用了IAD框架。既然我们已经界定出一种博弈或行动情境的 7 个组件,那么就可以提炼出 7 大类规则(见图 4),这些规则作为外部变量会影响行动情境中的各个组件。这 7 类规则如下:

(1) 设定如何挑选允许进入和离开该地点的行为者的边界规则(进入和退出规则 Boundary Rules);

(2) 指定一系列地点及每个地点被多少行动者持有的位置规则(Position Rules);

(3) 指定每个行动者在某一地点可分配什么行为的选择规则(Choice Rules);

(4) 指定行动者之间交流的渠道及哪些信息是必须、可以或禁止共享的信息规则(Information Rules);

(5) 指定可以被影响结果的范围规则(Scope Rules);

(6) 指定行动者的决策在单个节点上是如何映射从而影响中期或最终结果的聚合规则(如多数或全体一致规则,Aggregation Rules);

(7) 指定不同地点上成本与效益在行动者之间如何分配的偿付规则(Payoff Rules)。

(Crawford 和 Ostrom,2005)。

理解制度规则的一种有效方法是把会被规则所影响的行动情境进行概念化(见图 4)。

概念化这 7 大类而不只是其中的一两类规则,使那些使用简单的人类互动模型的学者很头疼。但在找到这 7 大类规则之外,我们还发现了每类规则的多个变种。比如,我们发现了案例研究学者所描述的 27 个边界规则

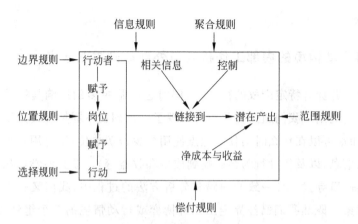

图 4 作为直接影响行动情境因素的外部变量的规则
来源：Ostrom,2005:189.

被用在了至少一种公共池塘资源情形中(Ostrom,1999:510)。一些规则指定了不同的居住形式、组织成员,或者个人属性。类似地,我们也发现了112个不同的选择规则。它们通常由两部分组成：一部分用于指定何时何地如何获取源单位的分配形式；另一部分用于实现该分配方式的具体依据(如土地持有量、历史使用模式、通过抽奖分配等)(Ostrom,1999:512)。

长期存续的资源制度

几年来与同事共同进行那些成功或不成功的制度案例编码工作后,我认为下一个目标应该是针对成功的制度进行仔细的统计分析,识别出与之关联的特定规则。那时我还没有完全吸收研究组所记录的那些数量可观的规则。1988年,我花费了一个学术假期在比勒费尔德大学(Bielefeld University)跨学科研究中心参与了由莱茵哈德·泽尔腾(R. Selten)组织的研究组。我努力地寻找那些在跨生态、社会和经济环境中有效的规则,但我发现,与成功或失败案例相关的具体规则在不同情形下是变化多样的。最后,我不得不放弃这个想法,即成功的案例总会与特定的规则联系起来。

我试图去了解那些长期留存下来的制度,或是失败后退出历史长河的那些制度的规律。我使用"设计原则"①来描述那些规律。我并不认为,渔民、灌溉者、牧民及其他人在发展出那些能够长期存续的制度时头脑中已经有那些原则。我努力去界定一组核心的基础指标用于区分长期存续的制度,并和那些失败的案例做比较(Ostrom,1990)。

既然在我 1990 年和 2005 年的著作中已经详细描述过设计原则(Ostrom,1990、2005),在此我仅列出由考克斯、阿诺德及维拉·托马斯所开发的一个更加简洁的升级版设计原则(Cox、Arnold 和 Villamayor-Tomás,2009):

1A. **用户边界**:明确和理解合法用户和非用户之间的边界是存在的。

1B. **资源边界**:从一个更大的社会生态系统中分离一个特定的公共池塘资源的明确边界是存在的。

2A. **规则与本地状况契合**:占有规则和供给规则符合本地社会及环境状况。

2B. **占有规则与供给规则契合**:占有规则与供给规则是匹配的;成本分配与利益分配是成比例的。

3. **集体选择安排**:受资源制度影响的大多数人都有权参与制定和修改规则。

4A. **监督用户**:有责任人或用户监督用户的占有和供给水平。

4B. **监督资源**:有责任人或用户监督资源的状况。

5. **分级制裁**:对违规行为的处罚是渐进的,即如果某用户多次违规处罚会变得更严厉。

6. **冲突解决机制**:存在快捷、低成本、本地化的方式解决用户之间或者用户与官方的冲突。

7. **对组织权的最低限度的认可**:本地用户制定自己的规则的权利受到政府的承认。

8. **嵌套型组织**:当公共池塘资源与更大的社会生态系统密切关联时,治理行为是以多层嵌套的方式组织的。

设计原则集合了几个核心因素,这些核心因素会影响由资源用户发展

---

① "设计原则"这个术语也使很多读者困惑。也许我应该使用"最佳实践"这个术语来描述稳健制度体系的规则和结构。

的制度是否能够长期存续。考克斯、阿诺德和维拉·托马斯分析了学者提供的 100 多个案例(Cox、Arnold 和 Villamayor-Tomás,2009),案例评估了不同原则与不同公共池塘资源治理失败或成功之间的相关性。有 2/3 的研究证实大多数设计原则能够适用于成功的资源系统,而那些失败的则不能。一些研究的作者发现在失败的系统中,其设计原则往往很死板,而那些成功的系统的设计原则则充满了灵活性。在 3 个实例中,有关设计原则的初始描述过于笼统,也没有区分生态和社会条件。因此我接受了上述对原则 1、原则 2 和原则 4 的改进。

五、公共池塘资源问题的实验研究

为了实现公共池塘资源的可持续性利用,许多案例中的资源用户克服了集体行动的困境,这挑战了"集体行动或者自主治理不可能"的假设。实际上,很多变量同时影响着这些结果。为了评估实践观察到的多变量所影响的理论结果,我们开发了公共池塘资源情境下的博弈理论模型(Weissing 和 Ostrom,1993;Ostrom 和 Gardner,1993)。同时我们也认为,在实验环境中检验精确的变量组合也是非常重要的。

公共池塘资源的大学实验室实验

罗伊·加德纳(R. Gardner)、詹姆斯·沃克(J. Walker)和我尝试建立一套与 IAD 框架相一致且能准确界定的博弈理论模型(Ostrom、Walker 和 Gardner,1992;Ostrom、Gardner 和 Walker,1994)。最初的公共池塘资源实验考虑到了实践中公共池塘资源面临的主要情境,因此从静态的、基础的状况开始。基于戈登(Gordon,1954)的古典模型,我们使用了二元生产函数模型。8 个个体的初始资源禀赋为 ω,个体可以将资源在市场 1(固定的收益)和市场 2(像公共池塘资源一样,收益受到所有个体的行动的影响)中进行分配。个体可以知道总体的信息,但不知道其他个体的行为。每个个体 i 将它的资源,以 x_i 的比例投资于市场 2(即公共池塘资源),将剩余的资源投资到市场 1 中。支付函数(Ostrom,Gardner 和 Walker,1994:110)如下所示：

$$u_i(x) = \omega e \qquad \text{if } x_i = 0 \qquad (1)$$

$$u_i(x) = \omega(e - x_i) + (x_i/\Sigma x_i)F(\Sigma x_i) \quad \text{if } x_i > 0. \qquad (2)$$

基础实验的结果表明出现了公共资源困境，它的博弈结果包含资源的潜在过度使用，但如果个体能够减少资源的联合分配，博弈结果将会有所改善。非合作博弈均衡理论的预期结果是：个体将根据纳什均衡进行投资，如果每个个体都有 8 个选择，那么 2 个个体就存在 64 种选择集。在公共池塘资源中，如果能够将选择集降低到 36 种，那么个体将获得更多的收益。在基础实验中，拥有更多选择集的个体进行了潜在的过度投资，甚至比预期的还要高，显然，联合的结果比预期的纳什均衡结果要差。①

基于之前的公共物品研究(Isaac 和 Walker，1988)，在保持相同的支付函数下，我们进行了一系列的面对面交流实验。在最初的没有交流的十次循环之后，个体被告知，在一定的前提基础下，他们相互之间可以交流后再做出相应的决定。这为他们提供了一个"简单交流"的机会。在这样的试验中，我们预期将得到与基础实验一样的结果，因为尽管个体可以承诺合作，但是没有"第三方"来确保承诺的实现。

个体之间使用面对面交流的方式来讨论能够获得最优结果的策略，并且督促他们共同遵守规则，如果可能，还可以讨论每个个体的投资量。在每一次的循环之后，他们都对他们的投资集合的结果有更多了解，而不仅仅只知道个体的决定。这样就相当于给他们提供了一条信息：总投资额是否比原先约定的数额要高。在很多轮试验中，个体都相互遵守约定，但在其他的试验中，也有违反约定的个体。如果总投资额比原先约定的数额要高，那些掌握总投资水平信息的个体就可以指责那些不知道这些信息的个体。显然，面对面的重复交流会极大地增加联合收益。很多其他研究也发现，面对面交流能够提高个体之间解决社会困境问题的能力，而这一发现与我们的沟通实验结果是相一致的(Ostrom 和 Walker，1991；Orbell、van de Kragt

---

① 简单来说，在不断重复的公共物品实验中，个体最初倾向于分配比预期的纳什均衡更高的水平(Isaac 等，1984、1985、1994；Isaac 和 Walker，1988；Marwell 和 Ames，1979)，然后慢慢地从较高的水平接近预期的纳什均衡水平。但在公共池塘资源中，个体最初实现的结果要比纳什均衡的结果差，然后从较差的结果慢慢地接近预期的纳什均衡结果(也可参考 Casari 和 Plott，2003)。

和Dawes,1988;Sally,1995;Balliet,2010)。

在很多实际情境中,资源用户已经设计许多正式或非正式的方法来监督是否有人破坏规则,即使这种行为有违自由规范和完全理性理论(Elster,1989:40~41)。因此,在可控的试验情境中,个体是否会使用他们的资源来对其他个体进行处罚是非常重要的。在个体进行十轮公共池塘资源实验之后,他们被告知,在接下来的实验中,他们有机会来对其他个体处以罚款。我们发现结果出现了更多的制裁行为,与之前的零水平预期并不一样。[①] 个体通过他们的处罚确实增加了总收益,但实际上,因为过度使用了高成本的制裁手段,净收益也降低了。[②] 最初的制裁是因为违反了规则,但有一些制裁成为了那些当初被惩罚过的人用以报复那些贡献较低的人的手段。在进一步的设计中,个体拥有交流并且决定是否采用制裁系统的机会。研究结果显示,相比于其他任何形式的公共池塘资源的实验室实验结果,决定采用制裁系统的个体获得了最高的收益,在扣除对一些违规行为的罚款后,最高收益达到了最优结果的90%(Ostrom、Walker和Gardner,1992)。

在实验室的公共池塘资源的困境实验中,只有当参与者不知道其他参与者的声誉并且相互之间不能交流的情况下,非合作博弈均衡的预期结果才能成立。从另一方面说,个体之间面对面的相互交流,逐渐地就协商决策达成共识,并且相互遵守约定,实质上增加了他们的净收益。此外,通过沟通决定设计和使用制裁制度能够使他们获得最优回报。

公共池塘资源的田野实验

哥伦比亚大学的同事已经开展一系列的田野实验,用以检验那些依赖资源的有经验的农民是否会做出"把时间花在森林上"的决定。卡德纳斯(Cardenas,2000)在一所农村校舍里开展了实验,实验对象为200位当地森林资源的用户。他把公共池塘资源实验的情境设置为有和没有面对面沟通

[①] 详见亨利希(Henrich等,2006)对大量的参与者是否会在公共物品实验中使用制裁措施在很多国家进行了实证研究,亨利希(Henrich等,2004)对15个小社区中的社会困境进行了早期的实证研究。

[②] 类似的发现存在于公共物品实验中,处罚者通常惩罚那些低贡献者(Yamagishi,1986; Fehr和Gächter,2002)。

两种情况，让村民做出是否伐树的决定。这些实验的结果与实验对象为大学生时的结果大致一致。

在不同的情境下，卡德纳斯、斯朗德和威利斯（Cardenas、Stranlunds 和 Willis，2000）对来自于 5 个村庄的资源用户进行了 10 轮基础实验，他们在下一阶段的实验中，将有机会进行面对面的交流。在 5 个另外的村庄，在 10 轮基础实验之后，参加者被告知将实施一项新的规定，在后续的每 1 轮实验中，都要求他们讨论的时间不能超过花费在森林中的时间。每 1 轮被检查的概率是 1/16，在发展中国家的农村地区，这是一个比较低但符合实际的监督规则实施的概率。如果个人超过了规定的时间，就会从个人的回报中扣除一部分罚款，但是处罚不会透露给其他人。在这种实验条件下，相比于允许面对面交流但不施加处罚规则的实验条件，个体的违约成本提高了。其他学者也发现，外部强加的规定在理论上将带来更高的联合回报，而"挤出"自愿合作的行为（Frey 和 Oberholzer-Gee，1997；Reeson 和 Tisdell，2008）。

费尔和莱布兰特（Fehr 和 Leibbrandt，2008）在渔民中进行了一项有趣的公共物品实验，这些渔民在巴西东北部一个开放的内陆湖中捕鱼。他们发现，在第一阶段的田野实验中，做出贡献决定的渔民比例很高（87%），而且在后续的实验中这一比例也趋于平稳。① 费尔和莱布兰特检查了单个渔民使用的渔网的网格大小，发现在公共物品实验中贡献越多的渔民使用的渔网的网格越大。更大的渔网网格使得小鱼可以逃脱，然后长大，从而保持较高的繁殖率。也就是说，在一个真实的公共池塘资源的实验中，田野实验观察到的合作行为与实验室观察到的合作行为是一致的。他们总结到，"实验室实验的预测结果与田野实验的结果相吻合，增强了我们从实验室获得其他相关结果的信心"（Fehr 和 Leibbrandt，2008：17）。

总而言之，公共池塘资源和公共物品的实验研究结果显示，集体行动的传统理论假设并不成立。很多超出预期之外的合作行为发生了，"简单交流"增加了合作，并且个体会在制裁搭便车行为上进行投资。实验还证明，不管是在获取决策（Harvesting Decision）、贡献决策（Contribution

---

① 译者注：所谓贡献决定，意即渔民愿意通过合作约束自身的捕捞行为，为公共池塘资源的可持续性做出贡献。

Decision)还是制裁决策(Sanctioning Decision)中,个体的行为动机是存在异质性的。

六、公共池塘资源问题的实践调查研究

我们除了对案例研究和实验研究进行大量的荟萃分析(Meta-analyses),也进行实践调研。在实践中,我们利用IAD框架来设计研究问题,从而在调研中获得关键的具有重要理论意义的变量信息。

尼泊尔灌溉系统的比较研究:农民管理与政府管理

1988年到尼泊尔参观的一个机会,使我们发现了大量文献中提到的农民自建自护的灌溉系统和一些由政府建设与管理的灌溉系统。通过开展尼泊尔灌溉和制度(NIIS)项目,甘尼许·施瓦格蒂(G. Shivakoti)、保罗·本杰明(P. Benjamin)和我修订了CPR的编码手册,新编码手册涵盖了与理解灌溉系统相关的变量。我们对现有的案例进行编码时,发现了很多先前学者遗漏的变量。我们就多次到尼泊尔调研先前学者写下的案例中所描述的灌溉系统,以填补遗漏变量的数据,并核实先前研究的数据。在这些调研中,我们也添加了新的案例到数据库中(Benjamin等,1994)。

为了分析这个庞大的数据库,兰姆(Lam 1998)开发了3种普遍适用的系统绩效测量方案:①灌溉系统的物理状况;②系统终端的农民在1年不同季节的可用水量;③系统的农业生产力。控制了系统之间的环境差异后,兰姆(Lam)发现农民自己管理的灌溉系统在3个绩效测量指标上都显著好于政府管理的系统。在农民管理的系统中,农民在年度会议和定期非正式会议上相互交流,来达成他们之间的用水协议,设立监督者的职位,并制裁那些违反协议的人。从结果上看,农民管理的系统比政府管理的系统产出的水稻更多、分配的水更均匀、渠道维修状况更好。在其他相关变量不变的情况下,农民管理的系统虽然在绩效上的差异也很大,但都没有比政府管理得差。

我们持续对尼泊尔的灌溉系统进行长期深入的调研和编码。早期关于农民管理系统的高水平绩效的研究发现,在扩展的229个灌溉系统的数据

库中再一次得以证实(Joshi 等,2000;Shivakoti 和 Ostrom,2002)。我们发现并不只有尼泊尔这样,学者在日本(Aoki,2001)、印度(Meinzen-Dick,2007;Bardhan,2000)和斯里兰卡(Uphoff,1991)等国家中都仔细描述和整理了与农民设计及经营管理系统的相关材料,他们也有同样的发现。

世界各地对森林的研究

1992年,联合国粮农组织(FAO)"森林、树和人"项目的项目官员玛丽莲·霍金斯博士(M. Hoskins)组织了一个研讨会,召集我们在基于灌溉系统的研究经验的基础上,来开发评价不同国家间不同的森林治理安排的影响。来自世界各地的生态学家和社会科学家经过2年紧锣密鼓的工作和评审,开发出了10个研究方案;这些方案可以用来帮助获得关于样本森林的用户、森林治理和生态条件的可靠信息。"国际森林资源和制度"(IFRI)研究项目作为一个长期合作研究网络得到多方支持,这个项目在玻利维亚、哥伦比亚、危地马拉、印度、肯尼亚、墨西哥、尼泊尔、坦桑尼亚、泰国、乌干达和美国都设立了研究中心,埃塞俄比亚和中国也将新设研究中心(Gibson、McKean 和 Ostrom,2000;Poteete 和 Ostrom,2004;Wollenberg 等,2007)。在森林研究中,IFRI 是独特的,因其是唯一的跨学科、跨时期、跨国家、跨部门的森林监测与研究项目,被研究的森林既有属于政府的,属于私人组织的,也有属于社区的。

森林是一种在与气候变化相关的碳排放和碳汇交易中扮演重要角色的公共池塘资源(Canadell 和 Raupach,2008),其包含丰富的生物多样性,也对发展中国家的农村生计贡献巨大。通常认为,保护区由政府所有是保护森林和生物多样性的政策首选(Terborgh,1999)。为了检验政府所有的保护区是否是改进森林密度的必要条件,海斯(Hayes,2006)使用 IFRI 的数据比较森林密度;IFRI 请来主管林业的工作者或生态学家,请他们对森林的密度指标进行五标度打分。① 在用于分析的163片森林中,有76片是政府

---

① 每个 IFRI 调研点都会进行大量的森林清查,森林用户、其活动与组织和森林治理安排等信息也在同时进行调研。生态领域的森林清查结果比较会带来误导,因为森林的平均胸径会受到降雨、土壤、海拔和其他因素的强烈影响,而这些因素在生态领域的差异巨大。因此,我们咨询刚刚主管森林数据收集工作的林业工作者或生态学家,请他们从非常稀疏到非常稠密分5个标度来给森林打分。

所有并有法律法规指定的保护地森林,有 87 片是公共的、私人的或社区所有的多种用途林地;这两种森林之间的森林密度没有统计上的差异。吉布森、威廉姆森和奥斯特罗姆(Gibson、Williams 和 Ostrom,2005)检验了 178 个森林用户群体的监督行为,并发现:即使控制用户是否有正式组织、用户是否强烈依赖森林、用户群体中的社会资本水平这三个控制变量,监督水平和林业工作者评估的森林密度之间仍有强相关关系。

契阿特和埃格瑞瓦(Chhatre 和 Agrawal,2008)检验了在受到森林面积大小、森林相关改进活动的集体行动有无、用户群体规模大小和当地用户对森林的依赖大小等变量的影响下,不同的治理安排对 152 片森林条件变化的作用。他们发现,"具有高再生可能性的森林,很可能是面积为小到中等大小的、当地用户的物质依赖水平低的、和森林质量改进集体行动强的森林"(Chhatre 和 Agrawal,2008:1327)。契阿特和埃格瑞瓦(Chhatre 和 Agrawal,2009)的第二个主体分析聚焦于森林碳储量和其生计贡献水平之间的权衡和协同。他们发现,更大的森林会更有效果地促进碳和生计产出,尤其是在当地社区也具有高度自治的规则时。科尔曼(Coleman,2009)、科尔曼与斯蒂德(Coleman 和 Steed,2009)的最新研究也发现,影响森林条件的主要变量是当地用户监督的投入水平;进而,在当地用户被赋予获取权利时,他们更可能产生对非法用户的监督行为。其他重要的研究也强调了当地监督和更好森林资源保护之间的关系(Ghate 和 Nagendra,2005;Ostrom 和 Nagendra,2006;Banana 和 Gombya-Ssembajjwe,2000;Webb 和 Shivakoti,2008)。

森林是否有保护区的法律规定并不与其森林密度有必然关系。然而,对实地是否有真正的监督和执行的细致调研,却解释了缺乏当地森林用户积极参与时为何能达到高水平的森林再生长的问题(Batistella、Robeson 和 Moran,2003;Agrawal,2005;Andersson、Gibson 和 Lehoucq,2006;Tucker,2008)。从我们的研究可以看到,不同制度的森林——无论是政府的、私人的还是社区的——有时可以促进社会目标的实现,比如生物多样性保护、碳存储和生计改进;有时这些产权体制是失败的。的确,当政府采用"从上至下"的分权政策时,会使得地方官员和用户处于管理的盲区,而原本稳定的森林可能更易于出现毁林的现象(Banana 等,2007)。因此,森林治理的形式并不是解释森林状况的关键要素;而是,某种治理安排是否适合当地的生态、某些专门的规则是否得到开发并适应各个时段,以及用户是否考虑系统的合法性和公平性,这些要素才是解释森林状况的关键(关于IFRI 研究项目更详细的总览,见 Poteete、Janssen 和 Ostrom,2010:第5章)。

七、当前的理论发展

过去这半个世纪,我们以及众多杰出学者开展了大量实证研究(Baland 和 Platteau,2005;Berkes,2007;Berkes、Colding 和 Fole,2003;Clark,2006;Marshall,2008;Schelling,1960、1978、1984),那么我们现在走到哪一步了? 我们已经学到什么? 我们现在知道,早期的理论只有理论价值而无实践价值,大量采用不同方法的研究并不能帮助那些陷入社会困境中的个体(Faysse,2005;Poteete、Janssen 和 Ostrom,2010)。其次,我们也不能过于乐观,期待社会困境总会得到参与者的解决(Dietz、Ostrom 和 Stern,2003)。再次,简单的国有化、或私有化、或最近的分权的政策建议,往往是失败的(Berkes,2007;Brock 和 Carpenter,2007;Meinzen-Dick,2007)。

我们因此而面临着一个难题,就是要进一步发展我们的理论以帮助理解和预测:什么情况下在公共池塘资源困境中的个体可以自主治理,他们所处的大环境如何影响他们的策略、他们努力的短期绩效和他们初始努力的长期稳健性。我们需要提出一个更好的理论去理解人类行为和人们所面临的各种环境的影响。

发展更具普适性的个体理论

正如之前在第 3 部分所讨论的,可以从三个层次去解释社会现象。研究框架(比如 IAD)在研究公共池塘资源上已经发挥多样的作用。研究框架是元理论的工具,提供了一套通用的语言体系用于描述多层次和多尺度关系。理论的作用是通过对常见现象的具体工作机制做出关键假设、预测一般结果来促进研究的理解。模型是理论的特殊工作机制例子,并且经常同理论本身相混淆。阿尔钦（Alchian,1950）很早就指出,理性选择理论并不是针对人类行为模式的普适理论,而只是在私人物品高度竞争的市场中,这样的特殊环境中预测行为的有用模型。来自理性选择理论的预测得到了私人物品开放市场和其他竞争环境的经验验证（Holt,2007;Smith 和 Walker,1993;Satz 和 Ferejohn,1994）。因此,这是一个可以在具备排他性和可分割产出的竞争设定下有效预测结果的模型。

至今为止,在不同情境下依靠一个单一理论成功论证并检验人类行为是没有可能的,学者在未来的学科发展中将继续完善并验证假设（Smith,2003、2010）。这一实践的成败跟以下3个要素相关：①有限理性的个体在重复情境中获得有效反馈和了解更多可靠信息的能力；②经验探索法（Heuristics）在日常决策中的作用；③个体的自利偏好与利他偏好及规范（Poteete、Janssen 和 Ostrom,2010：第9章；Ostrom,1998）。

个体可以拥有对全部现有行动的完全信息,包括充分了解他人可能采用的策略及自身选择可能带来的特定后果,诸如此类的假设只能在极度简化和重复的条件下存在。有限理性的个体在互动交流的过程中,可以得到更确切的关于他们自身如何行动和他人可能反应的信息（Selten,1990;Simon,1955、1999）。但是,某些非常复杂的公共池塘资源环境,由于资源用户不能完全获取所有跟未来事件存在关联信息,而使他们的分析工作陷入茫然（J. Wilson 等,1994）。

很多情境下,个体使用的是"拇指法则"（Rules of Thumb）——经验探索法（Heuristics）,这样他们久而久之就学到了这个具体情景中的经验。渔夫通过经验探索法总结出了"捕鱼学"（Fishing for Knowledge）（J. Wilson,1990）,他们用经验识别不同的环境线索从而做出自己的选择。当个体再三重复一种互动反馈时,可能会就此总结出"最佳回应"的经验策略,从而接近局部最优选择（Gigerenzer 和 Selten,2001）。但在节奏变化迅速和突发事件频生的情境下,经验探索法并不能保证个体可以获得高回报。

个体同样会学习规范,这是一系列在特定情境下对具体行动（比如撒谎或勇敢）进行负向或正向的内部评估（Crawford 和 Ostrom,2005）。在特定情况下,内部承诺的强度（Sen,1977）可能会被作为一个个体分配给其行动和结果的内部权重的表征。那些评估他人行动结果的规范属于个体规范之一(Cox 和 Deck,2005;Cox、Sadiraj 和 Sadiraj,2008;Andreoni,1989;Boltonand Ockenfels,2000)。费尔和施密特(Fehr 和 Schmidt,1999)认为个体不喜欢不公平的互动结果,该标准因此被称作"厌恶不平等"(Inequity Aversion)。阿克塞尔罗德(Axelrod,1986)认为,若个体遵守某规范与否和别人是否遵循群体所演化的这规范相关,这样的个体增加该规范得到遵守的概率。莱布兰特、格尼兹和李斯特(Leibbrandt、Gneezy 和 List,2010)指出,在团队环境下工作的个体比起独立工作的个体更有可能遵守规范并相信他人。弗洛里希和奥本海默(Frohlich 和 Oppenheimer,1992)则认为,许多个体会遵守公平正义的规范。个体对一种情境会有不同的认知或遵守不同的规范(Ones 和 Putterman,2007),并且他们在考虑如何公平地分摊成本上也会有很大的差别(Eckel 和 Grossman,1996)。

然而,简单地假定人们会遵守规范,并不足以在社会困境中做出行为的预测,尤其是在面对庞大的没有固定沟通机制的群体时。即使个体有强烈的遵循规范的偏好,但"表现出的行为也会因环境的改变而不同,因为'对的事情'的感知改变"(D. Oliveira、Croson 和 Eckel,2009:19)。个体互动环境的各个方面会影响个体如何学习对其所在、及其所与他人互动的情境。个体差异固然存在,但是互动环境久而久之也会影响行为选择(Walker 和 Ostrom,2009)。生物学家发现生物的外貌和行为在成长过程中都会受到环境的影响。

例如,植物在弱光环境中长出大而薄的叶子以使光合作用的效果最大化,而在强光环境下长出窄而细的叶子以减少水分蒸发;某些昆虫只在拥挤环境下长出翅膀以便获取足够的食物。这些随环境变化的成长现象如此普遍,已经被认为是生物界的通用原理(Pfennig 和 Ledón-Rettig,2009:268)。

社会科学家也需要识别出个体行为被哪种交互作用强烈影响从而导致现象发生,而不是仅仅将之归为个体差异。

信任在解决困境中的关键作用

纵使阿罗(Arrow)早在1974年就指出信任在参与者之间的关键作用,是提升交易结果最为有效的机制,比起个体如何在高成本合作互惠的环境中构建信任来说,集体行动理论更为关注支付函数。然而,实证研究证实,信任在克服社会困境时扮演重要角色(Rothstein,2005)。如图5所示,最新的关于个体学习和遵守规范的理论假设可以作为基础,来理解个体如何一步步获取他人信任、达成更多合作和更优收益,以及强化积极或消极学习的反馈机制。这个图示不仅关乎个体对规范的遵循,还是充分预测他人行为的一种情境结构,在这样的情境下值得信任的互惠者会承担其克服困境的成本支出的份额。因此,在某些环境下,个人可以超越"理性个体无法突破社会困境"的假设。

图5 社会困境中的宏观背景和微观情境影响信任和合作水平

资料来源：Poteete、Janssen 和 Ostrom, 2010：227. ©普林斯顿大学出版社 2010 年。

微观层面的分析

环境的差异影响了信任和互惠的存在,这一观点并不能在理论上充分回答个体如何与为何在解决社会问题有成有败的问题。个体在社会困境情境中互动时面临双重背景:①同个体直接参与互动的行动情景特定属性有关的微观情境;②群体和个体做出决策所在社会生态系统的宏观背景。实验室实验和田野调查最大的优点是研究者可以设计好实验开展的微观情境。因此实验结果可以逐步证明(此处的总结参考波蒂特、詹森和奥斯特罗姆 2010 年的著作,Poteete、Janssen 和 Ostrom,2010),在社会困境(包括公共物品和公共池塘资源困境)下,微观情境的以下属性影响了参与者所达成的合作水平。

(1)参与者在场的情况下沟通是可行的。在面对面交流的时候,参与者可以使用面部表情、肢体动作,以及语言上的表达去判断其他人是否可信。

(2)参与者的信誉度是已知的。知晓在互动之前并不认识的其他参与者的过往经历,会增加合作的可能性。

(3) 高边际人均回报率(Marginal Per Capita Return, MPCR)。当 MPCR 高的时候,参与者可以知道自己的付出实现更大的影响,同时其他人也更可能认清这种关系。

(4) 进入和退出能力。如果参与者可以以较低代价离开,这就给予了他们脱离的机会,同时其他人也会意识到如果无法达成互惠的话,他们的合作者可能会离开(进入其他情境)。

(5) 更长的时间范围。参与者能期待长期合作比短期合作的回报更丰厚。

(6) 商定制裁的能力。外部或强加的制裁系统可能会减损合作,但是当参与者本身同意制裁体系时,他们往往不常需要使用此制裁体系,而且净收益也会大大提升。

其他微观情境变量同样也被学者进行检验了。这些研究的核心发现是,当个体遇到微观社会困境时,若情境变量强化对他人互惠合作的信任获得的可能性增加,则个体更可能选择合作。

研究实践中的宏观背景

个人在实践中应对公共池塘资源困境时也会受到众多环境变量的影响,这些变量与他们互动时所处的社会生态环境(Social-ecological System, SES)相关。欧洲和美国的一些科学家正在进一步开发一个扩展框架,这个框架包含实践中观察到的更宏观的变量,在一个微观的层次上将 IAD 及其相互作用产出联系起来。[①] 如图 6 所示,个体在行动情境中产生的相互作用

---

① 众多高校和研究所的学者在欧洲已经举办好几次会议,来启动采用一个通用框架的计划,以研究资源系统的多样化。该计划最初由奥斯特罗姆 2007 年提出(Ostrom, 2007)。参与的高校和研究所有:斯德哥尔摩环境研究院(Stockholm Environment Institute)、国际应用系统分析研究院(International Institute for Applied Systems Analysis)、荷兰代尔夫特理工大学(Delft University of Technology)、瑞士苏黎世大学(University of Zurich)、挪威博德高等学院诺德兰研究院(Nordland Research Institute of Bodø University College)、德国波茨坦气候影响研究院(Potsdam Institute for Climate Impact Research, PIK)、德国柏林洪堡大学(Humboldt University)、德国马堡大学(Marburg University)和位于德国奥斯纳布吕克大学的欧盟适应性整合水管理项目(EU NeWATER project at the University of Osnabrück)。布鲁明顿的研究所和亚历山大州立大学制度多样性研究中心(Center for the Study of Institutional Diversity at Arizona State University)也参与了这些讨论。这些学者所识别出来的核心问题是,各种关于自然资源系统和人类工程资源的研究缺乏连续积累和整合。

和产出影响着资源系统、资源单位、治理系统以及用户,也被资源系统、资源单位、治理系统以及用户影响着,其中,用户影响着社会、经济与政治背景以及相关生态系统,也受到社会、经济与政治背景以及相关生态系统的影响(Ostrom,2007、2009)。图 6 提供了一个实践中最高层次变量的概览。这些最高层次的变量可以根据所研究的 SES 实践相关的具体问题进行多次分解,由于时间和篇幅限制,此处就不详细展开了。

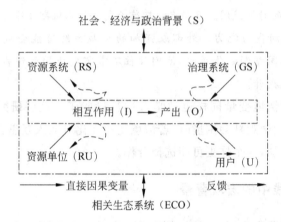

图 6 社会生态系统分析框架(第一层)

资料来源:Ostrom,2007:15182。

比起实践调查研究者,实验研究者更是肯定在困境中微观情境变量对激励、信任水平和个体行为具有影响。几乎没有 SES 的变量是完全独立影响参与者所面临的行动情境和其可能行为的。重要的 SES 变量千差万别是由于想要预测的相互作用(如监督、冲突、游说和自组织)或长期产出(如过度开采、生物多样性的再生、生态系统应对人为和自然干扰的恢复力)不同。通过大量实践调查研究,我们识别了显著影响用户为解决公共池塘资源困境而自组织的 10 个变量(E.Ostrom,2009;Basurto 和 Ostrom,2009),包括资源系统的规模、生产力和可预测性,资源单位的流动性,具有改变操作规则权威的集体选择规则,用户的 4 个属性(数量、领导力、关于 SES 的知识、SES 对用户的重要性)。将更多的宏观背景变量与微观情境变量联系起来,是试图理解社会和生态因素如何影响人类行为的跨学科科学家的主要任务之一。①

八、复杂性与变革

在过去的50年中,学者提出了两种理想组织形式、两种物品以及一个个体模型,这些成果使经济学和社会科学取得了长足的发展。大量的实证研究记录了许多发现:个体在单独解决公共池塘资源问题时所处的多种情境,他们的解决方案在什么条件下具有长期可持续性,以及较大规模的制度安排是如何增强或削弱较小规模的个体高效地、可持续地解决问题的能力(Agrawal和Gibson,2001;Gibson等,2005;Schlager和Blomquist,2008)。虽然目前还没有一个单一的理论能够解释所有在微观情境里的多样性结果,这些微观情境包括实验室的实验研究或更宏观的背景设定(渔业、灌溉系统、森林、湖泊,以及其他公共池塘资源),但是重要的认同是存在的。同样,我们也还没有一个单一的正义的规范理论,可在所有情境中清楚地得到应用(Sen,2009)。

建立相互信任和发展制度规则对于解决社会困境是至关重要的,这些制度规则需要与具体的当前的生态系统良好匹配。资源用户在建立信任的核心问题上会通过多种方式相互监督是令人惊讶却重复出现的研究结论,这些用户的关系处于相对好的情况,甚至越来越好。

然而令人感到遗憾的是,许多政策分析师、官员和学者并没有理解本文所阐述的核心议题,仍然在试图将简单的数学模型应用到实地问题的分析中。往往一个政策方案——例如个体可转让配额制度(ITQ制度)——会被应用在某一类型的所有资源中。渔业资源是一个很好的例子,也许一些渔场的ITQ制度取得了成效,但要将ITQ制度这一宏观的理论概念具体转化为可以在某一渔场实际运用的实操系统,渔民和政府官员必须进行长达数年的努力工作(Clark,2006;Yandle,2007;Yandle和Dewees,2003;Eggertsson,1990)。

---

① 参考斯图尔特的一项基于美国西南部25个采矿场的重要研究,将群体规模、合作规范接受性和产权支持相联系起来了(Stewart,2009)。

本文试图表达的有关公共政策分析的最重要的结论是,相比于早期的理性选择理论所设定的,人类的动机结构更加复杂,解决社会困境的能力也更强。在过去的半个世纪中,政策分析者一直认为政府的主要目标是设计制度以强制(或推动)完全自利的个体达成更好的结果。然而,大量的实证研究使我相信公共政策的核心目标应当是发展能促进人性美善的制度。我们需要回答:多样性的多中心制度如何在不同尺度上促成或阻碍创新、学习、适应、可信度、参与者合作水平,以及促进有效、平等、可持续结果的形成(Toonen,2010)。为解释在多个层面发生的相互作用与结果,我们必须坦然接受并考虑社会困境的复杂性,而不是拒绝。在那些简单的数学模型就可以描述足够多的核心结构与激励,进而有效地预测结果的情境中,我们应该继续使用它们。然而,当我们所要解释与改善的问题不能够被简单模型描述时,我们就必须不断改进框架和理论,来理解现实,而不是忽略问题的复杂性。

亲 历 篇

奥斯特罗姆荣膺诺贝尔经济学奖侧记[①]

2009年10月12日,瑞典皇家科学院诺贝尔奖委员会宣布,将2009年度诺贝尔经济学奖授予美国学者埃莉诺·奥斯特罗姆和奥利弗·威廉姆森。奥斯特罗姆成为自1968年以来首位获得诺贝尔经济学奖的女性。奥斯特罗姆目前是印第安纳大学艺术和科学学院政治学教授,同时也是公共和环境事务学院教授。她于1973年在印第安纳大学和丈夫共同成立了政治理论与政策分析研究所。[②] 奥斯特罗姆教授曾经多次访问中国,为中国的公共管理学界熟悉。2007年7月13日至14日,应清华大学公共管理学院邀请,奥斯特罗姆教授曾到清华大学访问并做学术报告。我目前有幸在印第安纳大学政治理论和政策分析研究所访学,跟随奥斯特罗姆教授从事制度分析与公共资源治理方面的研究,与研究所的同事一起分享了奥斯特罗姆获得诺贝尔奖的喜悦。现简要记述近2日在美国的见闻,及我对奥斯特罗姆教授学术成就的简评,以飨读者。

[①] 此文作于2009年10月,于美国印第安纳大学政治理论与政策分析研究所。
[②] Workshop in Political Theory and Policy Analysis,该机构在本书中按照中文表达习惯统一称为"政治理论与政策分析研究所",国内之前也有将其翻译为"政治理论与政策分析工作坊"。

喜讯传来，问鼎诺奖

10月12日美国东部时间约9点，笔者照常到印第安纳大学政治理论与政策分析研究所的办公室上班，打开电脑即看到同事的邮件——Lin Wins Noble!!!一个巨大的喜讯传来，埃莉诺·奥斯特罗姆获颁2009年度诺贝尔经济学奖！尽管几天前与这里的中国朋友谈论过奥斯特罗姆有希望拿诺贝尔奖，但当看到这个愿望变成现实的时候，还是觉得十分惊喜激动。笔者随即给奥斯特罗姆发去邮件祝贺，然后与研究所的同事一起谈论这个爆炸性的消息。

奥斯特罗姆尽管有很多学术职位，但她供职时间最长的是印第安纳大学政治理论和公共政策研究所（Workshop in Political Theory and Policy Analysis）。该研究所在国际公共管理学界、政治学界和经济学界都有重要影响。奥斯特罗姆自从研究所成立以来一直担任所主任，直到2009年7月荣退，转任高级研究主任。尽管奥斯特罗姆已经76岁了，但她几乎每日都会开车来研究所上班。研究所的师生都称呼她Lin，奥斯特罗姆也喜欢大家叫她这个昵称。

按照预定的日程，这天下午奥斯特罗姆将作为《实证研究理论和方法》课程的客座教员，为研究生和访问学者讲授社会生态系统理论。但是这天上午她被印第安纳大学校长请去出席记者招待会了，而此时要面对无数媒体的采访，这节课由她的同事布尼尔·费雪教授主持。应该是受奥斯特罗姆获奖的影响，还有她的几位同事也来到教室。于是，布尼尔·费雪教授请大家集体观看奥斯特罗姆在上午记者招待会的实况视频。记者招待会上，奥斯特罗姆谈及早上得到获得诺贝尔奖的消息，说"这是一个意想不到的惊奇和令人兴奋的消息"。当她回答记者获奖后给丈夫的第一句话、如何看待自己作为第一个女诺贝尔经济学奖得主、奖金如何使用等问题的时候，大家都开心地笑成一片。

布尼尔·费雪教授简短授课后，大家围绕奥斯特罗姆获得诺贝尔奖展开了热烈讨论。一个共同的感受是，之前觉得诺贝尔奖距离大家很遥远，这时突然落在了与大家朝夕相处的奥斯特罗姆教授身上,是一种非常奇妙的感觉。奥斯特罗姆的同事则用了"极好的""令人惊诧的""了不起的"和"魔幻般的"等词语形容此时的感受。

大家都期待早点见到奥斯特罗姆,与她一起分享喜悦。几位同事当天晚上自发设计制作了纪念 T 恤,第二天上午我就领到了一件穿在身上。这天下午是她为研究生和访问学者开设的《制度分析与发展》课程,她还是照常来到研究所,爽朗地招呼学生,大家纷纷上前与她合影留念。2 个小时的课后,与在场的师生集体合影留念之后,奥斯特罗姆匆匆离去,她还要去接受一大批的记者采访。

意料之外,情理之中

2009 年的诺贝尔经济学奖的结果使很多人感到意外。此前媒体预测的六大热门人物全部落选,几乎没有人预测到这 2 人最终获奖,所以有媒体称这个结果为"爆冷"。实际上,无论是埃莉诺·奥斯特罗姆,还是奥利弗·威廉姆森,都是享誉世界的大师级学者,只是学界通常将奥斯特罗姆归为政治学家,而威廉姆森则是制度经济学家。

奥斯特罗姆在学界拥有很高的学术声誉。她于 1991 年当选为美国艺术与科学院院士,2001 年又当选为美国国家科学院的院士。她是美国政治学协会的前任主席,也曾担任过公共选择学会、中西部政治学协会和公有产权研究协会的主席,还曾任或现任众多国际顶级学术刊物的编委。

奥斯特罗姆在学术生涯中获奖无数。1996 年,获得美国政策研究组织颁发的杰出妇女奖;1997 年,获得了具有世界声誉的弗兰克·E.塞德曼政治经济学大奖;2005 年,她被美国政治学协会授予詹姆士·麦迪逊奖金;2005 年,还获美国生态学会颁发的可持续科学奖金;2008 年,成为首位政治学领域首位威廉姆·H.锐克奖的获得者。

奥斯特罗姆的学术成就早已为国际学术界承认,所以对她此次问鼎诺贝尔奖并不算意外,而是实至名归。有趣的是,奥斯特罗姆长期担任政治学教授,而此次问鼎的是却是经济学的最著名奖项。奥斯特罗姆既是政治学家,也是经济学家,但准确来说,应当是政治经济学家,同时也是公共管理和政策分析学家。1997年,她获得弗兰克·E.塞德曼政治经济学大奖,而该奖项的获得者后来不乏诺贝尔经济学奖的问鼎者。所以早在10年前,就有许多人预料,奥斯特罗姆很可能成为诺贝尔经济学奖的有力竞争者。

2009年的诺贝尔经济学奖评选结果,似乎与全球金融危机背景有着某种必然联系。实际上,诺贝尔评奖委员会发布公告中已经暗示这一点:"经济科学需要扩展到市场理论之外,因为市场不一定运作有效,我们需要理解支持市场的制度"。于是,评奖委员会别具匠心地将2009年的评选领域定位为"经济治理",将奖项分别授予了在公共治理领域做出杰出贡献的奥斯特罗姆,及在私人治理领域做出杰出贡献的威廉姆森。对此,耶鲁大学经济学教授罗伯特·希勒在诺贝尔经济学奖揭晓的当天评论道:"诺奖结果说明经济学是社会科学的分支。经济学已经太孤立,这将是经济学在更广领域发展的信号。经济学家以往过度地执着于有效市场的研究而局限了思想。"《纽约时报》当天的评论是:"两位诺奖得主大大提高了我们对非市场机制的认识。"《金融时报》次日的评论是:"获奖者本身有资格获奖。但在金融危机和人们对经济学产生的信心危机之后,他们的获奖也凸显出,好的经济学发现能够提供伟大的洞见。"

成就卓著,影响深远

奥斯特罗姆在政治学、政治经济学、公共管理、公共政策、发展研究等诸多领域享有很高的学术声誉。她著述甚丰,重要的学术著作有十余部,有分量的学术论文100余篇。其代表著作《公共事物的治理之道》,是制度经济学和公共政策研究领域里的重要著作,也是此次被授予诺贝尔奖的主要成果。该书已被译成德文、意大利文、西班牙文、希腊文等多种文字,中译本由上海三联出版社2000年出版,在国内的公共管理界有一定影响。

奥斯特罗姆长期致力于研究公共事物治理问题,对于公共选择与制度分析的理论和方法的发展,对于公共政策研究和新政治经济的研究,做出了举世瞩目的贡献。根据瑞典皇家科学院发布的官方材料,奥斯特罗姆获颁诺贝尔奖,主要表彰她在以下三个方面的突出贡献。

第一,对人类公共事物治理的思想贡献。奥斯特罗姆研究关注的是以公共池塘资源(Common-pool Resources)为代表的公共财产资源,其主要特征是系统使用的非排他性和资源利用的竞用性,例如灌溉系统、渔业资源、森林和草场等。传统的观点认为,公共财产资源将导致"公地悲剧"。为了避免公共资源的过度利用,应当由政府施加规制,或者实行资源私有化。奥斯特罗姆质疑仅仅在政府和市场这两种途径中寻找解决问题思路的合理性,认为公共财产资源可以通过用户自组织有效管理。她利用非合作博弈论为从理论上论证了这一观点,还利用世界范围内公共池塘资源自主治理的成功案例提供了经验依据。1972年诺贝尔经济学奖得主肯尼迪·阿罗曾经这样评价:"奥斯特罗姆教授的贡献在于综合政治学和经济学的同时又超越了政治学和经济学。针对市场失败的政治解决方案远远多于简单的新霍布斯福利经济学的观念。"

第二,对人类社会合作治理的理论贡献。在半个世纪的研究生涯中,奥斯特罗姆对地下水资源、治安服务、灌溉系统和森林资源等公共池塘资源进行了大量的实证调查,系统分析了人们能否以及如何进行合作,探索什么样的制度因素促进或者阻碍人们采取集体行动,由此形成了系统的公共选择和集体行动理论。这些理论集中体现在1990年出版的英文版专著《公共事物的治理之道》一书中。例如,奥斯特罗姆的研究表明,在特定的制度条件下,人们完全能够自愿合作和自主治理公共事物。她将成功治理公共池塘资源的制度条件总结为八项原则,这些制度设计原则在世界范围内得到了广泛的检验和应用。2009年的诺贝尔经济学评审委员会这样评价:"奥斯特罗姆的工作在维持人类社会合作的深层机制方面教给我们新的经验。"近年来,奥斯特罗姆进一步探索将地方的小规模公共资源治理的经验,应用于解决更大规模及全球性的公共资源治理问题。

第三,对社会科学研究方法的贡献。奥斯特罗姆早年对公共池塘资源的研究,主要基于案例研究和实证调查,其理论发展被认为是归纳式的。为了使理论假设可检验,从20世纪90年代初期,奥斯特罗姆和她的同事一起发展了试验室技术,对集体行动困境的人类行为在实验室设定条件下进行预测,并与实证调研的结果相互对照。奥斯特罗姆的这些试验工作揭示,相对于过去的经济科学,对人类合作行为的正确理解,需要对个体的激励及互惠特征和起源做更为细致的分析。奥斯特罗姆的这些工作在过去20年中启发了社会偏好、互惠与合作、博弈理论等领域更多的研究。

以上三个方面是奥斯特罗姆教授的主要学术成就,也是诺贝尔经济学评奖委员会对奥斯特罗姆教授学术贡献的总结。当然,奥斯特罗姆教授的学术成就不仅限于以上三个方面。还值得一提的是,在过去数十年间,奥斯特罗姆与她的同事还致力于发展一套分析人类制度选择及行为的通用语言。这项工作的目的在于通过一个普遍性的框架,将政治学家、经济学家、人类学家、社会心理学家和其他对制度如何影响个人面临的诸多激励及其相应的行为感兴趣的学者所做的工作结合为一体。在博弈论的基础之上,奥斯特罗姆及其同事在20世纪80年代提出了制度分析与发展(IAD)框架,该框架已经被广泛应用于各种实际情景的分析,并通过实证检验不断完善,目前已经成为理解社会行为的精致框架及公共资源管理的精致理论。这一工作至今在奥斯特罗姆的推动下还在不断发展,其重要性还有待社会科学界进一步认识。

埃莉诺·奥斯特罗姆和她的丈夫文森特·奥斯特罗姆共同开创的学术传统,被国际学术界称为布鲁明顿学派(Bloomington School),也被称为多中心理论(Polycentricity)。该学派以严谨的理论关怀和现实世界的关怀并重著称,并以整体性的方法论和跨学科的交融而独具魅力。该学派广泛汲取了各种社会科学和自然科学的智慧,为社会科学的发展提供了独特的理论视野及贡献。虽然该学派的学术背景是政治学、公共管理与公共政策领域,且在这些领域有着甚为广泛的影响,但这一理论的基本出发点是跨学科的,其理论的内涵、实质与影响已经远远超出其学术背景所及的领域,也对经济学领域产生了重大其影响。此次奥斯特罗姆问鼎诺贝尔经济学奖就是该学派重大影响力的明证。

大师风度,学界垂范

奥斯特罗姆夫妇均为拥有国际声誉的学术大师,他们的治学和为人十分令人敬仰。奥斯特罗姆治学极为勤奋,几十年来日日笔耕不辍。即使已经 76 岁的高龄,她仍然坚持写作和教学,频繁参加研究所的各种学术活动,每天工作十几个小时。我在与她的交往中能够感受到,她之所以能够几十年如一日孜孜以求,根本上是她对理解人类行为的好奇心和兴趣,及执着的科学求索精神。她从研究工作中得到了很大的乐趣,在给我们教学和学术研讨中,她总是热切希望我们与她一起分享这些乐趣。

尽管拥有很高的学术地位和社会地位,但奥斯特罗姆对待同事和学生十分真诚平等。只要是同事和学生提出与她见面交流,不管多忙她总是尽量满足。我在访学期间向她发邮件求教,总是能够很快得到她的回复。10 月 9 日,也就是她获得诺贝尔奖的前 3 天,我们在研究所会议室开一个课题研讨会。会上一位从日本来的访问博士生称呼她"Prof. Ostrom"。她马上打断这位学生的发言:"请称呼我 Lin,而不是教授,我们是在平等交流"。令我肃然起敬。

10 月 13 日下午,也就是奥斯特罗姆获得诺贝尔奖的次日,她照例来到研究所给学生和访问学者上课。课堂按时开始了,她给大家平静地讲了这样一段话:"我很感激大家,请不要给我发邮件了,因为昨天我收到了 800 封邮件……我从没有想过要获得诺贝尔奖,我只是想尝试更多的研究。"然后奥斯特罗姆就开始授课,一切与她获得诺贝尔奖之前没有任何不同。

奥斯特罗姆夫妇热爱他们共同创办的研究所,热爱他们的同事和学生。他们生活十分简朴,将大部分收入都捐献给了大学和研究所的基金会,用于支持学校和研究所的发展。这次获得诺贝尔奖的奖金,她打算捐赠给研究所,继续用于支持学生培养和同事的科研工作。在奥斯特罗姆夫妇的精心培育下,拥有 36 年历史的政治理论与政策分析研究所温馨如家。学生和同事在这里愉快地学习和工作,徜徉在人类社会知识和智慧的大厦中,享受着思想碰撞和科学探索的乐趣。这里似乎是孕育诺贝尔奖再好不过的土壤。

建设新的治理科学[①]

我眼中的埃莉诺

1997年,埃莉诺和文森特·奥斯特罗姆第一次来访中国。自那以后,她的自主治理理论在中国广泛传播,并且对中国学术界产生巨大影响。继10年前拜读了她的开创性著作《公共事物的治理之道》后,我便非常专注并痴迷于埃莉诺·奥斯特罗姆的理论。后来,这本书在2000年被翻译成中文并在国内出版。我在准备自己的水治理博士论文的过程中,也深受埃莉诺·奥斯特罗姆理论的启发。

10年后,埃莉诺和文森特·奥斯特罗姆再次访问中国。埃莉诺·奥斯特罗姆参加了中国人民大学以及清华大学的多场学术会议。那时在北京,我们一起谈论了许多关于水治理以及中国发展的问题。回到美国后,她给我发来了一封友好的信,邀请我去美国印第安纳大学政治理论和政策分析

[①] 本文于2010年1月作于美国印第安纳大学,为作者在英文刊物上发表的一篇评论文章,以纪念埃莉诺·奥斯特罗姆教授获得诺奖。原文以"Towards a New Science of Governance"为题发表在 Transnational Corporations Review,2010,2(2):87~91,该期杂志为纪念埃莉诺·奥斯特罗姆获得诺奖特辑。

研究所访问学习。我非常感激埃莉诺·奥斯特罗姆,正是在她的推荐下,我获得了美国学术团体协会授予我的"中国学术发展奖学金"。这笔奖学金让我能够赴美国印第安纳大学访学。我很庆幸埃莉诺·奥斯特罗姆在2009年10月获得诺贝尔经济学奖时,我也在她身边见证了这个过程,因而过去的半年时光令我印象尤其深刻。

埃莉诺·奥斯特罗姆是一位了不起的人,也是一位永不止步的学者。尽管已是76岁高龄,她仍然投身于教学、写作以及研究事业。我对埃莉诺·奥斯特罗姆印象深刻的是,她的这种奉献完全源自于对人类行为的好奇与理解,以及对科学的求知与探索。她充分地享受研究事业,并在给我们的讲学中分享其中的乐趣。

埃莉诺和文森特·奥斯特罗姆将他们大部分的收入奉献给了研究所以及基金会。埃莉诺·奥斯特罗姆非常热爱自己的学生和同事。不论多忙,她总是认真聆听和回答学生的疑问,并且对大家一视同仁。

获得诺贝尔经济学奖的殊荣并没有改变埃莉诺·奥斯特罗姆。就在诺贝尔奖公布后的第2天,埃莉诺·奥斯特罗姆依旧来到教室给我们上了计划中的2小时课程。在之后的日子里,她继续像往常一样参加座谈会和会议。我曾经问过她关于之后几年的打算,她似乎从未计划停止她的教学以及研究工作。

理论以外的贡献

埃莉诺·奥斯特罗姆于2009年被授予诺贝尔经济学奖,这是对她在经济治理尤其是公共事物治理上的认可。根据经济学诺贝尔奖组委会公告,埃莉诺·奥斯特罗姆挑战了公共资源管理不善就应当私有化或由政府调控的传统,并展示了自主治理在公共领域的可能性(Ostrom,1990)。

众所周知,诺贝尔奖授予埃莉诺·奥斯特罗姆是奖励她在自主治理理论中的贡献。然而,埃莉诺·奥斯特罗姆在发展社会科学通用语言中所作的努力却似乎被忽视。虽然这个努力的价值目前被低估,但是她的贡献却是举足轻重,对改进社会科学研究方法有很大潜力。我想详细阐述一下她在这方面的贡献。

埃莉诺·奥斯特罗姆努力去发展一套制度分析框架。20世纪80年代早期,她曾希望开发一种跨学科的研究方法,以用于公共部门的行为控制和绩效评估(Ostrom,2011)。后来她发现如果不能意识到建立社会科学通用语言的重要性,就不可能严肃地对待这项任务。受益于对德国比勒费尔德大学的一次访问,埃莉诺·奥斯特罗姆和 Larry Kiser 共同起草了一篇名为《行动的三个世界:制度行为的元理论集成》(The Three Worlds of Action: A Meta-Theoretical Synthesis of Institutional Approaches)(Kiser 和 Ostrom,1982)的论文。随后在博弈论的启示下,埃莉诺·奥斯特罗姆发展了制度分析方法(Ostrom,1986b)。这就是著名的制度分析和发展框架(IAD)。埃莉诺·奥斯特罗姆接下来几十年的研究工作都以此为基础。

埃莉诺·奥斯特罗姆清楚地阐述了制度、理论和模型之间的不同。一个通用的框架会帮助辨别元素(以及元素之间的关系),而这些元素是人们进行制度分析必须考虑的内容。理论的使用使得研究人员能够辨别一个框架中哪些组成与特定问题相关,并做出对元素的广泛假设。模型则被用于对有限的参数和变量进行精确的假设(Ostrom,2005)。这些区别非常重要。IAD 框架使得在政治家、经济学家、人类学家、社会心理学者以及关注制度对互动的影响和激励的人们中发展跨学科联盟成为可能(Ostrom,2007a),同时它也在许多研究领域中得到广泛运用。

埃莉诺·奥斯特罗姆把一般性框架视为通用语言。她在发展社会科学通用语言方面的努力一直持续。继 IAD 框架后,埃莉诺·奥斯特罗姆研究出了一个更深层次的框架来分析复杂社会生态系统之间的关系,它能够为诊断理论提供基础(Ostrom,2007b、2009)。这个新框架,暂且叫作社会生态系统(SES)框架,已经引起世界范围内学术领域的极大关注。

SES 框架使得跨学科的学者可以采用一个嵌套的、多层次的框架用于分析理论问题,即资源系统和多个资源的使用者被嵌套在治理系统里,影响社会生态系统的可持续性(Ostrom,2010a)。正是埃莉诺·奥斯特罗姆以及研究所的促进作用,有关 SES 框架的研究还在继续发展,不断接近发展成为通用语言来理解复杂社会系统的治理。

进入新的治理科学时代

作为印第安纳大学政治理论与政策分析研究所的一名访问学者,我深刻地感受到,研究所是一个进行富有成效研究的绝佳之地。1972年,研究所由埃莉诺和文森特·奥斯特罗姆联合成立,它更像是老师、访问学者和学生的家而不是办公地。在这里我与埃莉诺·奥斯特罗姆度过了让人怀念的半年时光,我非常热爱这个研究所。

研讨所倡导的学术传统被称为"布鲁明顿学派"。在我看来,布鲁明顿学派的三大卓越研究领域包括:以比较制度分析与发展为中心;探究人类制度的内部运作,以更好地理解制度何以有效;强调理论、经验学习以及政策分析之间的联系。

尽管布鲁明顿学派吸引了全世界的高度关注,但很少有学者意识到布鲁明顿学派工作的价值是走向"新时代的新治理科学",这是在研究所的网站上公布出来的口号。阿里吉卡和勃特克(Aligica和Boettke,2009)在他们的书中解释了这个"新科学"的部分含义,他们把布鲁明顿学派总结为古老的"政治新科学":协作的科学、公民的科学和自由的科学。

我补充一点我个人观察到的布鲁明顿学派所代表的新科学的含义。作为一个中国学者,我认为,布鲁明顿学派尤其是埃莉诺·奥斯特罗姆的工作融合了东方智慧和西方科学。西方人头脑中一个最重要的东西是知识发展的专业化。相反,东方智慧强调系统论或整体论。埃莉诺·奥斯特罗姆和她的同事使用IAD或SES框架开展了许多研究,打破了学科的边界,并指出了系统的综合特征。在这些研究的过程中,考虑到特定研究的目标,选择和采用了多种科学的研究方法,例如案例研究、田野调查、荟萃分析、理论模型和实证研究等(Poteete Janssen和Ostrom,2010)。从这个角度看,埃莉诺·奥斯特罗姆的工作整合了东方智慧和西方科学。

此外,我也觉得埃莉诺·奥斯特罗姆的研究风格体现了中国哲学和西方哲学的一种妥协。正如冯友兰在《中国哲学史》中提到的,东方哲学与西方哲学之间的基本区别,在于东方哲学采用的"负的方法";而西方哲学采用的是"正的方法"。前者强调通过直觉感知系统和整体;而后者强调在与形而上学的对象打交道时重视分析和理性推理。冯友兰相信未来哲学的发展是负的方法和正的方法的融合,我在埃莉诺·奥斯特罗姆的研究工作中已经发现这样的融合。

总而言之,埃莉诺·奥斯特罗姆和她的研究所带领我们进入新的治理科学领域。她的成就远不止于诺贝尔奖授予的经济学贡献,还有她在发展社会科学通用语言当中的努力同样值得社会科学家的重视。再次恭喜埃莉诺·奥斯特罗姆获得如此卓越的奖项。我很荣幸写下这篇文章作为纪念。

深切缅怀奥斯特罗姆教授[①]

埃莉诺·奥斯特罗姆教授是我在美国的访学导师,她是我十分敬爱的老师,多年来深深影响着我。2009年,我在美国亲历她获颁诺贝尔奖,见证了她学术生涯的高峰;在美国的研究所朝夕相处,目睹她活跃于研究和教学,在学术道路上继续前行。2011年,她还访问北京,发表数场精彩演讲,当时与我们相约以后每两年来一次中国。2012年6月12日,她溘然长逝,一起的时光不可再期,只留下往事追忆,无尽哀思在心头。

奥斯特罗姆在制度分析和公共政策、集体行动理论、公共资源管理、可持续发展等领域的研究成果,在世界范围内产生了很大影响。我认识奥斯特罗姆,始于读她的著作。2000年,毛寿龙教授组织出版了"制度分析与发展译丛",系统介绍了奥斯特罗姆学派的成果。在《公共事物的治理之道》一书中,她直面人类的集体行动困境,利用理论分析和实证研究,雄辩地论证了人类的自主治理何以可能。当时正在写博士论文的我,被其书中浓厚的理论色彩所吸引,其"多重嵌套制度"的思想启发了我关于水权理论的研究。

[①] 此文作于2012年6月,为惊闻埃莉诺·奥斯特罗姆去世的消息后所写的纪念文章,作于清华大学。

2004年年初,当博士论文基本完成之时,我赴北美游学,在朋友的引荐下,前往印第安纳大学拜访奥斯特罗姆。那是3月的一个早上,她在办公室与我会面,很和蔼地询问我的情况,带我一起下楼去参加一个小型研讨会,然后介绍我认识她的几位博士学生,还特意安排我与她的丈夫文森特见面。奥斯特罗姆夫妇的大师风范,给我留下极深的印象。

2007年,奥斯特罗姆夫妇访问北京,其间到清华参加国际经济学年会,我陪同他们夫妇几天的时间,有很多的交流,她对我的水管理研究也很有兴趣。回美国后不久,埃莉诺·奥斯特罗姆来信问我,是否有兴趣去他们研究所访学,我当然非常乐意。在她的提名推荐下,我获得了2008年度的"美中学术交流委员会"的中国学者奖金。

从2009年8月起,我赴印第安纳大学政治理论与政策分析研究所访学。整整1年的时间里,在那里系统学习奥斯特罗姆学派的理论,在她的指导下开展了几项研究。与大师同游,有一种徜徉在学术殿堂的舒畅感,她的为人为学温暖在心。2009年10月,奥斯特罗姆成为首位女性诺贝尔经济学奖得主,我在研究所目睹了她获奖的过程,成为一段独特难忘的经历。回国后,我与清华师生多次分享过这段访学经历,也多次系统介绍奥斯特罗姆的学术思想。就在她去世的前1周,我还在清华给学生讲授她的"多中心治道"。在我的心里,虽然远隔万里,可她的音容笑貌如在眼前,她的学术思想始终与我同在。

奥斯特罗姆上次来中国还是2011年的事情。2011年的5月初,10天的时间里她访问了中国6所大学。5月9日,我陪同她做客清华论坛,发表了"诊断社会生态系统"的演讲。次日在中国政法大学演讲,之后在陈幽泓、王建勋和我等一行的陪同下去游览长城。那天风和日丽,她在长城上兴致很好,我们愉快地边走边聊。临走的时候,我对她说:"我们最后合张影吧!"她幽默地反问:"你承诺是最后一张?"我知道这是她离开中国前的最后一次合影了,但没想到这竟是最后的纪念。

2012年年初,我从她来访的弟子那里,得知她被查出了癌症,开始接受治疗。虽然担心,总觉得美国医疗发达,通过治疗病情应该可以控制。特别是3月,我的一位同事去伦敦开会还见到了她,说明她还可以远途旅行,病情应该不至太坏。但是没想到,癌症这么快就夺去了她的生命。记得

深切缅怀奥斯特罗姆教授

2010年4月,我陪同她去科罗拉多州讲学的途中,她告诉我还要再工作20年,当时我深信不疑。因为她的丈夫文森特差不多工作到90岁,那时她77岁,以她的体格和精神状态,应该可以继续工作很多年。现在回头来看,这才仅仅2年!在人生和事业的高峰之际,她的生命就这样戛然而止,这是学界巨大的损失,令人心痛惋惜。

在长达半个世纪的岁月里,奥斯特罗姆夫妇这对学术伉俪,缔造了学术界的一段传奇,开创了一个影响深远的学派。1965年,他们一起来到印第安纳大学,白手起家,1973年共同创办了政治理论与政策分析研究所。在几十年的时间里,他们培养了上百名博士,桃李遍天下,接待访问学者数百名,将研究所的名声和学术思想传播到世界各地。2010年9月,在印第安纳大学的研究所,师生共同为文森特庆祝90大寿。在吹蜡烛许愿的时候,文森特吃力又不失俏皮地说出"99",我们都开怀大笑,衷心祝福他长寿。相对于文森特,奥斯特罗姆那时神采奕奕,谁曾料到她会走在文森特前头。在她去世前的1个月,印第安纳大学校董事会做出决议,以奥斯特罗姆夫妇的名字命名政治理论与政策分析研究所(Vincent and Elinor Ostrom Workshop in Political Theory and Policy Analysis),这是对他们夫妇贡献的永久纪念吧。

奥斯特罗姆留给世界的,有博大精深的学术遗产。她和丈夫开创的多中心治理的思想体系,将对社会治理和政策研究继续产生深远影响,特别是在日益复杂的现代社会中更加凸显价值。她关于自主治理的学术思想,是对人类公共事物治理的重要思想贡献。她提出的一系列集体行动的理论,是后来者继续研究人类社会合作治理的重要基础。她关于制度分析理论和制度多样性研究的卓越工作,启发了世界范围内制度与人类行为深层机制的研究。她构建的分析复杂系统通用语言的尝试,正在开启社会科学研究的新范式,将会引领公共事物研究的新方向。

奥斯特罗姆留给世人的,还有弥足珍贵的精神财富。作为拥有国际声誉的学术大师,奥斯特罗姆的为人治学令人敬仰。她热爱学术研究,将自己的一生献给了科学研究事业。她对理解人类行为怀有极大的好奇心,为了探究人类合作的内在机制开展了跨学科的长期努力。她拥有自强不息的可贵品格,一生之中挑战了很多困难险阻,不断追求新的人生高度。她治学极为勤奋，每天工作十几个小时，几十年如一日。她生命不息、工作不止，就在她去世的前1个月，她还在研究所继续坚持做研究。作为在社会科学研究领域取得杰出成就的女性，她的非凡事迹激励过很多学者特别是女性。2012年4月，她入选《时代》杂志2012年度全球100位最具影响力人物（第19位），她的卓越人生必将鼓舞和影响更多世人。

奥斯特罗姆留给我们的，更有深沉的爱。她深深地爱她的丈夫文森特，爱他们共同创立的研究所，爱她的同事和学生。她视研究所为家，将包括诺贝尔奖金在内的平生大部分收入，累计250万美元捐献给了支持研究所运转的基金。她待人十分真诚平等，大家提出的要求她总是尽量满足。我在研究所访学期间，看到她无论多忙多累，总是花时间耐心细致地与学生交流。她热爱教学，总是把授课作为最优先的工作。2009年秋季学期伊始，她荣获诺奖，面对来自世界各地的高薪邀请，她一概谢绝，坚持为我们授课，仅仅由于奥巴马总统邀请当年全美的诺奖得主在白宫聚会，而缺席了一次课。获得诺奖之后的2年里，她在印第安纳大学的授课量不但没有减少，反而变得更多，她视教学为一种"荣誉"(Honor)。

奥斯特罗姆的78载人生，是一次漫长的学术之旅。她孜孜不倦，上下求索，最终达到了学术辉煌的顶点。她度过了快乐幸福的一生、圆满成功的一生，给社会留下了宝贵的财富，对世界做出了重要的贡献。

奥斯特罗姆的学术人生值得永久纪念，并激励后来者不断前行。

伟人虽逝，风范永存！

愿老师安息！您永远活在我们的心中！

大师其萎、薪火相继——WOW5纪行[①]

WOW(Workshop on the Workshop 的简称)是美国印第安纳大学制度分析与政策研究所举办的大型国际会议。该会议由奥斯特罗姆夫妇创办,每5年举行1次,2014年是第5届会议,所以会议名称简称WOW5。WOW固定在美国印第安纳大学举办,是美国三大公共选择学派之一——布鲁明顿学派的学术盛会。众所周知,布鲁明顿学派是由奥斯特罗姆夫妇开创和领衔的,也是围绕他们夫妇的学术思想展开的。2009年,埃莉诺·奥斯特罗姆荣膺诺贝尔经济学奖,成为首位获得该奖的女性,布鲁明顿学派也因此更受世人瞩目。2012年,仅仅在获奖两年半之后,埃莉诺·奥斯特罗姆不幸罹病辞世,2周之后她的丈夫文森特·奥斯特罗姆也紧随而去。WOW5因此成了首届没有奥斯特罗姆夫妇参与的 WOW 会议。

然而,此次我赴美国印第安纳大学参加 WOW5 会议,出乎意料的发现,是尽管奥斯特罗姆夫妇已然不在,但本届 WOW 会议的规模却进一步增长。与会注册代表从上届的140人,增长到这届的250人,参会代表的国别达到

[①] 此文作于2014年6月,为作者再次赴美国印第安纳大学奥斯特罗姆研究所参加学术活动后所写纪行文章,作于美国印第安纳大学参会后返回北京途中。

了27国,可谓盛况空前。相对于上届会议,这次会议的一大特色是所有的专场都是以工作组(Working Group, WG)为单元组织的,而工作组大都由活跃的"研究所友人"(Workshoppers)自主组织,充分体现了这个学派自组织的传统。这次会议的工作组多达52个,涵盖了布鲁明顿学派众多特色学术主题,比如多中心治理、公共池塘资源、制度分析与发展(IAD)框架、社会生态系统(SES)框架、设计原则、奥斯特罗姆研究等。

中国学者与奥斯特罗姆学派素来有着紧密的联系,也积极参与WOW会议。早在1999年,中国人民大学毛寿龙教授就参加了WOW2;2004年,毛寿龙、陈幽泓、舒可心等国内学者参加了WOW3;2009年,我与毛寿龙、陈幽泓、刘绮菲等参加了WOW4。此次WOW5会议,从中国来参会及在会议上做报告的中国学者仅我1人。就我个人而言,当然很愿意来参加这次会议。一方面,奥斯特罗姆教授夫妇是我非常感激和敬重的老师,多年来与他们的交往接触很多,特别是2009—2010年曾经在他们的研究所访学,受益匪浅,他们逝世2年之际,我很想再次访问,一方面是为缅怀纪念;另一方面布鲁明顿学派的学术思想博大精深,十几年来对我的影响很深,距离上次从他们研究所访学回国已然4年,也很想借这次机会看看这里最新的学术动向。因此,6月初我在清华的课程完结后,暂时放下手头的事务,不远万里来参加这次会议。

6月17日,我提前1天到了印第安纳大学。故地重游,美丽的大学校园风景依旧,校园里新建了一些教学楼,校园设施经过修缮更显完善。学校已经进入暑期,学生寥寥,显得安详静谧。政治理论与政策分析研究所在奥斯特罗姆教授获得诺奖后,也就是在我2010年暑期离开这里之后,已经被修缮一新,研究所名字也以夫妇的名字重新命名,在大门前树立着新的牌子(Vincent and Elinor Ostrom Workshop in Political Theory and Policy Analysis)。在会议举办地——印第安纳纪念中心(IMU)领取了会议材料。从这天开始,见到很多研究所的老同事,还有来自世界各地的老朋友,很多人都已阔别4年之久,本次重聚倍感亲切。

6月18日会议正式开始,没有开幕式,会场没有专门布置,也没有嘉宾致辞。与会者直接进入分会场参会,一共有6个平行的分会场,与会者根据自己的兴趣自由参与。分会场中每1.5小时就有1个专场,每个专场有4

个左右的报告,每个15分钟,之后是互动和讨论,整个过程由专场协调者负责组织。6月19日下午召开了一次全体大会,主要总结已有的研究成果和讨论未来的研究方向,安排了3个简短的主题发言,然后主要是互动和讨论。大会之后举行了招待会,与WOW4一样,依旧安排在印第安纳大学艺术博物馆,这是全体与会者自由交流的时间,对于多年未见的研究所友人来说,这是叙旧的好时机。招待会之后是全体合影,与当年WOW4合影在同一个地方,借用艺术博物馆内几十级台阶的地形。但当时与会者是坐在台阶上照相,这次参会者数量太多,坐着已经容纳不下,只能都站在台阶上合影了。

经过4天的会议,6月21日晚上安排了一次晚宴,采用自助餐的形式。晚宴开始,由研究所的共同所长Tom Evans报告了研究所近2年的工作、WOW5会议的概况,并展望了5年之后的WOW6。Tom的演讲图文并茂、风趣幽默,引来大家一阵阵的笑声,演讲的最后是向参与者和组织者致谢,情真意切,现场响起一次又一次的掌声。

我是在第4天下午的"Understanding Robustness to Disturbance in Irrigation SES"专场做报告,这是第43工作组的专场,共安排了5个报告,报告人2位来自美国,1位来自西班牙,另1位来自新加坡。我报告了利用社会生态系统研究中国灌溉集体行动的成果。①这个报告将社会生态系统框架与中国的实践较好地结合起来,引起了与会者的兴趣,特别是其他报告人给予了较高评价。

4天的会议安排很紧凑,信息量也很大。与会者都很投入,4天时间里奔波于各个感兴趣的会场,认真聆听,积极参与讨论,会议秩序井然有序。作为来自中国的学者,我在5年前参与了WOW4,但那时还未来这里访学,对布鲁明顿学派的理解有限,当时的参会现在看来是走马观花。经过之后1年跟随奥斯特罗姆教授治学,以及归国之后的应用研究实践,对布鲁明顿学派有了更深的理解。所以这次参会的体会要深很多。遗憾的是,因为有6个平行会场,只能选择最感兴趣的专场参与,错过了不少有兴趣的专场。

---

① 该成果后经进一步修改已经在国际学术期刊发表,详见:Yahua Wang, Chunliang Chen, Eduardo Araral(2016). The Effects of Migration on Collective Action in the Commons: Evidence from Rural China. World Development, Vol. 88, pp. 79~93.

记得5年前的WOW4,当时是4位中国学者组织了1个"中国专场",我报告了关于中国水治理的一项成果,与布鲁明顿学派的研究传统尚缺少交集。此次亲身参与了由国际同行组织的工作组和报告专场,运用布鲁明顿学派的方法来讲中国的故事,感觉所做研究与这个学派的融合正在变为现实。当然,通过参与以工作组形式开展学术研讨的经历,也使我更深刻地体会了国际知识共同体的新运作模式。

总的来说,通过这次WOW5的参会经历,有几点比较深刻的体会。

首先,会议体现出的知识传统令人印象深刻。布鲁明顿学派有自己独特的分析范式、方法和理论,也就是自成体系的话语体系,例如多中心治理的哲学、IAD和SES分析框架、公共池塘资源的研究对象、自主治理和集体行动的理论。这套体系是由奥斯特罗姆夫妇在过去半个世纪中创立起来的,已经形成一套很有特色的知识传统。他们的学生和相关的学者被这套传统影响和吸引,用一套共通的语言进行交流,不断传承和发展着这套知识体系。比如,此次海外参会者人数最多的是德国,达到33人,很多德国学者就是被奥斯特罗姆创立的社会生态系统分析方法所吸引,而且在德国也创立了与奥斯特罗姆研究所类似的研究机构。因此,尽管奥斯特罗姆夫妇已经辞世,但是这套知识体系还深深感召着众多的学者,他们依然有积极参与的兴趣和热情。在日益复杂的现实社会,治理的重要性更加凸显,奥斯特罗姆夫妇学说的价值越来越为学界认可,这也有助于解释WOW5盛况空前的原因。

其次,此次会议呈现出的知识发展的广度和深度。布鲁明顿学派以跨学科的理论研究闻名于世,由于其对人类社会事物理解的基础性质,使其有广泛的应用价值。因此,此次会议涵盖的领域是极为宽广的,既有传统上受重视的森林管理、渔业管理、水管理和灌溉管理、生态系统管理和社区治理,也有新兴的气候变化、知识公地、基础设施、宗教问题,甚至还有粮食政策、金融政策、非营利和自愿行动、和平与安全等拓展主题的讨论。同时,会议的研讨很有深度,反映了国际理论发展的知识前沿。比如,行为试验方法在社会生态系统中的应用,是会议上很重要的主题之一,安排了很多专场交流最新的进展;IAD框架的应用拓展是另一个重要的领域,该框架如何用于分析更大范围的政策问题,以及如何进行多层次分析,也是会议上重点讨论的主题;SES框架的修订和发展,大型实证研究数据库的建设,则是会议的另一个重点。此外,我注意到有一个"制度与制度分析中的权力"专场,吸引了很多与会者参与,这体现了近年来制度学者日益认识到权力在制度中的重要性,围绕这个命题的讨论已然是制度分析的最新研究方向之一。

再次,会议反映的是大规模社会科学研究的协作。知识共同体是学术发展的重要构件之一,是以对知识发展本身的兴趣为中心组织的。这次会议吸引了来自全世界多种学科的众多学者参与,不仅仅是奥斯特罗姆夫妇自身的感召力,更重要的是学者对理解人类社会运作和合作行为的兴趣,对发展有关理论和方法的渴望,以及用有关理论理解公共事物和改造社会的美好愿望。比如备受瞩目的社会生态系统分析方法,由于其在方法论上的重要意义以及潜在的应用价值,吸引了世界各地众多学者的目光,已经形成十几所高校的大型合作网络。这实际上反映了社会科学发展的内在生产机制,即通过大规模的分工协作,凝聚众多分散的知识和智慧,推动知识前沿的不断发展。WOW5就是这个过程中比较典型的一个例子,类似的会议实际上每天都在世界各地举行着。比如,我所在的工作组成员在会议之后,已经开始商讨和酝酿2015年在国际公共财产权学会(IACS)双年会上的专场了。

当然,此次WOW5由于奥斯特罗姆夫妇2年前的辞世,自然也带有很强的纪念意味。会议中安排了数个与此相关的专场,比如一个专场研讨奥斯特罗姆夫妇的著作,讨论他们文集的增订出版计划;有一个专场研讨他们夫妇学术思想的相互联系和共通性;有一个专场专门探讨奥斯特罗姆学术思想对于政治经济学的价值。此次会议的大部分参与者是奥斯特罗姆夫妇的学生,以及与他们生前联系密切的学者。因此,在会议上,能够强烈感受到大家对奥斯特罗姆夫妇的尊敬和爱戴,他们不但致力于发展老师的学术理论和方法,而且身体力行地不断应用实践着老师的多中心思想和自组织的传统。他们辞世后,学生自发组织为他们拍一部纪念电影。在这次会议上组织了一个专场,介绍了这部电影的拍摄计划和进展,并展示了部分样片片段,生动展现了奥斯特罗姆夫妇卓越的学术创建,以及在世界各地深远的影响力。

此次会议对于我而言,也是一次纪念之旅,有很多学术之外的收获。4

天的会议之后,我重游了修缮一新的政治理论与政策分析研究所,拜访了奥斯特罗姆夫妇的故居,再次参观了埃莉诺·奥斯特罗姆的诺贝尔奖章展览。他们夫妇的传奇经历再次感染了我,激起了我很多的回忆和思考。5年前我亲历了埃莉诺·奥斯特罗姆荣获诺奖的过程,目睹她登上了学术生涯的高峰,3年前她第4次访问北京,在清华、人大等大学演讲,还在长城留下足迹。2年前于国内听闻她在美国辞世的消息,感到惊诧不已,十分悲恸。如今再来印第安纳,大师已然不在,故居也易了主人。青山依旧在,几度夕阳红。人的生命何其有限,学术生涯何其短暂!学者以此生有涯,探索知识无涯,其意义又何在?

重游奥斯特罗姆夫妇的故居,周围森林依旧郁郁葱葱,看到文森特十几年前在后园种下的一棵幼苗如今已有数丈之高,一副蓬勃生机。环绕在树丛之中,我的脑海中浮现出一幅这样的图景:奥斯特罗姆夫妇就是一对参天大树,在过去近半个世纪中,他们辛勤耕耘,开枝散叶,在印第安纳孕育出一片森林,成为影响深远的学派,并且通过学生和访问学者,把知识的种子播撒到世界各地,孕育出众多的树木,他们有的即将成才,有的已经成长为大树,又不断孕育出新的树苗,正在世界各地演化为一片片森林,装点出越来越多的绿色大地。奥斯特罗姆夫妇虽然辞世了,正如这对参天大树老化枯萎了,但是更多的树木又在世界各地成长着、成材中,焕发着勃勃生机,展示着生命的力量,实践着知识的价值。这就是生命的代际轮回,这就是人类的生生不息,这就是学术的薪火传承!

公共事物研究方兴未艾
——IASC2015 参会感言[①]

2015年5月24—30日,我赴加拿大埃德蒙顿市参加第15届国际公共事物研究会(IASC)双年会。IASC是研究公共事物最负盛名的国际性学术组织,宗旨是提升对公共事物、公共资源及各种形式共享资源的理解和治理,在全球有注册会员千余名。研究会正式成立于1989年,其前身是1984年成立的国际公共产权网络,埃莉诺·奥斯特罗姆是研究会发起人及首任主席。IASC每2年召开1次双年会,是其最重要的全球大会。此外,还不定期召开区域会议和主题会议。

我曾于2011年报名参加IASC在印度举办的第13届全球大会,那时埃莉诺·奥斯特罗姆还健在,那届大会也成为她获得诺奖的纪念大会。2014年6月,我赴印第安纳大学参加了第5届WOW会议,与政治理论与政策分析研究所的很多老朋友重聚。当时在会议报告的专场上,大家已经约定在来年的IASC会议上,继续我们的灌溉治理讨论。有了这个缘起,我

[①] 此文作于2015年5月,系作者参加"国际公共事物研究会"双年会的记录文章,作于加拿大阿尔伯塔大学。

如约前往参加今年的 IASC 全球大会。我们这个专场是讨论灌溉治理的，由西班牙裔学者 Sergio Villamayor-Tomas 组织，除了他的报告，还有亚利桑那大学的约翰·安德瑞斯（J. Anderies）教授，普林斯顿大学的 Jampel Dell'Angelo 博士。我在该专场上做了题为"利用社会生态系统分析框架分析中国用水户协会低效的原因"的学术报告，这是一项最新的关于中国灌溉治理的研究成果，利用大样本数据检验了中国用水户协会的有效性，并利用社会生态系统分析框架分析了导致中国用水户协会失效的原因。在这个灌溉治理专场上，大家从不同角度探讨了灌溉系统的稳健性和抗干扰性，研究地域涉及亚洲、非洲和欧洲，探讨非常深入，也引来很多的提问和讨论。在专场结束后，几位报告人举行了闭门会议，讨论了下一步的协作计划。大家初步约定，利用安德瑞斯教授的框架，来组织跨地域的灌溉系统治理研究，争取形成协作研究成果。

会议期间，我全程参与了各主要会议环节，包括开幕式和闭幕式、主题演讲，以及各种相关的平行专场，并踊跃在各专场上发表评论及提问。此外，我还出席了 IASC 理事会的工作会，以及 IASC 的亚洲区域会议，在会议上我做了即席发言，介绍了中国的公共事物研究的现状，以及与 IASC 合作的前景展望。会议期间还组织了野外技术考察，我参加了社会水质监测的考察，通过 1 天的实地考察，增进了对加拿大公民参与环境治理的感性认识。

本次大会共有来自全球 50 多个国家和地区的 600 余名代表参会，我是唯一来自中国的参会学者。在会议期间，我与各国代表进行了大量的交流，特别是会晤了 IASC 的现任主席以及候任主席，与他们探讨了 IASC 与中国的合作事宜。特别是在会议期间，与很多美国奥斯特罗姆学派的老朋友重逢，与一些新学者相识，大家一起探讨了很多最新的研究动态，也进一步增进了友谊。此次参会非常辛苦，1 周的时间打个来回，时差问题困扰始终。但是回顾起来，觉得收获多多，不虚此行，有不少收获及体会。

第一，国际公共事物研究方兴未艾。尽管 IASC 的前身出现于 20 世纪 80 年代中期，并且活动了很多年。但是国际学界的公共事物研究，是从 2009 年以后，伴随着埃莉诺·奥斯特罗姆获得诺奖，才正式成为显学，日益为人们关注。这次大会上，深感跨学科和多学科的公共事物研究，已经被广泛认可。美国、英国、德国甚至很多发展中国家，近年来相继成立了以公共事物为对象的研究机构。

第二，公共事物研究边界不断拓宽。公共事物研究是从自然资源和环境治理发展起来的，特别是森林、草原、灌溉系统等是其传统研究领域，近年来其研究范围在不断变宽，保护地、滨海系统、全球气候等新兴环境问题也都纳入其研究视野，此次大会主题报告中，专门安排了一个北极治理的演讲。此外，更多的非传统公共事物包括知识、宗教、传统习俗、网络等，也在被纳入其研究范畴。公共事物正在从研究领域发展成为研究视角，其词语本身正在从名词演化为动词（Commoning the Commons），成为一种新的研究视角，用以透视人类形形色色的公共事物。

第三，公共事物研究的学科特色更加鲜明。公共事物研究从早期，就打上了奥斯特罗姆夫妇的烙印，多中心治理、制度分析、IAD框架、SES框架、制度多样性等，是贯穿其中的特色元素。从本届会议的众多学术报告来看，尽管奥斯特罗姆夫妇已经辞世，但是他们的学术传统还在延续。在很多基础理论层面，一些探讨更为深入，比如围绕SES框架的发展方面，近2年取得了令人瞩目的成果。

第四，中国在公共事物研究方面差距很大。中国是拥有世界最多最大公共事物的国家，但是中国的公共事物研究不令人满意。尽管中国的资源环境政策和管理有很多的研究，但是其应用性较强，基础研究特色不鲜明，与国际公共事物研究尚不接轨。近年来，随着中国学术国际化的加快，一批学者通过留学或访学等形式，了解了国际公共事物研究动态并将其介绍到国内，帮助国内学界了解国际动态。但是国内的研究与国际公共事物研究目前仍然是完全割裂的，在国际文献中也很少有关于中国公共事物研究的论著，来自国内学者的作品更是寥寥无几。

此次IASC大会吸引了全球50多个国家的代表参与，十分遗憾的是，这次来自中国的学者仅我一人，而我们的亚洲邻国基本都有学者与会，像日本、韩国、印度、马来西亚、印尼、孟加拉、斯里兰卡、尼泊尔等，其中日本和印度的参会者有数十人。会上报告的几百篇论文与中国有关的寥寥无几，除了我的论文还有2篇是西方人研究中国的，而与日本和印度有关的研究都有大量论文。这也从另一个侧面说明，国内公共事物研究还没有形成领域

(尽管有各种学科的研究),也缺乏与国际学界的对接。

通过此次参会,在看到中国在公共事物研究与国际学界差距的同时,也说明我们在这方面蕴涵了很大的发展机遇。在中国无比丰富的公共治理实践(土、水、林、草、环境、生态,以及更为广阔的知识、道德、文化、传统、制度、城市空间、社区治理等)基础上,通过开展系统的公共事物研究,其有希望成为新兴的学科方向。希望国内学界同仁不断努力,尽快提高中国公共事物研究的水平,为增进中国公共事物治理做出理论贡献。

阐 释 篇

國民軍

走向新一代的社会科学[①]

非常欢迎大家今天来参加今天的学术活动。我们公共管理学院有一个非常良好的传统,就是学院教师每工作若干年,就有一定的学术休假机会,可以到国外进修进行学术充电,或者到地方政府挂职积累政府工作经验。我是 2009 年 8 月利用学术休假机会到美国访学,到上个月整整满 1 年的时间。按照我们学院的惯例,学术休假回来的教师会有这么一次机会和各位老师、同学分享自己的经历。这样的话,我们这些教师的经历就不仅仅是个人的财富,而是我们学院共同的财富。

美国访学概况

今天,本着这样一个目的,来跟大家分享我这次在美国访学的主要体会和收获。我这次到美国访学的地点是在印第安纳的布鲁明顿,这个地方是

[①] 此文为 2010 年 9 月 20 日作者在清华大学国情研究中心学术沙龙上所作的演讲录音整理稿,在此之前作者刚刚结束在美国印第安纳大学的访学,此为归国后的第一次学术分享讲座。

在美国的中东部。可能教师们去东西两岸的城市比较多,去中部的相对少一些。这个地方相对是比较偏僻的一个地方,离它最近的大城市是芝加哥,开车要5个小时。这个城市没有机场,坐飞机需要到印第安纳州的首府印第安纳波利斯,大约1个小时的车程。这个城市只有8万人,大部分是大学师生员工,可以说是一个大学城,也是一个非常适合做学问的地方。

我访学的机构就是印第安纳大学布鲁明顿分校。印第安纳大学在印第安纳州有8个校区,布鲁明顿是主校区。印第安纳大学可能不像加州大学体系那样有名,像加州伯克利、加州戴维斯等大学大家耳熟能详,而印第安纳大学大家相对来说听得就比较少。实际上这个大学也是非常棒的一所大学,它在很多的学科领域,在全美都是很出名的,特别是它的音乐学院是和纽约茱莉亚学院齐名的,是全美最好的音乐学院之一。它的商学院、法学院、艺术学院在全美也非常知名。特别是它的环境与公共事务学院和美国锡拉丘兹大学麦克斯韦尔学院、哈佛大学肯尼迪政治学院,是全美最好的3所公共管理学院。这个学校拥有非常好的学术传统,它的历史比清华还要长,已经有190年的历史。大学校园也像清华大学一样,非常漂亮而且有特色。

我这次访学的邀请机构是印第安纳大学的政治理论与政策分析研究所,英文名字叫 Workshop in Political Theory and Policy Analysis,简称 Workshop。这个研究所在印第安纳大学历史不是非常长,是由文森特和埃莉诺·奥斯特罗姆夫妇1973年共同创办的,迄今有近40年的历史。该研究所在制度分析、公共管理、政治学、政治经济学等领域拥有非常高的国际声望。这个研究所也非常独特,具体来说首先它的名字就很独特,它不叫 Center 或 Institute,而是叫 Workshop,所以国内也有将其翻译为"工作坊"。研究所的创办者文森特,希望将其办成一个由师傅带徒弟传统传承的学术机构。他非常强调师生之间密切的合作和交流,倡导老师和学生在学问面前平等,有一种非常深厚的追求学问的文化。

我记得曾经写过一篇文章,当时提到了一个小故事,就是奥斯特罗姆获得诺贝尔奖的前1个工作日,是周五。那天下午我们在一起开的研讨会,研讨会有很多学生。当时有1位刚来的日本博士生,因为亚洲人都是非常尊敬长辈的,就非常谦逊地称呼埃莉诺 Professor Ostrom,奥斯特罗姆当时就很不高兴,她马上打断那个学生说,"请不要叫我教授,叫我 Lin"。因为埃莉诺的昵称叫 Lin。在研究所,所有的人都不称呼职务或职称,而是用昵称。像研究所的所长 Michael Mcginnis,大家都称呼他昵称 Mike。我在那个地方英文昵称是 Bert,大家也都这么叫我。所以这个研究所的一个文化特征就是强调在科学求索方面人人平等。而且,这个研究所非常温馨,布置得不像通常的办公室,而是像家一样。

研究所每年从全世界会选拔一批国际访问学者,大约是 10 名。这个研究所没有专职教师,除了所长之外,其他所有的教师都隶属于印第安纳大学的各个院系,或者全世界其他地方的各个大学研究机构的教师。此外,它还有一些支撑性的专职职员。研究所的主要活动是围绕访问学者来进行的,这些访问学者来自世界各地,这个传统已经持续几十年,是非常独特的。所以我们去了之后,在研究所就是以这些访问学者为中心来组织活动。这个研究所有 4 幢楼,从 1 号楼到 4 号楼,我的办公室在 4 号楼。4 号楼本来安排了 5 个人,但是平常大部分人都不来,很多时间就我 1 个人在这个楼工作,所以办公条件还是挺好的。

我访学时间虽然只有 1 年,但实际上做了不少事情。主要有以下几个方面:一是听了很多的课。印第安纳大学提供了非常丰富的、高质量的课,我听了大约有 7 门课。二是做研究。大量的时间在研究室里阅读文献、写作。然后还花了很多时间泡图书馆,印第安纳大学的图书馆非常好,2009 年被评为全美最佳大学研究的图书馆,我非常喜欢在里面待很长时间。它的阅览室是 24 小时开放的,我常常在里面熬夜。三是去拜访一些同行。我访问了很多的研究机构,像世界资源研究所(World Resources Institute),国际货币基金组织(International Monetary Fund),还有国际食物政策研究所(International Food Policy Research Institute)等。然后,随他们做了一些田野调查,了解了当地的自然资源管理的情况。5 月访学行程结束时,由研究所所长 Mike 为包括我在内的访问学者颁发了结业证书。这是我访问的大致概况。

与埃莉诺的交往

我今天的讲座主角不是我,而是这位伟大的女性埃莉诺·奥斯特罗姆。大家在国内应该对她都有所了解,特别是 2009 年她获奖之后,可能很多人对她都非常有兴趣。所以,我今天还是重点来分享关于奥斯特罗姆的研究,以及我在那个地方从她身上所学到的为学为人,还有她的学问来和大家一起分享。

对于埃莉诺·奥斯特罗姆,很多人包括我在内了解她都是从她的一本书开始,就是《公共事物的治理之道》("*Governing the Commons*:*The Evolution of Institutions for Collective Action*")。这本书是 1990 年在剑桥大学出版社出版,1999 年,中国人民大学的毛寿龙老师组织力量把它翻译出来,2000 年在上海三联出版社出版。当时这套书叫"制度分析与公共政策丛书",在国内影响非常之大。我当时正好开始写博士论文,是关于黄河断流的研究。我第一时间看到了这本书,就深深地被这本书吸引。这本书在当时看来提出了很多新鲜的公共管理观念。比如说制度的多层次选择的理论,她把制度分为宪制选择层次、集体选择层次和操作选择层次,而且各个选择层次的制度是相互嵌套的。也就是说,第一层的制度选择受制于上一层的制度规则。这个对当时的我影响非常之大,所以当时我在做黄河的水权问题研究时,就利用她这个思想发展了一个"水权科层模型"。实际上借鉴的是她这个制度嵌套的理论思想。

我在这里稍微提一下,学过经济学的同学可能都知道,根据竞用性或者可分割性与排他性,物品可以划分为四种类型。具有完全的排他性和可分割性的物品叫作私人物品,私人物品通常利用市场机制来配置。反之,具有低分割性和低排他性的是公共物品。介于这两者之间的,就是具有低分割性和高排他性的,这个就是所谓的俱乐部物品。具有高分割性和低排他性的叫作"公共池塘资源"(Common-Pool Resources,CPR)。这个也有不同的说法,有人叫"公共资源",有人叫"公共财产",还有人叫"公共产权"。但是埃莉诺把它叫"公共池塘资源",这是比较独特的一个概念。好比是一个池塘的水,这个池塘作为整体是不排他的,但是作为池塘里面的资源系统,就是水本身是可以分割的。所以它把这种资源叫作"公共池塘资源"。随着公共池塘资源研究的深入,其理论范畴逐步拓展应用到私人物品之外的其他三类物品,这些物品可以统称为"集体物品"(Collective Goods),就是分配、使用和维护依赖集体行动的物品;也被简称为"公共事物"(Commons),但是埃莉诺学术的主要对象还是"公共池塘资源"。

非常幸运的是,我 2004 年做完博士论文之后,去加拿大和美国访学 3 个月。在美国访学期间,我专程去印第安纳大学,在布鲁明顿市拜访了奥斯特罗姆夫妇。那是一个阳光明媚的早上,我在研究所一层见到了埃莉诺,当时就握着她的手,说您太有名了,很多人都说您将拿到诺贝尔奖。她当时拍了我的手哈哈一笑,也没当回事。之后,埃莉诺亲切地将我介绍给她的同事和学生,让我和她的学生在一块聊天,并让我参加了研究所开展的学术活动。这个研究所的气氛给我留下了非常深刻的印象,我当时就梦想着有朝一日能到这个研究所来访学。当时不知道是否有机会,但是我回去之后就和她学派的弟子保持着联系,特别是做灌溉管理的学生一直都有联系。

2007 年,奥斯特罗姆来到北京访问,她是到人民大学参加学术会议,还到我们公管学院应邀参加国际经济学会的圆桌会议。当时我陪同她,就水管理问题做了很深入的讨论。她对我的研究也非常有兴趣。之后她就给了我一个推荐,有了这样一个机会去访学。在访学之前,也就是 2009 年的 6 月,我又去了一次 Workshop。这个 Workshop 非常有意思,它每隔 5 年就搞一次很大的聚会叫 Workshop,所以这个会的名字就叫作"Workshop on the Workshop",从 1989 年开始举办,2009 年是第 4 届。当时国内的毛寿龙老师、陈幽泓老师等与 Workshop 联系比较密切的中国学者也都去参加了这个会议。2 个月之后,我就正式以访问学者的身份到了这里。

2009 年 8 月,奥斯特罗姆第 3 次来访问中国,又到了北京,而且在北京度过了她的 76 岁生日。当时人民大学组织了一个聚会,给她庆祝 76 岁生日。我是从 8 月就开始在 Workshop 从事研究工作,应该说是非常快地就融入了。这个研究所非常的独特,我特别想给大家分享一下研究所的一些活动,可能对我们会有所启发。

研究所的运作

研究所有这样几类比较常规的活动。第一类是学术沙龙。它每周举行2次,周一是一次比较正规的学术沙龙,它是全世界的、不同学科的学者到这个地方来做演讲。这个学术沙龙同时也是一门课,博士生、研究生可以选修学分。还有一个是星期三的学术沙龙,这个学术沙龙主要是访问学者,还有研究所研究人员的中期进展报告。我基本上是一年下来几乎参加了所有的研讨会和学术沙龙,收获非常大。沙龙的视野非常宽阔,内容也很宽泛,涉及各种学科和各类主题,很像我们清华国情研究中心的学术沙龙。

第二类是开设课程。特别有名的是"制度分析与发展"这个课,奥斯特罗姆夫妇从30年前就开始开这门课,每年都不断更新,融入制度分析这个领域最新的研究成果。我们所有的访问学者去了之后都要参与这个课。这门课是埃莉诺亲自来讲的,我从这门课上受益很大。还有一门课是"国际森林资源和制度项目"的课,这个我后面会稍微提一下,当时是由她的2位同事来讲。大家可能很难想象,埃莉诺拿到诺贝尔奖之后,她的课没有变少,反而变得更多。当然她完全可以不教学,但是她非常喜欢教学。我在那儿的时候她每学期就上1门课,我离开之后的这个学期,她要同时上这2门课,我想这都源于她对教学的热爱。

第三类是小型研讨会(Mini-conference),每年举办2次,都是在学期末,在所有课程结束之后。这个小型研讨会很有趣,它实际上是访问学者和研究生,在"制度分析与发展"这门课上的研究论文报告会。这个报告不是本人来报告,而是他们请资深的教员或者高年级的博士生来宣讲并评论论文。作者听别人展示自己的论文,并接受大家的评议。这个形式非常好,已经有几十年的传统,值得我们参考借鉴。

第四类是工作小组(Working Group)。这是另外一套比较独特的研究组织机制。这个工作小组完全是自发的,随时可以进来,随时可以退出。研究所每个学期有4~5个兴趣小组。大的研究小组里面有几十个人,像当时设立的"分析社会生态持续性的诊断本体论"(DOSES)研究小组就很大,不得不下面又设了 4 个专题小组,它是来自各种学科的,各个院系有兴趣的人来参加这个小组,基本上是每周至少有 1 次活动,有时候 2 次。还有访问学者基于兴趣发起的工作小组,像我们对 IAD 框架应用非常有兴趣的几个访问学者,组织了一个应用理论工作小组,我们基本上是每周 1 次,讨论我们应用 IAD 的心得,然后讨论 IAD 框架的改进方向。此外,还有其他零星的几个研究小组。应该说这是非常有效的一种科研组织形式,帮助聚集有兴趣的学者共同研讨。

文森特的贡献

我去研究所之后,经历了第一个大事就是庆祝文森特 90 岁大寿。关于文森特,国内的朋友可能了解得比较多。他是美国非常著名的政治学家,是公共选择学派的和公共选择理论的创始人之一。文森特在 1967 年就已经是美国公共选择学会的会长,1997 年还担任过美国政治学会的会长。他有几本书特别有名,包括《美国公共行政的思想危机》《复合共和的政治理论》等。文森特是埃莉诺的亲密战友,同时也是她的丈夫,还是研究的合作伙伴。应当说埃莉诺能拿到诺贝尔奖和文森特是密不可分的。我个人的观点是文森特为埃莉诺获奖奠定了组织基础、思想基础和理论基础。

首先是组织基础。1965 年,当埃莉诺刚刚博士论文毕业的时候,还是一个非常年轻的小姑娘,是文森特带她来到了印第安纳印第安纳大学。然后文森特一手创办了这个研究所,这个研究所的房子是他带着木匠盖起来的,可谓真正的白手起家。当时埃莉诺在这个大学里没有任何工作,只能靠给她的丈夫做编辑助理。因为当时文森特主编美国的《公共管理评论》杂志,这和我们学院的《公共管理评论》名字一样。埃莉诺给他做编辑助理有大半年的时间,后来在这个大学里找到一份临时教书的职位。所以说这个组织基础(研究所)是由文森特奠定的。其次就是思想基础。文森特开创的多中心治理是非常重要的一个思想,就是认为美国的公共行政存在着思想危机,我后面会进一步解释,什么叫"多中心"(Polycentricity)。这是布鲁明顿学派的哲学基础和标签,埃莉诺将她的学术人生总结为"多中心之旅"。

这个核心的多中心观念,来源于文森特早年的思想。还有一个很重要的理论基础就是文森特早年关于公共经济学的研究,是埃莉诺学术研究的发端,也是由她的丈夫文森特奠定的。

所以说文森特之于埃莉诺非常重要。尽管文森特没有拿到诺贝尔奖,但他也是一个诺贝尔量级的学者。2010年秋天,我再次去美国参加美国公共政策与管理开会,在波士顿见到他的另外一位早期的学生,跟他聊天才知道,原来文森特早年也有望问鼎诺贝尔奖。20世纪80年代,当时公共选择的理论一度非常流行,对于经济学的影响非常之大,所以文森特也进入了诺贝尔经济学奖的候选人名单,而且是很热门的一个人选。但最终1986年公共选择理论的诺贝尔奖落给了布坎南,文森特与诺贝尔奖失之交臂。这么说,奥斯特罗姆的丈夫曾经是有机会拿到诺贝尔奖的,要是两个人先后都拿诺贝尔奖,那将是更妙的一段学术佳话了。

奥斯特罗姆和她先生风风雨雨几十年,两个人的感情非常好,好到令我感到吃惊的程度。我记得那次我们在美国访学完坐飞机回来,她另外一个学生开着车就把她的先生带到机场,她先生已经不能走路了,要坐轮椅。轮椅一直推到机场出口,奥斯特罗姆出来之后就急急忙忙找她的先生,一看到她先生马上就扑了上去,拍他肩膀,拍他身子就连连说"I love you",场面非常感人,可见这对学术伉俪感情挚深。

严格来说,把埃莉诺称为奥斯特罗姆其实不太准确,应该叫奥斯特罗姆夫人。奥斯特罗姆原来名字叫 Lin Eva,她是德裔美国人,嫁给文森特以后叫 Elinor Ostrom。这就好比居里夫人,是因为她的丈夫皮埃尔姓居里,然后她改随夫姓居里,所以叫居里夫人。可能是因为居里先生本人也拿到了诺贝尔物理学奖,足够有名,所以要区分一下,所以叫居里夫人,否者会引起混淆。文森特是一个大思想家、大哲学家,大家公认的大师。所以,奥斯特罗姆是站在巨人身上的巨人,是站在大师肩上的大师,奥斯特罗姆的诺贝尔奖与她的先生是密不可分的,也可以说是奖给他们夫妇两人共同的奖。最终,埃莉诺以奥斯特罗姆的名字传世,以一种特别的方式纪念了她的丈夫文森特,这样看起来也不错。

获诺奖后的轶闻

2009年10月12日,奥斯特罗姆被授予诺贝尔奖的过程也很有意思。因为我们根本没有想到这个事情。虽然在前面的一周,研究所的同事有讨论,但是议论比较多的是觉得当年的诺贝尔经济学奖很可能会颁给实验经济学。因为当时有几个大热门,像欧洲苏黎世大学的费尔教授,还有芝加哥大学的法玛教授,这都是非常有名的实验经济学的学者。当然后来新华社的记者来采访的时候告诉我,说他们在颁奖之前已经联系好芝加哥大学的法玛,一旦颁奖结果出来马上去芝加哥大学经济系采访,可想而知法玛的热门程度有多高。正好我办公室隔壁有一个访问学者安德鲁,他更有意思。他在欧洲求学时是师从费尔,现在到芝加哥大学跟随法玛做博士后,同时又跟着奥斯特罗姆做访问学者。我们当时跟他开玩笑,说费尔和法玛不管谁获奖你都是学生。结果我们谁也没想到会落到奥斯特罗姆这儿,当然最终获奖者仍然是他的老师。

2009年10月12日一大早,我一到办公室打开计算机,就收到同事发过来的信息"Lin wins Nobel Prize"。所以当时都惊呆了,不敢相信真是落到奥斯特罗姆头上了,当时我们就非常非常兴奋。正好,这天中午有她一节课,本来她是要上课的,当时我们不知道能不能见到她,能不能正常上课。中午我们去上课了,上课的地点在研究所的托克维尔会议室,是研究所最大也是用得最多的教室。本来是要在这个地方上课,但那天上午奥斯特罗姆出席记者招待会,就不能来上课,就由她的同事伯尔尼教授来代这个课。当然,他也没什么心思上课,就在那讨论诺奖的事,他也很兴奋,因为他跟奥斯特罗姆共事很多年了,连连感慨"incredible",然后就分析到,说看来风向转了,诺贝尔奖经济学奖变成社会科学奖了。很快他打开投影仪,连上网络让我们看奥斯特罗姆在新闻发会上接受记者采访的视频。

特别有意思的是,奥斯特罗姆接受记者采访时有这么几个问题,一个就是获奖的心情是什么。她就说 surprise、excited,即惊喜、激动。然后就问她获奖之后给丈夫说的第一句话是什么。大家知道这个诺贝尔奖是直接通知本人的,但当时按照美国时间是凌晨四五点钟的样子,诺奖委员会的人把奥斯特罗姆从睡梦中叫醒,告诉她你拿诺贝尔奖了,是这样一种情形。所以奥斯特罗姆当时愣了,想了一下就说"wake up"(醒来),也就是说她获奖之后,给她丈夫说的第一句话就是醒一醒,当时文森特还在睡觉,她本能地叫丈夫醒来。当时大家听了都很乐。还有问题问她是政治学的教授,如何看待自己拿到经济学的最高奖。她当时说:"我在加州大学读书的时候,我选修了一些经济系的课"。然后我们又哈哈大笑,这个是不是对经济系的教授太不尊重了。还有就是如何看待自己作为第一个女诺贝尔经济学奖得主。她说她相信女性能在科学世界上发挥越来越大的作用。实际上她成长的过程中,作为女性还是受到了很多的限制,是非常不容易的。还有一个问题,就是你这个奖金准备怎么用。大家很关心,因为她和威廉姆森每人分享50万美元。然后她说我准备把这个钱捐献给学校和研究所的基金会。因为她这个研究所有一个基金叫托克维尔基金,这个基金绝大部分是奥斯特罗姆夫妇把自己的收入捐出来,供这个研究所来运转。目前这个基金是200多万美元,所以算了算,对他们来说这50万美元也不是特别大的数额。我们当时都鼓掌称赞,因为奖金要用到研究所了。

记得当时特别有意思的一个事情,是我们看完之后在那儿讨论,还有几个研究所教员加入进来。由于会议室挂满了奥斯特罗姆夫妇一生获得的各种各样的荣誉证书和奖牌。我就在思考一个问题,这个诺贝尔奖拿回来之后放什么地方,我就看了半天。然后伯尔尼教授发现了,问我在想什么。我说我在研究奖牌挂什么地方,然后他们都哈哈大笑,结果没想到没过2天,他们就把这个挂上去了,但当时不是那个奖牌,是获奖的第二天印第安纳大学一个报纸特刊,他们就把报纸头条装裱了一下挂到墙上。但是后来他们把诺贝尔奖的奖牌领回来之后,并没有放在研究所,因为太贵重了,就拿回家里了。

第二天中午是奥斯特罗姆的课,就是制度分析与发展的课。奥斯特罗姆如约来到研究所。我们都非常热烈地和她交流,大家也穿上了头一天晚上赶制的纪念衫。纪念衫正面是她的肖像,后面是字。然后大家都很开心,纷纷和她合影。接着,她就给我们上课。上课当然会有点不同,毕竟是非常特别的情景,然后她第一句话就是"you are more colourful"就是"你们看起来更加多姿多彩了",因为我们都穿着五颜六色的纪念衫。然后她就说了一段话:"我很意外,我从来没有想过自己拿奖,但是我有一位朋友,他特别希望拿诺贝尔奖,但是我不能说他名字。这个人每年诺贝尔奖颁奖之后就会特别郁闷,因为总是没有他。我从来不想着拿奖,现在拿了,我就很高兴。另外,我拜托你们不要再给我发信了,我昨天收到了800份邮件,实在处理不过来。"后来我才知道,她的一个助理告诉我,她第二天收到700份,也就是2天加起来是1 500封,她实在没有能力一一查看,更没有能力回复。她只能让助手打印一个列表,看看是哪些人发了邮件。这个课结束之后,大家就在研究所大门口合了一张集体照,然后她就匆匆离去,因为还要接受很多采访。

  从宣布获奖到去瑞典颁奖,大约有50天的时间。这50天我很快说一下,因为这个也非常有意思。第一个就是大家可以想象来自全世界的邀请如雪花般飞来,纷纷邀请她去讲学。然后还有无数的记者来采访,一下子把她生活的节奏全打乱了。然后奥斯特罗姆老是给我们上课的时候摇头,说他们认为你成了大人物就必须做什么,但她不能做,所以非常苦恼。然后她说韩国人开价3万美元1节课,可是她没有时间去。她还得继续她正常的研究和教学活动,不愿意耽误自己的教学,她一次课都不想落下。所以她在这个期间,并没有去应约任何一个临时增加的讲座,因为她的日程在之前就已经排到1年以后。只有一个例外,让她错过了1次课,就是奥巴马请她去白宫聚会。因为奥巴马当年也喜获诺贝尔奖了,所以奥巴马将这1年美国获得诺贝尔奖的人全都聚到一块,在白宫搞个聚会。奥斯特罗姆不得不去,就这一次她缺席了一次课。我后来发现,奥巴马组织的这个活动没有任何报道,不知道为什么。

  还有一个很重要,就是准备诺贝尔讲座的讲稿。11月底有一次课,奥斯特罗姆突然变换了讲课的内容,她讲了一会儿我才明白,原来是她要做一个诺贝尔讲座的预讲,要给我们讲一讲,然后跟我们讨论一下。当时我们就和她热烈地讨论这个演讲大概放些什么内容比较好,这个题目怎么定。我们光围绕那个题目都讨论了很长的时间。之后,她又把她的讲稿发给同事,让同事来提意见。我们的理论应用研究小组特意花了很长的时间讨论她的诺贝尔讲稿,后来形成一个很厚的意见发给她参考。

2009年11月19日,研究所组织了一次很大的欢庆聚会,邀请了很多学生,还有一些教员来参加。大家为她表演音乐,然后纷纷合影留念。奥斯特罗姆来到研究所,兴致勃勃地看获奖的相关报道。

特别想说一下12月2日,因为这一天很特别,是印第安纳大学为奥斯特罗姆壮行的日子,她第二天就要飞到瑞典领奖。在印第安纳大学的大礼堂为她搞了一个很盛大的招待会。招待会很隆重,请了很多嘉宾来致辞。比较有趣的是当时来的最大的领导是布鲁明顿的市长。他宣布了一个大消息,就是经过市政委员会的研究决定,把印第安纳大学每年的12月2日定为Lin Ostrom纪念日。这一天也是规定我做报告的一天,所以上午是研究所师生为奥斯特罗姆的诺贝尔奖演讲的稿子提意见,然后中午是我做运用IAD框架研究中国节能应对气候变化的学术报告。[①] 报告开始提到,中国的温室气体的排放现在已经超过美国,成为世界第一。奥斯特罗姆就手舞足蹈起来,插话说你们是No.1,我们就是No.2。

2009年12月8日,奥斯特罗姆去瑞典领奖,印第安纳大学很重视,派出了15人的代表团和她一同前往。到了瑞典,在斯德哥尔摩大学做了诺贝尔演讲,题目是《超越市场与政府:复杂经济系统的多中心治理》。这是她最后定下来的诺贝尔讲座名字。

2009年12月10日是颁奖典礼。12月8日的诺贝尔讲座和10日的颁奖典礼,我们都在研究所看了现场直播。印第安纳派出的15人的代表团,有13个人坐在一层大厅的后面。大厅最前面3排有1个位子是分配给获奖人最亲近的人,当时我们看到是当时的研究所共同所长詹姆斯·沃克(James Walker)。这个位置本来是留给文森特的,一般是自己的配偶会分享那个位置。但是因为文森特的腿脚不灵便,不能够长途飞行,所以只好留在家里。当时是沃克坐在那个位子来享受这个荣誉。沃克是奥斯特罗姆做了这么多年研究最重要的经济学合作伙伴,所以她把这个位置给了她最亲密的学术伙伴。

2009年12月15日,他们从瑞典飞回来,这一天正好是研究所为期2天的小型研讨会。12月16日一大早,她来到研究所,一手拿着诺贝尔奖章,

---

① 该报告的文字版全文参见本书收录的研究论文《中国节能降耗目标的实施:基于IAD框架的分析》。

一手拿着证书,风尘仆仆地进到了托克维尔会议室。然后我们都拥上去看奖章,她就把奖章和证书放到桌子上,这个奖章非常沉,是纯金的。证书也非常漂亮,奥斯特罗姆就给我们解释说每一个获诺贝尔奖得主拿的证书都不一样,它是为每一个人专门做的,上面的画儿、字都是不一样的,都是独一无二的。之后,我们就开研讨会,会议结束后,奥斯特罗姆给大家准备了一份特别的礼物。就是向每一位访问学者和学生发了一份"诺贝尔奖",这个"诺贝尔奖"是巧克力做的,我觉得很珍贵,没舍得吃,就带回来了现在还放在我办公室的抽屉里。

12月18日,研究所为她搞了一次大的聚会,算是庆祝期末结束。当时我印象很深刻,我坐在文森特的旁边。然后我就采访文森特,我说埃莉诺获得了诺贝尔奖,应该说你有很大的功劳。因为他说话已经很不方便了,他的听力有很大问题,没想到他听见了,然后就回答了我,他是这么回答的:"I contributed some, but not too much."就是说他贡献了一些,但是不太多。然后研究所组织了一场白象礼物交换游戏,大家通过抽签交换礼物。奥斯特罗姆抽到了一个非常小的东西,她以为是很珍贵的东西,就很兴奋,结果打开之后就发现是个不值钱的荧光笔,她在那儿非常失望。过了一会儿,文森特抽到了一个非常可爱的玩具,他们两个都像孩子一样非常高兴。这场面非常温馨,他们两个人携手走过了已经将近半个世纪,生活上、事业上都是非常亲密的伴侣。

2010年的2月16日,印第安纳大学又特意请奥斯特罗姆做了一次诺贝尔演讲,是在印第安纳大学的大礼堂。演讲之前,校长向奥斯特罗姆颁发了大学奖章,这个大学奖章是印第安纳大学的最高荣誉,历史上大概只有十几位人获得过。接着,奥斯特罗姆就重新做了一遍诺贝尔演讲。

陪同埃莉诺访学

后来,我还经历了很多事儿,但是印象特别深的是2010年4月,我有幸随奥斯特罗姆去科罗拉多州讲学,当时访问了2所大学,1个是科罗拉多大学丹佛尔分校,还有1个伯尔德分校,这两所大学都是非常好的学校。在丹佛尔大学，他们搞了一个IAD研讨会，参与者基本上都是Workshop有关的弟子。在这个研讨会上，我见证了奥斯特罗姆弟子四代同堂的壮观场景。奥斯特罗姆桃李满天下似乎走到哪里都有她的学生。这次研讨会之后，我们又去了伯尔德分校，奥斯特罗姆另外一个学生安德森在这个大学任教，他前1年曾陪同奥斯特罗姆一块儿参加了瑞典颁奖典礼，据说因为安德森是瑞典人，选他陪同去领奖有当向导的意思。在伯尔德分校，奥斯特罗姆又做了一次演讲。

这一路随行，我特别感慨奥斯特罗姆惊人的勤奋。她一路上就没有任何时刻想着要休息，而是时刻在工作。她手上有一个黑莓手机，她时刻都在处理邮件。比如，在飞机上她不停地处理邮件，一下飞机，手机连上网，处理的邮件就全发出去了。后来我明白为什么奥斯特罗姆回信快，因为她时刻都在处理邮件。还有一个发现是，她对周围的事物特别敏锐。又比如说我们有一天中午在博格尔的一个饭店吃饭，然后她看到一个牌子，上面写着：这个饭馆用的是风能的电力，风能电力是相对比较环保，没有用当地提供的电力，但风能的电力比较贵。它告诉大家这个餐馆是环保的，请大家支持这个餐馆。奥斯特罗姆就特别高兴，她让我马上把这个照片拍下来，她说以后上课要用，结果第二天她的讲座上就用了。在博格尔分校结束演讲之后，有一个招待会。这个招待会正好是在政治系举行，政治系里面有一个展厅，展厅里面展览了1位百年前的历史人物叫麦瑞，这个麦瑞是这个大学、也是全美国州立大学的第一个女教师雇员。她马上让我把这个人物介绍给拍下来，并且非常兴奋，她说要给大家介绍这位了不起的女性，在100年前已经成为大学教员。她非常敏锐地去观察周围的事物，时刻捕捉和她之间的联系，我想这也是她超人的一个方面。

埃莉诺学术生平

奥斯特罗姆作为第一个拿到诺贝尔经济学奖的女性，是一个有传奇色彩的学者，一定有她的过人之处。我非常仔细地研究了她的人生经历，发现她身上满满的清华精神，那就是自强不息的品质。为什么这么讲呢？因为奥斯特罗姆从小就非常自强。她在高中的时候,有一个毛病就是口吃,说话不流利,但她就勇于挑战,参加了高中的辩论队。她想通过辩论队来训练自己的口才,结果刚开始也出了不少笑话,但是后来通过辩论队的训练,演练了非常好的口才,所以我们听她的演讲都觉得她口才太好了。

实际上在20世纪三四十年代,女性受教育程度普遍不高的。完成高中学业之后,她的妈妈就劝她别上学了,回家做个家庭主妇,好好照顾丈夫。但她有学业上的追求,考上了加州福尼亚大学洛杉矶分校(UCLA)。大学毕业后,她找了普通的人力资源管理工作,工作了几年,曾经在中国香港居住过一段时间,期间经历了一段失败的婚姻。然后她又回到UCLA找了一份行政职员的工作,她利用工作之余听课,后来转为研究生,再后来成为UCLA政治系历史上第一个女博士研究生。读完博士,有一个人就改变了她的命运,就是她的老师文森特,她嫁给了她的老师,文森特把她带到了印第安纳,从此正式开启了她的学术生涯。

她和丈夫文森特来到印第安纳大学,也非常不容易。奥斯特罗姆没有工作,刚开始给丈夫做编辑助手。后来系里面为了照顾他们,分配一门课叫《美国政府管理》给她讲,然后给了她访问助理教授的身份,还不是正式教员。上了一年课,反响很好,系里面就正式聘她做助理教授。她是当时印第安纳政治系的第一位女教授,还是很不容易的。因为当时女性拿博士学位的很少,在大学做教员的就更少。可以说奥斯特罗姆人生经历中的每一步,都做到了自强不息!所以她拿了奖之后有一段感言,预言女性对学术、对科学的贡献会越来越大。她还说了一段耐人寻味的话,她说像我们这些女性,对科学的贡献越大,反过来对后来的女性就越有帮助,因为社会对性别歧视就会越少。这段话是非常有道理的。

有意思的是,我刚到印第安纳的时候,奥斯特罗姆应《美国政治科学年刊》的邀请,撰写一个学术自传。那是一篇很长的文章,题目是《漫长的多中心之旅》[1]。在这篇自传中,她系统地回顾了自己一生的学术发展历程。当时,刚上完第一次课,她就发给大家,让我们做评论。当时我很仔细看后给她写了几页的评论,后来正式发表此文的时候,在致谢中还提到了我。根据

---

[1] 《漫长的多中心之旅》这篇自传的中译稿收录为本书的附件。

她的这篇自传,奥斯特罗姆的学术生平,大体上可以分为6个阶段。

第一个阶段是她的博士论文阶段。她研究的是加州的地下水管理。加州是一个非常缺水的城市。在20世纪四五十年代,由于地下水的过度开采,造成了海水入侵和很严重的生态问题,当时就成了一个很严峻的环境资源挑战。这个问题怎么解决呢?奥斯特罗姆就开始跟踪这个事情,结果发现,并不是靠一个权威的政府来解决的,而是各种社会组织、不同的公民和团体,通过集体行动,通过自组织的方式,比较有效地解决了这个问题。这个对她影响非常之大,也奠定了她一生的思想基础,即"多中心"(Polycentric)的观念,它不是依赖一个权威的政府化解公地悲剧难题,而是依靠自主治理来解决公共事物问题。

第二个阶段是在印第安纳大学研究公共经济。1965年博士毕业之后,她就到印第安纳大学,随她的先生一起研究公共经济学。主要是研究大城市地区的治安服务问题。他们研究的问题在当时是非常有争议的。因为当时美国城市的治安服务,很多人认为存在着一种极其混乱的现象。就是一个城市有很多警察服务机构,甚至在一个地区都有很多警察服务机构,非常混乱,全国大约有4万个这样的警察服务机构。当时有学者就提出来,应该精简、合并,从4万个降到400个。比如说一个城市只有一个集中的警察服务机构。当时,奥斯特罗姆夫妇就不相信这种观点,他们挑战这种观点,做了很多实证研究。结果发现,小单元治安服务的效率反而比大单元服务效率更高。后来就把这个研究从一个城市扩展到几个城市,扩展到全美,一直做了80个城市。这项研究持续做了15年,从1965年一直到1980年,这个研究支持了奥斯特罗姆的2个美国自然科学基金项目。我看了一下,奥斯特罗姆是33岁进入职业生涯,37岁第一次申请美国自然科学基金,40岁再次得到美国自然科学基金。应该说她不是那种天才早熟型的,而是属于大器晚成型的,是通过漫长的努力获得学术上的成就的。

第三个阶段是到德国的研究所访学。1980年,奥斯特罗姆有机会到德国一个非常著名的研究所,就是彼得菲尔德大学的跨学科研究中心。在这个中心,当时和她合作的学者叫泽尔腾,泽尔腾1994年拿到诺贝尔奖,是研究非合作博弈论的。她深受泽尔腾的影响,在当时又受博弈论的启发,就开始考虑能不能构建一个研究公共经济学的一般性的分析框架。所以1982

年,她和同事一道提出了一个超理论的制度分析框架,这个框架后来逐渐发展,成为非常有名的 IAD 框架。之后奥斯特罗姆去彼得菲尔德大学还访学过一次。德国访学的经历使她有机会接触很多跨学科的杰出学者,因此对她学术发展的影响很大。

第四个阶段是公共事物治理的研究。1986 年,美国国家研究委员会邀请奥斯特罗姆在内的一批学者研究公共池塘资源的治理问题。1968 年,哈丁在《Science》上发表了一篇非常有名的文章叫《公地悲剧》,提出一个命题,说一块公地大家都来放牧的话,每个人基于自利的考虑都会选择过度放牧,最终导致公地过窄,导致生态退化,这个公地悲剧不可避免。这个命题提出来之后影响非常大。但是其后的实证研究发现,尽快公地悲剧是现实存在的,但也有一些案例,并没有像哈定认为的那样,通过政府管制的方式才能解决公地悲剧,通过自组织的方式,一些案例中生态环境也避免了退化。借这个契机,奥斯特罗姆就重新回到了她博士论文的领域。1988 年,她就把自己的初步研究成果做了报告,她的研究方法主要案例研究。她大约翻阅了 500 个案例,从 500 个选出大约 100 个是能够做编码的。灌溉系统加上渔业系统的案例大概 100 个。通过编码基础上的统计分析,得出一些初步的结论,那就是自主治理是可能的。1988 年,在一次学术报告上,奥斯特罗姆得到了道格拉斯·诺斯的欣赏,并被邀请在剑桥大学出版社出版他主编的一套丛书中出版这个成果。因此她受哈佛大学的邀请,在哈佛做一个包含五讲的系列讲座,借此系统化这个成果。有了这些条件的支持,从 1988 年开始,她用 1 年多的时间完成了书稿,然后投给了剑桥大学出版社,于 1990 年正式出版。她回忆当时的心情说很不自信,不知道大家能否认可这个东西。因为传统观点认为自主治理是不可能解决公地悲剧的,她的观点可能太新鲜了。没想到,这本书一出版,立即在政治经济学界引起了轰动,很快就成为政治经济学界一部非常重要、非常经典的著作,引用率非常高。之后,奥斯特罗姆获得了一系列大奖,大部分是源于这本书。

第五个阶段是 20 世纪 90 年代,奥斯特罗姆的研究转向了实验经济学的方向。为什么呢?因为她之前的研究方法主要是基于个案分析和田野调查。这些方法主要是归纳式,很难验证。所以,她就利用新发展起来的实验经济学的方法,在实验室当中来检验她的假设。比如公地悲剧问题,在实验室当中可以做情景设计,让大家去扮演牧民的角色,选择自己放牧的数量,根据条件的设定看看牧民之间互动的结果。她做了大量这种实验,结果发现,只要稍微改变一些试验设定,公地悲剧的程度就会发生一些改观。比如,她让参与人之间互相交流,发现一旦人们可以互相交流,这个公地悲剧的情况就可以得到改善。类似这样她做了很多实验,检验了各种各样的试验设定。1994年,她和同事出版了这个成果,书名叫《规则、博弈与公共池塘资源》,这部书是实验经济学在公共事物领域的经典。奥斯特罗姆拿诺贝尔奖,这部书的贡献是很大的。

20世纪90年代,还有一件有趣的事情就是,有人找上门来请奥斯特罗姆做林业管理的研究。奥斯特罗姆是之前主要做水管理特别是灌溉管理闻名的,之前没有接触过林业管理。然后她开始尝试这个新领域,结果她从林业学者那儿学习发现,林业问题比灌溉问题复杂多了。后来她与同事拿到一个几百万美元的资助,支持他们做林业管理研究,这就是"国际林业资源与制度"项目。从1992年开始,这个项目延续了十几年,大约有12个国家参加,是一个非常长期的跨学科、跨国别的项目。通过这个项目,奥斯特罗姆之前关于公共池塘资源的研究经验特别是多种研究方法,在林业管理领域得到了淋漓尽致的应用和发挥。

第六个阶段是2005年之后。诺贝尔奖评选委员会对奥斯特罗姆成果的关注只到2005年,之后的研究成果就没有再做进一步梳理。2005年是对奥斯特罗姆非常重要的一年,这一年她出版了《理解制度多样性》一书,这部书刚一出版,就已经成为名著。这本书国内已经组织翻译完了,很快就会出中文版。这本书可以说是奥斯特罗姆学术思想的集大成之作,对自己制度分析的思想、理论和框架做了系统总结。2005年之后,奥斯特罗姆还有一些重要的工作,我后面会提到相关成果。

埃莉诺的学术贡献

奥斯特罗姆拿诺奖之后,我当时仔细研究了瑞典皇家科学院的公告,总结认为实际上评奖委员会主要是奖励她在三个方面的贡献。

一是对人类公共事物治理思想的贡献。因为在此之前公共事物通常被认为要么是由政府来管制的,要么是由市场来解决的,比如公地悲剧基本上是上述两种解决途径。但是奥斯特罗姆挑战了这些传统理论,认为人类可以通过自主治理来实现公共事物的良好管理。

二是对人类社会合作治理的理论贡献。奥斯特罗姆有非常多的理论工作,贡献了很多重要的理论,比如说公共事物治理的三个理论问题,包括制度供给问题、可信承诺问题和相互监督问题。比如说公共池塘资源自主治理的八项设计原则。

三是对社会科学研究方法的贡献。奥斯特罗姆在 20 世纪 90 年代以来利用实验经济学去检验她的公共池塘资源理论。应该说这个工作虽然不是实验经济学最早的,但是率先应用于公共事物领域的。而且她的研究启发了后来主流实验经济学的发展,包括社会偏好、互惠合作、博弈理论等新的研究方向,应该说这是她在研究方法方面的贡献。

所以总结一下,实际上诺贝尔奖是奖励她对上述三个方面的贡献。应该说诺贝尔经济学评奖委员会主要还是奖励她对经济学的贡献,所以并没有涉及她对其他学科的贡献。因此,在某种程度上这个表彰是有一定局限性的。

实际上,除了瑞典皇家科学院表彰她的上述学术贡献之外,其实她还有其他方面的重要贡献。我这里补充一条。就是奥斯特罗姆从 20 世纪 80 年代开始,用了 30 多年的时间,一直致力于发展一套分析人类制度选择和行为的通用语言,她想通过这套通用语言把各种学科的知识、各种学科的研究者汇集到一起实现跨学科的整合。因为特定的问题是不跨学科的,跨学科只是分工的需要,特定的问题要综合运用各种学科的知识来解决。

奥斯特罗姆这样认识框架、理论和模型之间的关系:分析框架是最高层次的一个东西,在分析框架之下可以有理论的发展,理论的发展实际上是检验各种变量之间的关系,再往下是模型,模型是用来验证理论和发展理论的具体工具。在框架这个层次,奥斯特罗姆在 20 世纪 80 年代开始致力于发展制度分析与发展框架,即 IAD 框架。这个框架于 1982 年提出来之后,通过不断地完善,到 2000 年前后相对稳定。2007 年之后,IAD 框架又被进一步升级为 SES 框架,这一工作及其重要性还有待进一步认识。

布鲁明顿学派的特色

奥斯特罗姆所在的研究所经过半个多世纪的发展,已经形成一个学派,也就是布鲁明顿学派。这个学派的关注面是非常之宽的,覆盖政治学、政治经济学、经济学、公共管理、公共政策等很多领域。

布鲁明顿学派作为一个整体,奥斯特罗姆夫妇是灵魂人物,引领这个学派的发展。我把它归纳为以下几个特征。一是着眼于制度,以制度分析为核心。二是关注制度效用,即制度是如何增进人类的合作,或者说阻碍人类的合作,这是他们关注的核心问题。三是多中心思想,他们挑战单一制的、自上而下的、科层式的管理。他们倡导的是多层次的、多样性的、立足参与的、复杂的自发秩序。四是理论研究和实证研究的有机联系。美国社会科学界有很多研究所,很多是在理论方面做得比较强,但对实证研究不是很重视。还有一些是实证研究做得非常好,但是理论研究相对比较薄弱。布鲁明顿学派在两个方面是并重的,理论研究和实证研究做得都很出色。五是整体性的方法论、跨学科的交融不仅仅是社会科学不同学科之间的交融,比如说政治学、社会学、人类学、经济学,实际上它还大量吸收借鉴了自然科学的智慧。比如说,我在奥斯特罗姆的课上观察,她的思想实际上大量吸收了像计算机科学、信息科学、地理学、建立科学、生物学等自然科学的知识和思想。对奥斯特罗姆影响最大的是生物学,因为她把社会理解为一个有机体,就像人体一样是非常复杂的一个有机体。她把生物学研究的一些概念和方法引入制度分析,这个应该说是非常有创造性的,所以说这个学派非常独特,而且影响力也非常大。它对经济学、政治学之外的很多社会学科领域也有重大的影响。所以,这一次获奖其实是一个非常好的消息,就是有助于他们这个学派思想和理论方法的传播。

分析中国节能降耗政策

我去研究所之后,试图利用IAD框架做一些工作。我做的第一项研究就是利用这个框架来分析中国的节能降耗政策。大家知道,"十一五"规划中国提出来能源强度降低 20% 这样一个目标,执行了几年效果怎么样呢?这是一个非常复杂的问题。我想用这个框架来进行分析,就是在 IAD 的框架下来做这个研究的设计,行动情景我们做了一些简化,主要是考虑每一个省决策的时候,主要面临两类问题,第一类是激励;第二类是能力。30 个省(西藏除外),每一个省都面临着特定的能力,在这种特定能力之下选择它的激励,就是它的努力程度。这个是受什么影响的呢?根据 IAD 框架的变量分类,我刻画了各个省的特征变量。各个省份面临的规则系统,是中央政府对地方施加的制度激励和约束。然后我对这些变量做了定量的分析。

分析的思路是这样展开的。首先是哪些因素影响各个省执行节能降耗政策绩效不同?2005 年以来的 3 年,30 个省完成的情况是不一样的,有的可能完成了,有的没有完成。怎么来解释这种差异?没有完成的省份是因为它努力不足,还是因为它的自身条件不好。然后做了一个静态的分析,就是利用这个多元回归计量模型做了分析,揭示这些变量对行动情景的影响。结果发现,原来我们想象的一些指标并不显著,比如说像产业结构其实并不显著,最显著的是经济总量、人均 GDP,就是人均经济发展水平和初始能源强度,是这样一些特征影响了各个省的行为。中央制定的规则是非常显著的,就是所有的省份都对中央制定的节能降耗的目标做出了积极的响应。但是受制于特定的条件,比如说初始能源强度、人均经济发展水平,受制于这些客观因素导致有些省份绩效完成得不好。从这个角度来讲,我们这个政策是有效的。接下来又做了动态分析,我们发现,每一个省在不同的年份执行节能降耗的绩效是不同的。比如说有些省份前 2 年很快,到第 3 年就慢下来了;有些省前 2 年比较慢,到第 3 年就快起来了。我们在想,是不是存在这种结果,对行动情景的影响会不会影响它的激励?于是利用面板数据做了一个计量模型。这个模型发现,在时间上非常显著的,就是上一年的产出会非常显著地影响下一年各个省的努力水平。实际上这动态分析也反过来说明我们这个节能降耗制度框架是有效的。所以这两组分析就验证了我们这个节能降耗政策体系的有效性,但是也暴露了一些问题。同时从更长期来看,省区的特征在 5 年左右的时间可能相对稳定。中央可以通过调控这个规则,进一步影响各个省的行为选择。同时它也可以提供一些政策上的启示,例如中央在"十二五"规划的节能降耗政策制定当中应该怎么来调整才有利于促进地方更有效地执行;中央应该如何有效地分配初始指标等。所以,这项研究实际上提出了很多政策含义。这就是利用IAD框架分析中国问题形成的一个成果。这篇论文已经在研究所的学术讲座上做了报告。[1]

IAD框架的优缺点

我同时还做了另外一项工作,是和其他访问学者一起研究IAD框架的优缺点。我花很多时间去做系统的文献综述,特别是翻阅了所有水管理领域IAD框架的文献,最后形成了一篇工作论文。[2]

通过这个文献梳理工作,我发现IAD框架是非常强大的。一是可以作为制度分析的一套通用语言。这套通用语言有助于帮助识别特定的变量,及其对于集体行动的特定影响。比如说在公共事物的英文研究文献中,实际上已经有很多变量在这个框架下得到反复的检查。比如说对于公共资源的规模、特征、参与人的特征等对于制度选择的影响,形成很多有共识性的结论。所以说在这个通用语言的指导下,不同的理论是可以相互比较的,有利于理论的积累和发展。共通语言提供了不同领域和学科学者之间对话的可能性,因而可以促进理论的融合、借鉴与发展。

二是跨学科特征。比如说像奥斯特罗姆开展的灌溉管理研究,实际上是基于所有社会科学领域关于灌溉的研究文献,包括人类学、社会学、人类经济学、政治学,是在这些文献的基础之上去做的灌溉系统的制度分析。

三是处理复杂性。IAD框架特别有助于帮助处理复杂的问题。因为现实世界各种变量之间的关系是非常复杂的。IAD框架提供了一种宏观的指导,在其指引下能够识别和处理复杂变量之间的关系。

四是有助于辅助研究设计。比如刚才我提到的这个例子,对于节能降耗这么一个非常复杂的体系,通过引入这个框架能够帮助研究设计。当然

---

[1] 该成果详见本书收录的论文"中国节能降耗目标的实施:基于IAD框架的分析"。
[2] 该成果详见本书收录的论文"作为政策分析工具的制度分析与发展(IAD)框架再评估"。

这只是该框架的一个表层运用,实际上它还能够指引对制度体系的更深入分析。

与此同时,我们也发现它有很多问题,比如实施成本比较高,运用起来比较困难。我在文献综述中发现了一个有趣的现象,就是运用 IAD 框架的大部分学者都是印第安纳大学政治理论与政策分析研究所毕业的学生或者访问学者,在这之外的学者应用比较少。后来经过研究发现,因为这个框架是比较难以掌握的,就是相对来说这个门槛比较高。所以我建议能不能发展一些应用手册,开展一些专门培训,使更多的学生掌握这个分析框架并具体在研究中运用它。

社会生态系统分析框架

刚才提到,奥斯特罗姆在 2005 年之后还有重要的新成果。2007 年,她客座主编了一期美国国家科学院院刊(PNAS),这期特刊名叫《超越万能药》。她提出了一个核心的理念,就是对于社会问题的治理没有灵丹妙药,不存在万能药。对于特定的问题,需要利用特定的方案来解决。不是说政府失效了,然后就借助市场,然后市场失效了,就要诉诸政府。包括她本人倡导的自主治理或者说社区治理,也不是一剂万能药。实践当中的自主治理案例,有成功的,也有失败的。所以具体问题要具体分析。在这期特刊中,她发表了很重要的一篇文章,试图为特定问题的制度分析提供一套新的分析框架,这个框架叫"社会生态系统的多层次分析框架"。这套框架适用于社会生态系统,比如说林业资源、灌溉系统、自然资源,因为它是人和自然之间的一种互动,所以叫社会生态系统。框架的第一层有 8 个基本构件,包括 4 大基本系统:资源系统、资源单位、治理系统和用户。比如说一块牧场作为它的整体就是资源系统,对于特定的一小块具体的草地资源,就是所谓的资源单位,具体的放牧者就是所谓的用户。治理系统就是采用的管理制度,然后这些系统的相互作用就会导致相应的结果。这个体系受制于社会经济和政治的背景变量的影响,同时也受相关的生态系统的影响,这是框架的第一层。

框架的第二层就是每一个系统都可以进一步分解。比如资源系统在第二层又有很多变量去描述它。核心思想是对于每一个特定问题,由于存在着很多这样的变量,所以系统之间看似一样,实际上内在可能存在着很多差别,必须有这种非常精确的语言去捕捉这种差异。所以奥斯特罗姆这个框架的第二层,实际上是有上百个变量。但是第二层还可以进一步分解,它只是举例性的,就是每一个变量还可以进一步分析到第三层,然后还可以到第四层。所以这就是所谓的通用语言。

这个框架提出来之后,立即吸引了国际社会科学界的广泛关注。现在欧洲已经成立一个社会生态系统框架俱乐部,来研究这个框架。美国现在大约有8所著名大学组成一个联盟,来研究这个框架进一步的发展和运用。我在研究所访学期间,参加了这个工作小组,研究这个框架的进一步发展。应该说,这个框架的提出是非常引人注目的。2009年,奥斯特罗姆在《Science》上又发表了另一篇论文,在这个框架的基础之上又进一步阐述了她的自主治理理论思想(见图7)。

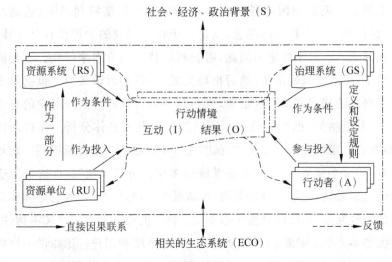

图7 社会生态系统(SES)框架概念示意图

资料来源:Ostrom(2007,2009);McGinnis and Ostrom(2014)。

解释中国灌溉自主治理

社会生态系统分析是我去美国访学期间接触的新思想,觉得非常有趣,于是就想怎么把这个框架能够运用到中国来。然后我就试图利用中国的实际案例,检验她2009年3月在《Science》上发表的那篇文章。因为这篇文章是她在这个框架下对自主治理联系最密切变量的总结。经过大量的实证研究,她发现有10个变量对自主治理是最有解释力,包括资源系统的规模、资源系统的生产率、系统的可预测性、资源的流动性、集体选择规则、用户的数量、领导力、社会规范/社会资本、知识/认知模式、资源的重要性。

我原来研究中国的灌溉管理,博士论文曾经回顾过中国古代的灌溉管理变迁史。我注意到一个很有趣的现象:中国在秦汉这段时间,灌溉管理大体上是高度中央集权的,是一种自上而下的灌溉管理模式;但是经过近2000年的发展,到了明清时期,特别是清代中后期,在中国的西北地区大量出现了用户自主治理的灌溉管理模式;比如在山西、陕西地区,大量的灌区是当地人自己来管理的,国家是很少介入的。我于是想到能不能运用奥斯特罗姆的SES分析框架去解释这个现象。

当时我做了一个工作,就是系统的检查了这10个变量,看看在2000年的历史上它们是怎么变迁的。通过考察这个变化,然后在这个框架之下去构建它们之间的逻辑联系。这个逻辑联系我考察了背景变量、资源系统,特别是治理系统各种各样的变量的变化。然后我就发现实际上背景变量,也就是刚才说的政治经济和社会的背景变量对治理系统有非常大的影响。包括人口增长导致的灌溉用水户的增加,进一步导致的对灌溉依赖性的增加;包括历史上随着时间的积累,知识的增长,社会规范的发展,还有地方经济的发展导致社会发展异质性,这种异质性导致社会精英阶层、士绅阶层的崛起,增强了基层的领导力;包括地方乡规民约的发展,以及中央对乡里制度的改革和对基层自治的支持,一系列这样的变量,导致发达的地方自治,也就是清代中后期自主治理的兴起。在自然系统内部,我又考察了自然系统的变化驱动因素,稀缺性之所以不断增加,主要是经济发展和人口增长,所带来的压力导致小型灌溉系统的增长和水资源稀缺的增长。这个研究是非常初步的,但是它提出了有趣的命题。比如发现了人口增长在整个系统当中是居于中心的地位。因为从14世纪末期到19世纪末期,山西的人口翻了两番,在所有的变量当中,这是一个最显著变化的变量。由于这些背景变量的变化,导致资源系统的变化,导致对治理系统的压力。自主治理实际上是对外部压力的一种响应,或者说是一种适应。这是在SES框架的帮助下提出的对中国清代灌溉自主治理的理论解释。①

共同合作

除了刚才所说的IAD框架和SES框架,奥斯特罗姆最新的一本书叫《共同合作》,是刚在普林斯顿大学出版的,与她的2位年轻同事合作完成的。奥斯特罗姆非常喜欢这个题目,她告诉我们这个题目很性感。共同合作的含义是什么呢?社会科学研究有很多种方法,比如说像个案的分析,像多案例的这种田野调查、大样本的数据分析、正式的模型,还有比如说实验室技术,这些方法之间是平等的,在她认为并没有高下之分。社会科学家要根据特定的问题综合运用这些方法,而且这些方法是可以集成的。奥斯特罗姆用她本人关于公共池塘资源的研究,展示了这种方法集成的可能性。她在所提出的分析框架下,运用上述提到的各种研究方法,支持了她的自主治理理论的发展。这本书就是该领域多种方法集成的示例。

当然共同合作还有其他含义。奥斯特罗姆是一个待人平等的人,她和很多科学家、学生、同事都有非常好的合作。她一直倡导的一种文化就是共同合作,她非常频繁地利用这个词,就是我们要共同合作,一起来做研究。她讲科学是平等的事业,不是自上而下的事业,是我们一起来做的事业。所以她希望师生能在一块工作,能够为人类的知识大厦添砖加瓦。

此外,奥斯特罗姆终其一生,希望寻求人类社会中的人与人之间如何通过互相的合作实现自主治理,来实现社会的繁荣。她希望人与人之间能够

---

① 该成果详见本书收录的论文《中国古代灌溉事物自主治理的涌现:基于SES框架的透视》。

建立信任,增进合作,实现人类公共事物的良治。

走向新一代的社会科学

最后,我想点一下今天讲座的主题。大家可能会觉得比较奇怪,就是为什么我今天讲座的题目叫《走向新一代的社会科学》。这个题目并不是凭空来的,而是我对奥斯特罗姆学说的一个总评论。这个评论实际上也不是源自我,而是来自于他们研究所的一个宣传口号,就是"新时代的新治理科学",这是他们官网上一直公告的发展愿景。但是非常奇怪,我曾经和他们研究所的所长交流过,我说你们为什么这么叫?他说不出来,我觉得非常奇怪,我说这是非常好的一个提法。

后来我就翻阅了很多文献,在一本书当中找到了这个问题的一点线索。就是2位美国的政治学者在2009年出了一本书,叫《挑战制度分析与发展》。实际上是对布鲁明顿学派的哲学思想和理论发展的脉络做了系统梳理,是非常有价值的一本书。这本书对布鲁明顿学派的总结是:新政治科学、联合的科学、公民的科学、自由的科学。实际上在一定程度上回答了我的疑惑。但实际上我看了之后觉得还不过瘾,然后就有了进一步的思考。恰巧这时,研究所的学生学者,为了庆祝奥斯特罗姆拿诺贝尔奖,在加拿大的一个英文杂志上出一个特刊,我就贡献了一篇文章,题目就叫《走向新的治理科学》(*Towards a New Science of Governance*)。所谓治理科学,也可以理解为一般意义上的社会科学,这就是今天讲座题目《走向新一代的社会科学》的由来。

我的这篇纪念文章的核心思想是这样的。奥斯特罗姆的学说,实际上结合了东方的智慧和西方的科学,也非常好地调和了东方的哲学和西方的哲学。大家不知道有没有注意过在半个世纪前著名的哲学家冯友兰在《中国哲学史》当中的最后一节谈到了中国未来哲学的发展方向。他提出了一个很重要的命题,认为东西方哲学最大的不同在于东方哲学是负的哲学,负的方法,而西方哲学是正的方法。所谓正的方法主要是科学精神,主要是对科学的理性分析,这种理性的精神,追求逻辑的明晰性,由此带来了西方近几百年西方科学的大发展。东方哲学的特征根本上是直觉表现,全局观念,讲究会通,这样一种哲学的观念就导致我们神秘主义的发展。我们本土的哲学宗教、道教就是一种神秘主义的宗教,老子在2000年前就用"道"的方式微言大义世界万事万物的规律,这是一个典型的例子。冯友兰认为未来中国哲学的前途在于和西方哲学正的方法结合,这是他在半个世纪之前指出的。但是很遗憾,回头来看西方科学在近半个世纪以来是越来越发达,而我们东方的这种长处没有进一步增长,反过来导致西方的科学是越来越呈现出压倒性的优势。从奥斯特罗姆的学说中我发现,她的方法实际上比较好地综合了东西方的智慧。

大家可以从刚才我讲的这几个方面看到,奥斯特罗姆追求一种全局的观念,她非常有大局观。能用这样的一般性共通语言和分析框架,对问题做一个全局性诊断。在这个特定的组织之下,对特定的问题进行了科学的分析,进行非常深入的专业化分析,使理论能够可积累,能够可发展。这么说可能比较抽象,我打一个比方。大家知道中医是很典型的一个中国文化,它是基于我们的阴阳五行学说这套哲学观念发展出来的。但是中医有一个问题,就是中医的优越性是整体施治,它是把人体作为一个辩证的全局,作为整体施治。但是中医的问题在于经验性非常强,很难做检验。在很多时候,它并不精确,很多时候不靠谱。所以中医的治疗效果很大程度上取决于大夫的水平,有点像抓阄,有一个好大夫可能就好一点。因为不精确,发展下来就逐渐落败。西医相反,当然最早的西医大家都知道头疼医头,脚疼医脚。但它非常有效,比如说你感冒发烧了,就吃点抗生素。它就是这样头疼医头,脚疼医脚,但是它能够给你说出所以然来,因为你有什么病毒,而这个抗生素治什么病毒,它通过这样一种方式越来越深入,使得它可以治的病越来越多,而且有精确性。但我们对它的批评就是头疼医头,脚疼医脚。但是西医也在逐渐发展,发展到现在,我们发现实际上西医也越来越全局,他检测你的身体的各个指标,然后他也从整体上对症下药。但总的来说西医目前的发展是局部性的,不是全局性的,比如说还要外科,还要内科,皮肤科是吧,还不能一次一个科就完了,而老中医看病不用分科。所以说西医也还要进一步发展,也许将来能够发展到融合中医这样一个高度。

我从奥斯特罗姆的理论中发现,她已经初步尝试这个融合,好比是尝试中西医结合。因为她实际上既照顾社会全局，就是一个人的身体的全局，同时她又能够对特定的问题进行非常深入的分析。这样的话，她就把社会科学的研究推向一个新的高度。再结合刚才我说的共同合作的方法论，她综合运用各种各样的方法去治疗特定的社会问题，对特定的社会问题进行诊断，开出药方。所以从这个角度来讲，奥斯特罗姆的理论和方法是中西医结合的。所以她是社会科学的3.0版，从这个角度来讲，这是走向新一代的社会科学。

我相信，奥斯特罗姆的理论和方法，在中国具有非常宽广的前景。一方面，我们国家目前的公共政策还多停留在"万能药"这个困境之中，很多政策分析，现在做了一些发现政府失效，引入市场。比如说，现在内蒙古的很多草原私有化，农民一人分一块，然后私有化就完了；还有我们的林权改革也是类似私有化的思路。此外，医疗服务也是，发现市场失效，发现把医院推给市场不行，那政府再收回来，由政府来管理。实际上就陷入了一种"万能药"困境，没有对问题的本质做深入诊断。另一个方面，实际上我们还有一个很有趣的现象，就是我们从西方学习了很多制度，但是发现这些制度学来之后很多是水土不服的，我们老是学不像，就学一样坏一样。然后我们就说我们中国有很特殊的国情，我们要搞中国特色，我们不一定要走西方的道路，有很多这样的情况。反过来就说了，中国特色到底是什么特色？这个特色制度应该怎么设计？有没有一种说法？这样就使得我们陷入了一种思想的懒惰，就说我们是中国特色，就把所有的问题掩盖过去，自己玩自己的一套。所以，奥斯特罗姆的理论和方法，实际上提供一种新的分析工具，就是可以对特定的问题，特别是对制度相关的问题做更深入的分析。

目前，我国面临很多的社会问题，比如说现在都很关心的住房问题、医疗问题、教育问题，很多问题大家即使不是专家，但如果说大家问题的根源是什么，很多人闭上眼睛都能说出这是体制问题。但是体制问题是什么问题，具体就很难说出所以然来。我们总不能说我们体制问题就是我们的制度出了问题，或者说宏观体制架构出了问题，那等于没说啊。大的体制架构为什么有问题，归结为我们有特殊的国情，那就转了一个圈，这个问题就没有办法解决了。实际上我们可以引入系统的制度分析的方法，对特定的问题做系统深入的诊断。这些诊断能够导致对特定问题提供深刻的见解,在此基础上提出具有特定疗效的解决问题的方案和政策。所以,从这个角度来讲,奥斯特罗姆的学说是通向新一代社会科学的可行道路。特别希望有更多的从事管理工作的同仁,能够运用这样的思维和方法,去解决自己所面临的社会问题。

复杂世界的治理之道①

今天讲座的背景大家都清楚,埃莉诺·奥斯特罗姆教授刚刚来访清华,本周一在清华论坛上发表演讲,前天刚刚回美国。奥斯特罗姆教授来清华的演讲实际上是代表了世界上最前沿的学术思想,前几天她在清华论坛上所做的《诊断社会生态系统》的演讲,大家未必能够听懂,今天借机给大家系统阐释一下。相信国内有很多同志知道奥斯特罗姆教授,但是具体了解她学术思想的人并不是很多,能够正确理解她学术思想的人可能就更少了。我曾经赴美国跟随奥斯特罗姆教授访学,好像目前也是清华唯一有此经历的教师。所以在她清华讲座之后,我想有责任跟大家介绍一下她的学术思想。

奥斯特罗姆是一位伟大的学者,取得了卓越的学术成就,同时也是一位伟大的女性,是历史上第一位拿到诺贝尔经济学奖的女性,也是非常传奇的女性,就好比居里夫人是第一个拿到诺贝尔物理学奖的女性。埃莉诺的英文名字是 Elinor Ostrom,我们私下里面一般叫她昵称 Lin,她也喜欢大家用

---

① 此文为2011年5月14日作者在清华大学公共管理学院的演讲录音整理稿,在此之前的5月9日,埃莉诺·奥斯特罗姆教授访问清华大学,做客清华论坛,以《诊断社会生态系统》为题目发表了精彩演讲,这是她最后一次访问中国。

昵称称呼她。她还有一个中国名字叫欧玲,但这个名字没有被叫响过,所以后来基本不用了。她在中国访问期间,大都尊称她为奥斯特罗姆教授。

今天讲座我想跟大家分享五个方面的内容。一是奥斯特罗姆这次来中国访问的背景。实际上这是她第4次访问中国大陆,也是获得诺贝尔奖之后第一次来访,这次来是从一年半以前她拿到诺贝尔奖那一刻开始,我们就开始策划组织这次中国行。二是和大家分享她的学术发展过程和成就。我会用7个关键词来概括和评介她的学术思想。三是介绍她非常有名的,也是大家提到最多的制度分析与发展(IAD)框架。四是介绍她在清华论坛上的演讲——《诊断社会生态系统》的理论,这是个非常高深的理论,我想就这个专门给大家讲一讲它到底是一种什么思想和方法。五是总结一下"如何治理一个复杂的世界"。

埃莉诺与中国

这次奥斯特罗姆来访中国,是历史上的第4次。她1997年来过一次,然后是2007年、2009年,今年是第4次了,也是获得诺贝尔奖后的首次。她这次来访的背景很显然就是拿了诺奖,要不是拿奖这次还不会这么早来。她拿奖的时候我恰好在美国,就在她那学习,所以见证了整个过程。我2010年从美国回来之后专门办了个讲座,较详细地讲述了在那边的经历,今天我不能主要讲经历了,而是主要讲思想,但还是稍微提一提我访学的背景。

我是2009年8月开始在美国印第安纳大学的政治理论与政策分析研究所访学1年。这个研究所是奥斯特罗姆夫妇1973年创立的,期间已经有近40年的历史,每年从全国各地收10名访问学者来访学,我有幸于2009年去那儿学习公共管理和政策分析。这个研究所是一个温馨的研究机构,像家一样。2009年的诺贝尔经济学奖是11月12日宣布的,之后研究所热闹了一阵,大家以各种形式来纪念这个重大事件。那段时间,来自全世界的各种邀请如雪花一般飞到研究所。其中有很多来自亚洲的邀请,比如韩国有机构开价往返机票加3万美元。面对这些邀请,她都拒绝了,还是按照计划来上课。整个秋季学期只耽误了一次课,就是奥巴马总统当年拿了诺贝尔和平奖,他就希望把美国所有拿到诺贝尔奖的人邀请到白宫搞个聚会,奥斯特罗姆觉得这个邀请不好拒绝,就耽误了一次课,让我们几个访问学者代了这次课。也许有些人会想,是不是拿诺贝尔奖就可以不用讲课了?其实奥斯特罗姆拿奖后不但没有不上课反而讲得更多,她2010年秋季讲了两门半课,我在的时候她讲一门半,现在上课反而更多了。我曾经问过她为什么要上这么多课?按照中国的思维,成就了这么大的名气,还不满世界走穴啊!她好像脑子里没有这个概念,她就是觉得要上课,是她非常开心和光荣的一件事情,这是她的观念。所以奥斯特罗姆出国来做一次访问不容易。

埃莉诺此行中国

大家都知道,奥斯特罗姆在拿诺贝尔奖之前就是非常著名的学者,即使她拿诺贝尔奖之前,她的档期也是在1年以后。所以,我记得我陪她去访学的时候,当时她有2个演讲,在2个演讲开始之前由校方来致辞的时候,都会上台讲一句话,说我们是在她拿诺贝尔奖之前就邀请她的。就是为了避嫌,不是说你拿诺贝尔奖才请你来的,而是因为你是一名有影响力的学者,我们请你来传播思想。可能我们国内经常是看谁的名气大请谁来讲,有的时候恐怕不完全是对应的,特别是诺贝尔奖是一个标签,诺奖得主自然会有很多邀请。情况的确如此,在奥斯特罗姆获奖之后的很短时间,她就收到了很多来自中国的邀请,我数了数,有20多个邀请,遍布全国各地的大学。然后,奥斯特罗姆和我商量,去哪些大学。因为从当时的情况看,她的档期是第2年的暑期已经排满,她能出来访学的时间最有可能是5—8月这段时间,这是美国的暑假。她的寒假时间排得也很紧,很难出来讲学。虽然一般就是4个月,而她2010年的4个月已经排满,所以只能到2011年,最有可能的是2011年5月,就是现在这个月。所以当时我们就考虑来中国的事,中间我们与国内的毛寿龙、陈幽泓等老师讨论很多次,与奥斯特罗姆开几次碰头会,最后定下来一个方案,她只能接受少数几个机构邀请,然后计划在中国人民大学开一个研讨会,凡是不能够接受邀请的机构,都请他们到这个会上和她见面，能够听她报告，这样就照顾了大部分邀请。

她这次来一共访问了6个大学，从2011年5月3日开始，先访问了香港大学，又到中山大学。从中山大学飞到北京，先是中国人民大学，然后是北京航空航天大学、清华大学、中国政法大学，一共是6所大学，发表了6个演讲。5月8日在中国人民大学的研讨会上，来了很多人，场面非常大。然后第二天就来到我们清华，在清华论坛上做了个报告，然后就去中国政法大学，做了最后一个报告。我看了一下，奥斯特罗姆在每个大学做的演讲和报告都不太一样，比较一下发现在清华讲的是最难、最高深的，好像在中国政法大学讲的比较浅显一点，是从她最初的学术思想讲起，内容比较通俗易懂。但是在清华大学的演讲，没有多少铺垫，上来就是讲她最新的思想，也许是因为高看我们学校。

去听了演讲的同志，应该能感受到大师风采。78岁的老太太，讲得神采飞扬，非常有激情。在问答环节，我和齐晔教授在一起感慨："哎呀，老太太睿智，敏捷，反应真快！"对她回应问题的速度感到很吃惊。当时在提问环节，大概有5个问题，听下来感觉质量不太高，一方面可能是清华的学生比较自信。另一个可能是对她不太了解，所以不知道该问什么，所以就问了一些技术性的问题。我比较了一下，第二天中国政法大学演讲会上同学的提问还是不错的，大约回答了10个问题，有些问题质量较高。当时有一个有趣的插曲，她讲完之后，中国政法大学第一个提问的男同学就坐在前排，他站起来就说："哎呀，今天见到您我太激动了，这么难得的一个机会我能不能给您一个拥抱？"然后就开始往台上跑，所有人都吓坏了，赶快把他给拦下来了。台上的奥斯特罗姆也吓了一跳，她说："拥抱是我的私人物品，不能跟别人分享。"所以当时我们都被逗乐了。总的来说，可能是在清华的演讲内容比较前沿，清华的同学听不太明白，所以提问题不太有针对性。

清华演讲之前，我带奥斯特罗姆到校园里逛了一下。4年前来她来清华访问的时候待了2天，主要是参加国际经济学会的会议，在那次开会之前我曾经带着她和她的丈夫去逛清华校园。这次我带她一个人去逛清华校园，主要带她去水木清华旁的荷塘看了看，她在荷塘边站了很长时间，看着荷塘的水，静静地站了很久，我也不好意思打扰她。完了之后，我带她到大礼堂，问她清华怎么样，她说校园很漂亮。我说风格是不是很像美国的大学,她说很像普渡大学。普渡大学在印第安纳州,算是印第安纳大学的兄弟院校。

清华演讲完之后,我陪同她一起来到公管学院跟学院师生座谈。在座谈会上,我们把她4年前的来访照片提前做了个相集送给她,当时她说很开心。然后就和我们的教师座谈,我们的教师介绍了自己的研究,特别是跟她有关的一些研究。当时齐晔老师组织座谈会,就让我先讲讲,我有点猝不及防,就回忆了我在美国访学的一些经历,讲了讲我和她做的一些相关研究,其实我做的研究大部分是按照她的方法来做。她非常仔细地聆听每一位教师的发言,还不时地点头回应。完了之后,她还讲了很长一段话,大概20分钟。就是讲用她这个框架如何来分析一个复杂世界的问题,讲了很长时间。我们事先还做了一个准备,就是把公管图书馆她和文森特的书都搜集过来,给她展示,齐晔教授说:"你看我们图书馆收藏你这么多的书。"我一看有十五六本,但还没拿全。她看看也很吃惊,感叹说怎么这么多!

座谈会之后,我们一起去吃晚饭。我觉得她这次来非常难得,也提前给她准备了一件礼物,就是清华百年校庆的首日封,首日封里面放着她的照片,是我从最初认识她一直到访学期间我们合影的相片集,大概将近20张。她看的时候非常喜欢,坐车去吃饭地点下车后,她叫住我问:"照片呢?咱们带上。"我又回车上给找出来,带到饭桌上。吃饭的时候我们就分享那些照片,一张一张地分享,每个照片上写上哪一年,一年一年地写上。那天晚上吃饭,公管学院来了很多教授,胡和平教授代表学校参加了,加上胡鞍钢教授,我的3位恩师难得聚齐一堂,我们留下了珍贵的合影。

在清华做完演讲的第二天,她早上去中国政法大学,下午休息,我们就陪她爬长城。实际上她这次是3日出来,7日才到北京,11日走,也就是短短的几天时间。虽然我大部分时间都陪着她,但却没有机会与她合影,主要是不想打扰她。因为每一天都有无数人来找她合影,比如说8日那天在中国人民大学,只要是她出场的地方,闪光灯就闪个停,跟电影明星似的。其实她身体不太舒服,所以我就尽量不打扰她。一直到临走前的下午,在长城上的时候,我想再不合影,这次就没合影的机会了,所以快爬到好汉坡的时候,我对她说:"咱们合个影吧?最后一张。"她随口回应道:"你承诺这是最后一张?"(Last one, you promise?)我心里面想:我不能承诺,我真想和你多照几张。但没想到一语成谶,这次来访竟成了永别,那张照片也成为我们最后的合影。

　　第二天她就走了,昨天早上的时候,收到她秘书的信,说已经到家。路上很波折,飞机从北京飞到芝加哥,还要倒一次机,然后要再坐1个小时的汽车,才能到家,非常折腾。她所在的布鲁明顿在美国是个小地方。她回到家后也给我们写信,说到家了,一路很折腾。说是到芝加哥后,那个航班取消了,就只能租一辆车,一直从芝加哥开到家,开了6个小时,到家的时候都凌晨2点了,筋疲力尽。

　　昨天我知道这个情况也很高兴,但她在家休整不了几天,她马上还要去日本访问。她为什么不从北京直接去日本访问呢?因为她的先生文森特91岁的高龄,生活不能自理,所以她不放心。她每次访问的时间最多不能超过2周,照顾他一下然后再出差。所以我们就说她每一次出来访学,都是和她的先生生离死别,因为也许不定哪天她先生就不行了,就是这样一个情景。她非常辛苦,78岁了,还满世界这么奔波,看了让人非常感动!这次她从广东飞到北京首都机场,接她的人等了1个多小时,所有的人都离开了但是她还没有出来,于是多等了一会儿她才出来。后来明白是怎么回事了,原来她带了一个行李箱放在上面,但是她年龄太大了,没有能力把它拿下来,所以她等所有的乘客下飞机之后,请乘务员把那个手提箱拿下来,最后才下来。所以,虽然她这么大的名气,但这么大的年龄,满世界跑都是老太太一个人,非常不容易!

埃莉诺的研究对象

　　这里介绍一下奥斯特罗姆研究和关注的对象。大家都知道瑞典皇家科学院在颁奖公告中就提到之所以授给她诺贝尔奖,是为了表彰"她对经济治理的分析"(for her analysis of economic governance),后面又特别加了一句"特别是公共事物"(especially the commons)。"Commons"是一个非常宽广的概念,国内有不同的翻法,有的叫"公有物"、有的叫"公共资源"、有的叫"公共事务",最后翻译为中文版的是"公共事物",这是比较准确的说法。实际上从奥斯特罗姆的研究对象来看,从早期的公共资源,就是地下水资源,到后来的公共服务,一直到公共池塘资源,公共池塘资源(Common-Pool Resources)是她一生当中研究最多的对象。这个翻译有点奇怪,但是也很形象,公共资源像一个池塘,大家都可以取里面的水,虽然我不能阻止你去取水,但是这个水是可以分割也可以用完的,包括灌溉系统、森林系统、草原系统等,这就是所谓的公共池塘资源,包括最近奥斯特罗姆把气候变化也纳入公共池塘资源的范畴来研究。近年来,奥斯特罗姆提出了一个新的概念,把公共池塘资源作为社会生态系统,就是这次她来清华演讲提到的SES,就是人与自然交互的系统,实际上是比公共池塘资源更为一般化的研究对象。

现在我们具体来看一下什么是公共池塘资源。公共池塘资源从经济学角度来看,是通过两个维度来划分的:一个维度是根据排他性,是不是容易排他;另一个维度是看资源的竞用性或者说是可分割性。如果一种物品容易排他,也容易分割,这种物品通常叫"私人物品",比如苹果、衣服、汽车,这些都是可以通过市场机制来配置的。如果这个物品是比较容易排他,但是资源系统很难分割这种物品,就叫"俱乐部物品",比如剧院、私人俱乐部。如果一个物品很难排他,同时也是难以分割的,通常把它叫作"公共物品",比如国防、知识、天气预报,都是公共物品。公共池塘资源作为整体是难以排他的,但是作为资源系统是可以分隔的。形象地讲就是,一个池塘大家都来用里面的水,我很难阻止周围的人不去用这个水。

公共池塘资源在经济学上有两大问题:第一个问题就是过度利用。由于难以排他大家都来用,因为它是有价值的,就会导致资源的过度开采和利用;第二个问题叫搭便车问题。就是你也来我也来享受这个收益,但是没有人愿意付出成本,都想让别人付出成本自己不付成本,比如灌溉系统,大家都想用,但是没有人有动力去维护,所就产生搭便车问题。由于公共池塘资源面临的两大问题,使得其在学术上是一个非常有价值的问题,也是奥斯特罗姆一生研究的问题。

奥斯特罗姆这次来华讲学,反复给大家澄清几个概念,我在这里也强调一下。其实我在美国跟她学习的时候她就反复给我们强调一些概念。第一个就是"公共产权资源",这是一种概念上的误用,正确的说法是公共(池塘)

资源（Common-Pool Resources）或者公共产权体制（Common-Property Regimes）。为什么这么讲？因为公共池塘资源是从物理属性上来看问题，但是这种资源在产权体制上可以是任何一种体制，可以是国有的，也可以是私有的，还可以是公共的。公共产权本质上是一种制度，制度和资源不要混为一谈，这是她经常强调的要点。第二个是如何来认识产权。奥斯特罗姆这次访华系列座谈中，反复强调的一个概念就是如何来认识产权。关于产权大家提得最多的就是权利是不是我的、能不能转让，这是最普遍的观念。奥斯特罗姆反复强调产权有很多的权利，包括进入权、使用权、管理权、排他权、转让权，这些权利是可以分割的，是可以被不同的人拥有的。所以在20世纪90年代初期，她和她的一个学生写了一篇很有名的文章，提出了根据5种权利的划分，以及人们对5种权利的占有形式，把产权划分为几种不同的类型。比如说，如果所有的权利你都拥有，你就是所有者；如果你拥有前面4种权利，而不拥有转让权，那你就是业主；如果你拥有前3种权利，而不拥有排他权和转让权，那你就是索取者；如果你只拥有进入权和使用权，那你就是授权的用户。这个划分在20世纪90年代初期提出之后一度认为是产权的一个新划分，因为在此之前对产权的认识，比如20世纪五六十年代，人们通常是采用二分法，要么是私有的，要么是公有的，后来很多学者批评这个划分太粗了。后来有学者提出了四分法，认为产权有国有产权、公有产权、私有产权、开放产权，即所谓的"四分法"。奥斯特罗姆实际上在四分法的基础上，提出了这样一个网络式的产权的认识，这个认识应该说是一个创新。后来我做博士的时候也受这个思想的启发，在这个产权网络制度之上我又进一步发展，认为产权结构是多层次的，提出中国的水权结构是科层结构，是一个多层次嵌套式的制度体系，这是我做博士论文时受奥斯特罗姆影响所做的一个工作。

埃莉诺的学术思想精华

我琢磨了很长时间，如何用几个词概括奥斯特罗姆一生的学术思想，最后我选出了7个关键词。第一个关键词是"多中心"（Polycentricity），刚才已经提到这个词非常重要,贯穿于她一生的学术思想。第二个词是"合作生产"(Co-production),这是公共经济学中的一个重要概念,这2个关键词代表了她早期的学术思想,而她早期的学术思想还没有完全脱胎于她的先生文森特,是和她的先生一起做的工作,甚至这些观念本身都是文森特首先提出来的,她还没有从她先生的学术思想中完全独立出来。20世纪80年代初期,她尝试发展超理论的框架,于是就有了另一个关键词"制度分析与发展"(Institutional Analysis and Development),标志着她学术上迈向成熟的发展阶段。从1990年前后开始,她提出了一套新的学术思想,可以用2个关键词来概括,一个叫"自主治理"(Self-governance),还有一个叫"设计原则"(Design Principle),这是她学术思想上的一个高峰,也因此拿到诺贝尔奖。再往后就是2000年以来,进入晚期的学术思想,这个阶段可以用另外2两个关键词,一个叫"制度多样性"(Institutional Diversity),一个叫"超越万能药"(Beyond Panacea)。所以她早期、中期及晚期我分别用2个关键词来概括,从早期到中期我用"制度分析与发展"作为过渡,是我对她学术思想脉络的整体概括。今天我主要通过这7个关键词来跟大家分享她的学术思想。

多中心

多中心是奥斯特罗姆为代表的布鲁明顿学派的核心标签,这里面有她先生很大的功劳。文森特是一代学术宗师,是美国公共选择理论的开创者之一。他有很多很有名的书,特别有名的是《美国公共行政的思想危机》,还有《复合共和的政治理论》。文森特对于奥斯特罗姆是如此之重要,实际上给她奠定了三个基础——组织基础、思想基础和理论基础,其中的思想基础就是"多中心"的概念。

什么是"多中心"?它是"单中心"的反义词,单中心也很容易理解,就是层级制,或者说是科层结构。"多中心"是相反的,有多个中心的网络式结构,是一种复合性、交互式,网络状的自发秩序。多中心是适应性强的复杂系统。打一个比方,大家知道热带雨林是很复杂的,树丛与树林很不规则,还有很多自然物种在一起，盘根错节，枝蔓相绕，整个系统极其复杂，这个复杂的结构实际上就是一个适应性系统，有极为丰富的生物多样性，因而有很强的抗外界干扰能力。但是人工林，就是人类人为种植的那种树林，就带有很强的人为秩序的痕迹，横平竖直，物种的同质性很强，生物多样性不丰富，因而抗击自然灾害的能力不高。人类社会之中也是如此，凡是人为建构的秩序，往往是不稳定的，而自发的秩序往往有更强的生命力。多中心就是一种适应性的自发秩序。

可是在美国，早期多中心的社会管理体制曾经被认为是病态的、零乱的、低效的。举一个例子就是大约在20世纪五六十年代，当时美国学者讨论一个关于治安服务的话题，当时美国有4万个警察服务机构，美国的警察服务机构和我们不一样，比如我们清华是隶属北京市公安局，然后是海淀区公安局，然后是中关村派出所，这是一个层次分明的科层结构。美国各个行政单元都有警察局，比如说大学有一个警察局，这个大学所在的城市也有警察局，州和县也有警察局，而且这些警察局之间是不互相隶属的，一个地方可能会有多个警察服务机构，从事各种各样的治安服务，所以一共有4万个。当时讨论的问题是，警察服务机构是低效的，整个机构设置是零乱的，所以应该大量精减。当时有学者提出，美国的警察机构应该从4万个减到400个。但是奥斯特罗姆夫妇当时就不相信这个说法，她们觉得零乱的背后有它的道理，所以提出了多中心的观念，开展了一系列研究。奥斯特罗姆围绕这个主题，申请拿到了第一个美国自然科学基金。当时最早是从印第安纳波利斯做起，调查该城市的治安服务，然后逐渐扩展，一直扩展到80个城市，这项研究做了15年，研究城市的规模、治安服务数量和治安服务效率之间的关系。研究得到了非常有趣的结论，发现并不是警察的服务机构越大越好，他们拿出了很多有利的证据，比说芝加哥周围有3个小城市，这3个小城市的人均服务支出只有芝加哥的1/14，但是公民对警察的服务满意度远远高于芝加哥。他们提出了很多类似这样的论据，证明了警察服务机构不是越大越好，小的反而可能是好的。

合作生产

为了解释治安服务绩效的研究结果,奥斯特罗姆夫妇发展了公共经济学的一个概念,即治安服务由"合作生产"供给的。也就是说,治安服务并不只是警察局一方面提供,而是与当地居民合作实现的。举个例子,巡逻服务并不是警察开警车转转就完了,而是和当地居民来合作维持这个地方的治安,当地居民可以通过举报、提供线索、配合调查等多种形式与警察展开合作,实际上治安服务有很强的"合作生产"特性。这也可以解释为何辖区小的警察服务机构绩效反而高,因为警察与当地居民更熟悉,更容易发展成熟的合作关系。

奥斯特罗姆当时强调的"合作生产"概念,实际上是把私人物品的生产经济学观念移植到公共服务领域,进而产生的公共经济学观念。大家知道,市场的活动主体就是企业,企业的边界非常清楚。但是公共服务的特点不一样,公共服务的特点在于和公民合作生产,不是说只是政府,它的边界实际上是政府和公民一起,还包括各种社会团体来合作生产,所以他们提出一个概念,叫"公共企业家"(Public Entrepreneurship)。20世纪90年代初期,奥斯特罗姆的一位博士生(Jennifer Tuner)到中国浙江研究水利公共服务,就是用这套观念研究中国的治水问题。[①]

奥斯特罗姆和她的学生做了很多研究,来验证小的可能是好的,大的未必是好的;证明多中心是有效的,而单中心是危险的。"单中心"有很强的适用条件,包括物品要同质,公民有相似的偏好等一系列前提假设,而这些假设在现实当中是不具备的。因此,传统观念认为大规模的警察服务机构是有效的,这种观念是错误的。原因在于,不同的治安服务有不同的属性特征,比如说犯罪实验室,存在规模经济越大,犯罪实验室的效率就越高,因为它提供相对同质的服务,因而可以建立国家级的和区域级的实验室。但是对于巡逻服务就不存在规模经济,社区警察熟悉一个小区域的情况,因而大

[①] Jennifer L Turner. Authority Flowing Downward? Local Government Entrepreneurship in the Chinese Water Sector, Ph. D. Dissertation, Indiana University, 1997.

的警察服务单元没有规模效率。再比如课堂教育，实际上也是一个合作生产的服务，就是教师和学生一起来生产。课堂教育服务也是没有规模经济的，不是说课堂越大，效果就越好，反而是课堂小一点，学生少一点，教师与学生才能生产更好的教育服务，也这个道理。"多中心"与"合作生产"是奥斯特罗姆早期的观念，是由她的先生奠定的，具有深刻的哲学基础和理论基础。

自主治理

我介绍一下奥斯特罗姆名著《公共事物的治理之道》一书的思想。这本书提出了一个非常重要的思想，就是自主治理是可能的。传统的关于集体行动的理论，当时主要有两个，一个是奥尔森的《集体行动的逻辑》，认为人越多集体行为越难，因为人越多搭便车的越多，所以小的组织比较容易组织集体行动，大的组织就比较困难。另一个是，1968年哈丁发表的论文《公地的悲剧》，认为公共牧场因其权责的不明晰而遭遇牧民过度放牧，最后造成牧场资源枯竭。所以，当时社会科学理论认为，集体行动在集体追求共同利益方面是不可能的，自主治理也是不可行的，这个叫作"社会悖论"（Social Dilemma）。当时恰好博弈论大行其道，博弈论的经典结论与这些传统理论是很契合的。比如，博弈论最有名的模型之一是"囚徒困境"，两个罪犯被警察抓去了，坦白从宽，抗拒从严，警察就开始对A讲，要是坦白就马上把你放出去，B坐10年牢；又给B说同样的话，要是坦白就放你出去，A坐10年牢，你们俩要是都坦白就坐8年牢；但是2个人合作，都不坦白，2个人都坐1年牢，是这么一个行动困境。结果大家都知道，2个人都坦白，结果都受到了8年坐牢的惩罚，这是一个总体来看最坏的结果。为什么呢？因为A想，如果我坦白，对方不坦白我就出去了；如果我坦白，对方也坦白我坐8年牢；可是我如果不坦白，对方坦白了，我就要坐10年牢。无论在哪种情况下坦白都是最好的结果，B也同样会这样想，所以最后2人都坦白了，所以最后2人都坐了8年牢。本来2个人达成一致都不坦白的话，2个人都只需要坐1年牢，所以囚徒困境的结局是不可避免的。当时人们普遍相信集体行动是不可能的,因为囚徒困境,与当时很多媒体报道的生态破坏、资源破坏的例子形成了呼应,公地悲剧的大量存在也印证了囚徒困境。针对社会困境,当时开出的药方无外乎是两种:要么政府把资源收归国有,由政府来管理;要么私有化,利用市场来配置。只有这两种方案才有可能解决问题,这是当时流行的观念。可是奥斯特罗姆挑战了这一观念,在她的这本书中,开篇第一章就是在博弈论基础上做了进一步的分析,发现如果进行二阶博弈分析,囚徒困境是可以避免的。因为刚才讲的囚徒困境是一阶的情况,也是非常简化的情况,但是如果改变一些条件做更高层次的分析,这个囚徒困境是可以避免的。如果你们学过经济学都会知道,囚徒困境如果存在重复博弈情况,囚徒困境是可以避免的,就是你这次骗了我一次,下一次再骗我一次,如果时间长了2个人发现都没有好处,就会改变行为策略而合作。所以说,刚才讲囚徒困境是一种极端简化的假设,与现实世界很多时候是偏离的。

为了证明这个理论,奥斯特罗姆搜集了全世界大约500个案例,特别是灌溉系统、渔业系统、森林系统,其中她找到将尽100个是可以编码的,于是做了进一步的编码分析。我在她那访学期间,把这些编码材料都看了一遍,她做这个是很简单的编码,主要是一些简单的统计。通过统计分析发现,自主管理的灌溉系统,其整体绩效好于政府管理的灌溉系统。这和人们通常观念不一样,而且也发现很多渔民组织是通过自主管理来分配空间分配捕鱼时间,然后避免过度捕捞,有不少这样成功的例子,而这些案例在过去都被人们忽略了。所以无论是从实践上还是从理论上,自主治理都是有可能的,这是这本书的核心观念,挑战已有的成见。

其后的20多年时间,奥斯特罗姆所做的很多工作,其实是用不同的方法来验证这个理论,就是自主治理是可能的。当然,在什么条件下是可能的,她的理论有很多发展。其中一个重要的工作是在实验室里面做实验。大家知道社会科学现在是可以做实验的,实验经济学越来越流行。她是比较早引入实验的方法,在实验室里检验人们的行为选择。我在印第安纳大学期间也参加了实验室的研究,比如说5个人1个小组,组成1个灌溉小组,比如说我是上游,其他人是中游、下游,然后在电脑上开始有2分钟的时间去考虑,接着大家做行为选择,于是给定特定条件下就有相应的互动结果,比如大家各自从渠道获得的用水量。奥斯特罗姆做了很多类似实验,发现如果参与人之间互相是不交流的,或者说是背对背的,实验结果很像公地悲剧,比如过度利用;但是如果改变一些条件比如说让大家可以简单地交流,可以讨价还价,在这种情况下发现绩效大幅度提高;如果让这些参与人之间去商量怎么设置一些规则,去惩罚一些违约行为,如果达到这种程度的话,将会产出接近最优结果。这是实验室方法的研究。

她还做了很多其他研究,包括对尼泊尔灌溉系统的研究,这个是和尼泊尔一个访问学者合作的,还有后来的一个中国台湾学生,对尼泊尔几百个灌溉系统进行研究。发现有两类灌溉系统,一类是农户管理的,破破烂烂、很原始的;还有一类是很现代化的,由政府投资,世界银行资助的。经过研究发现,农民管理的原始灌溉系统绩效反而比现代灌溉系统还要好,可以通过很多指标来反映,包括更低的水费,更大的灌溉覆盖面积,更高的渠尾的水送达率。这个现象有点奇怪,按说越现代化的设施,绩效应该越高,但恰恰不是这样的。然后她就做了分析解释,发现实际上是因为现代化的设施削弱了农民之间的联系,破坏了传统的制度,使得上游和下游没有任何关系了,缺少相应机制使当地农民维护渠道,大家也丧失了维护渠道的动力,因而灌溉管理绩效反而下降了。所以这是非常有趣的一个发现,实际上这种现象在中国也很多。比如说,我们有很多世界银行的灌溉系统,发现这些投了很多钱的灌溉系统效果并不好,因为不符合当地的情况。我举个例子,世界银行说为提高灌溉管理效率,需要计量到户,因而试点地区就发展计量系统,每家农户田地都要安装水表。但这样做成本一下上来了,第一,计量设施需要很大的一次性投入;第二,还需要有专业的人员管理这套设备系统,至少要聘个中专生或大专生吧,这些管理人员是需要用钱来养活的。所以农民浇地的成本就上去了,本来浇个地 50 块钱一亩,现在一搞要 200 块钱一亩,所以绩效反而下降。这样的情况在我国很多地方都存在。

还有关于林业的研究,20 世纪 90 年代初期有人邀请奥斯特罗姆研究林业管理。其后,她开展了一个"国际森林资源和制度"(IFRI)的项目,这个项目已经持续十几年,现在还在持续,这是迄今为止实际上唯一一个跨国、跨学科的长期的森林研究项目。目前参加的国家有 14 个,覆盖的林区有上百个点。这个项目的方法就是用同一套问卷,向全世界这些合作国家的林区做田野调研,把相关变量搜集上来然后做定量分析。问卷中的变量有多少个？我上这个课受过培训,将近1 000个,所以问卷非常厚。我还参与了一个实地的调查,发现实施这项研究很麻烦,要给树木量身高、测胸围,搜集各种各样的物理指标,然后还要调查农户,调查农户特征,包括农户的经济社会特征和参与性,要收集很多变量,非常烦琐,工作量巨大。我学了之后就发现中国人可能没耐心搞这个,迄今中国也没有参与这个项目。那天在清华演讲的最后一个问题,有一个学生在现场问"中国能不能也加入这个项目？因为中国这么大一个国家,是全世界林地最多的,为什么反而中国没有呢？"奥斯特罗姆回答得也很好,说这个项目是自愿加入的。实际上是中国人没有这个耐心,因为这个东西五六年也出不来成果,恐怕要积累10年以上。后来我又和奥斯特罗姆交流说主要的原因是中国学者很难申请长周期的项目,一般最多的资助是3~4年,再长就很难了。我给她讲这个现象,她说其实他们那儿也很困难。实际上,通过实施这个项目有很多重要的发现,奥斯特罗姆经常讲2个例子。第一个例子,是她统计了76个政府管理的森林公园,86个非政府管理的森林公园,经过统计发现,两者之间绩效差别并不大,是不是由政府管理绩效差别并不是特别大。还有一个很重要的发现,相对森林的所有权,实际上林户的监测,林户的参与是更重要的变量,是比所有权更重要的一个变量。因为之前通常讲林业,大家都认为产权是第一位的,首先要先把产权搞清楚。但奥斯特罗姆的研究发现,产权虽然重要但不是最重要的,还有很多其他变量,比如林户的参与、林户的监测行为可能更为重要,这些发现超越了传统的认识。

设计原则

刚才讲的是"自主治理"理论,《公共事物的治理之道》这本书里还有一个非常经典的"设计原则"。奥斯特罗姆从20世纪80年代开始思考一个问题,就是人类社会有很多围绕公共池塘资源的制度存在了很长时间,这种长时间存续的制度,有没有什么规律？她总结了全世界几百个案例,当然有近100个是编码分析的。她找到的规律就是8项原则。后来有很多人给她开玩笑,说这8项原则意义太深远了,全世界都在用。也有人挑战她说,这8

项原则变成蓝图了,好像拿过来就要参照这个去用。很多人这次在中国人民大学开会也提出类似问题,她就进一步解释她说其实不是这个意思。她最早是想寻找最优制度,后来发现这是不可能的,所以才转向寻求最佳实践的经验。所以确切来说,设计原则实际上叫实践经验总结,或者叫最佳实践经验,是供大家参考用的。8项原则就是"清晰界定边界,占有和供给规则与当地条件保持一致,集体选择的安排、监督、分级制裁、冲突解决机制,对组织权的最低限度的认可,嵌套型组织"。大家对此可能都比较熟悉,我就举个例子,比如一个地方的制度设计要和当地的条件相符合,包括当地的自然条件和社会条件,这是很重要的一个原则。再比如,要分级制裁,就是说你犯了小错,有一个口头警告;犯了中错,可能要给你一个小小的惩罚,比如罚钱;犯很大的错误之后,才考虑刑法的惩罚。这种渐进性是很重要的。

近2年,奥斯特罗姆的3个学生做的一个工作,就是对8项设计原则进行实证检验。他们搜集了将近100个公共池塘资源成功管理的案例,通过编码,来检查8项原则是不是能够解释资源管理的成功。解释下来发现非常成功,解释性非常强,基本上符合奥斯特罗姆的预言。这个是令人信服的检验。当然,他们也指出8项原则存在的个别缺陷,提出了如何改进8项原则的方案。因为8项原则太有名了,大家都知道,以至于奥斯特罗姆在诺贝尔演讲中有意淡化了这个。本来8项原则是她获颁诺奖的重要成果之一,但是她在诺贝尔演讲当中一带而过,就一张幻灯片中展示了8项原则。但实际上,8项原则的理论影响力的确非常大。

制度分析与发展

奥斯特罗姆为国内的研究者所熟悉和喜爱,很重要是由于她的制度分析与发展(IAD)框架。我下面就重点讲讲这个框架。首先奥斯特罗姆会做一个区分,就是我们总是将框架、理论、模型混为一谈,但实际上奥斯特罗姆对三者做了很清晰的界定,三者是不一样的。在奥斯特罗姆体系当中,框架是一个超理论的结构,是组织各种各样的要件和各种各样的变量,这是框架的作用。在框架之下有理论。理论本质上是假说,是框架之中各个不同要件或变量之间关系的假说。框架之下,比如两个部分或变量之间的关系叫理论。模型是具体来处理变量关系的分析工具,比如计量经济模型,就是用很多的自变量来解释一个因变量,就是处理具体的变量关系假说的具体手段。所以这三者之间的关系是层次分明的。

今天我们谈的制度分析与发展框架,是在最高的超理论的层面去讨论它。这个框架的产生,来源于20世纪80年代初期,美国国家研究委员会找奥斯特罗姆和一批学者去研究自然资源治理的时候,发生了一件很有趣的事情,这些学者来自于不同的学科,有人类学、社会学、政治学、经济学,他们彼此之间不能对话。就是你说你的,我说我的,互相之间听不懂,跨学科交流很困难。这样使他们的知识无法积累,因为各种不同学科的学者说的话都不一样,用的术语也都不一样,用的变量也都没有什么可比性,所以这些知识无法积累。所以,奥斯特罗姆萌生了一个想法,能不能开创一个跨学科交流的共通语言。

这个框架最早诞生于1982年,她访问德国彼得菲尔德大学的时候,受泽尔腾的影响,在博弈论的启发下,提出一个分析人类行为互动的框架,其后不断完善,经过20年的发展,2000年前后已经相对稳定。这个框架刚才已经讲了,最早是发端于大城市治安服务的研究,首先是应用于水管理的研究,就是他的一些学生去研究美国地下水管理,后来应用的范围就越来越宽。过去30多年间,被广泛应用于各种各样的实证研究。

这个框架详见前文所述的图2 IAD框架示意图,其核心是中间的部分——行动舞台。行动舞台由两个要件构成,一个叫行动者,另一个叫行动情境。它是讲在一个特定的场景,一群行动者面临特定的行动情境做行为的选择,这个行为选择导致相互作用,相互作用导致最后的一个结果。这个结果我们可以用若干准则来评估。影响这个行动舞台的是一组外生变量,这组外生变量可以分为三个方面:一个是自然物理条件,就是物理属性;另一个是社会属性,就是社区的特征;还有一个是规则,就是各种各样的制度和规则。这三组外生变量联合影响一组行动者在各种各样行动情境中来做的行为选择,通过相互作用导致最终产出。这是框架的一个解释。

IAD框架最核心的是行动情境概念。这个概念非常深,是奥斯特罗姆把它作为处理复杂性的一个基本分析单元,因为很多著名的学术大师都探讨过这个问题,都提出了各种各样的基本分析单元,奥斯特罗姆提出的是行动情境,就好比研究生物学基本分析单元细胞;好比搞量子物理,基本分析单元是夸克;诸如此类的概念。在行动情景的基础之上,可以引入各种各样的方法进行行为选择的分析,包括博弈论分析、仿真分析、实验分析、案例研究和大样本的定量分析。

行动情境的构造,实际上运用了博弈论的语言,具体来讲,包括7个要件,如图3所示。第一个是所谓的行动者,就是最上面这个。行动者被分配特定的职位,然后在特定的职位上选择特定的行为,然后通过特定行为在特定的位置上有潜在的产出。产出的过程中,又有这样几个要件,包括拥有的信息,还有对这个过程的控制和成本收益函数,共计是由这7个要件来构成的,详见图4所示。这个非常抽象,很少有人真正懂它。我在那儿琢磨了很长时间,给行动情景一个形象而中国化的翻译,叫"局"。大家知道我们下棋,有各种各样的局,比如象棋,中国古代有残局,残局就是一个行动情景,这个局你怎么来解?这个就是奥斯特罗姆要探讨的问题。循着这个思路,这里面的7个要件可以进一步做中国化的处理。第一个叫局中人,就是棋盘上的棋子。第二个是局中人所处的位置,就是棋子摆在什么地方。第三个是该局的预期结果,就是这个局面会导致什么样的结果,就是下一步落子与最终胜负的映射函数。还有可选择的行动集,即可以有哪些落子的选择。还有局中人对结果的控制能力,就是剧中人判断和落子的能力,还包括局中人掌握的信息,对落子胜负的考量。这是利用中国的局去做一个类比,便于理解行动情境这个变量。下围棋的人都知道,在只有横竖19条线的棋盘上,竟然千古无重局。可想而知,人类社会的各种场景不知道比棋局要复杂多少倍,人类社会更是千古无重局。我们的人类社会总是处在形形色色不同的局面,人们总是在特定的局面当中做出行为选择,这就是行动情境的概念,也是奥斯特罗姆学会所中的一个基本概念。

奥斯特罗姆实际上就是在探讨外生变量如何影响这个局的。刚才也讲了三种变量——物理世界、社会世界和规则。奥斯特罗姆重点讨论的是规则,规则是如何来影响行动情境的。她发现,实践当中有大量各种各样的规则,而且这些规则都经过漫长时间的演化,但是具体来说,奥斯特罗姆把这些规则划分为7类,这7类规则分别对应于行动情境中的7个部分。具体如图4所示,就是边界规则影响行动者,位置规则影响行动者所处的位置,选择规则影响行动者的行为选择,信息规则影响信息结构,聚合规则影响控制力,偿付规则影响净成本收益的衡量,范围规则影响最终的潜在产出。这7类规则中的每一类规则都可以做精确的刻画,可以用计算机语言来描述,可以用博弈论语言来描述。这是奥斯特罗姆所做的一个很重要的工作。

上述工作在2005年奥斯特罗姆出版的《理解制度多样性》一书中有详细讨论,有兴趣的同学可以拿来仔细读一读。如果这一段没听懂也没有关系,因为这套理论能真正搞明白的估计不多。我翻了很多文献,发现这套理论基本上没有人用,主要是看起来太复杂了。IAD框架可以在不同难度意义上应用,实际上应用也非常广泛。在《理解制度多样性》这本书里面,奥斯特罗姆本人的文献综述发现,IAD框架有各种各样的应用,而且应用于很多领域,比如对土地的研究,对产业的研究,对企业的研究,对社会政策的研究,对金融体制的研究,对援助行为的研究,但用得最多的还是公共池塘资源的研究。所以说IAD是一个具有一般性的分析框架,可以广泛用来分析人类的行动选择。

IAD具体如何来用呢?这个是很多人关心的。IAD看起来不错,但用起来需要一定的经验。我下面简单地演示一下。IAD框架有很多用法,你可以完整地应用,就是比较完整地都走一遍,也可以局部应用,就是用其中的一小块。你可以把它作为指导你研究的一个思想框架,就是你脑子里面有一个全局的图景,但是在全局之下你去研究特定的部分,也可以用完整的图景只是指导你写一个东西,你可以不把它写出来,也可以把它写出来,都没有关系,可以用各种各样的方式灵活地应用。不是说往那儿一放,我每个部分要涉及,都要走一遍。

前2天奥斯特罗姆来我们学院座谈的时候,有好几位同志提出一个问题,说我们的学生上课的时候反映IAD框架非常好、很好用,也很有解释力,但是不能提供解决方案。奥斯特罗姆做了很长的回应,意思是说经济社会非常复杂,我们首先要去诊断它,找出它的问题,你只有把这些问题诊断准,然后才能找出解决方案。问题没有搞明白就去解决,是没法解决的。一项好的研究,如果你把问题诊断清楚了,你就能够提出解决方案来。你没有找到解决方案,是因为你还没有很好地去诊断它。所以这是奥斯特罗姆讲话的一个核心,大家把诊断和解决的方案应该放在一起来理解的。

我举一个例子,2年前我和一位研究生做了一项研究,就是中国参与式灌溉管理的一个研究。这个研究当然也可以按照 IAD 完整地走一遍,可能要花好几年的时间,要花费巨大的精力。因为他就做一篇硕士论文,也没有很多的时间,我就请他做 IAD 框架中的一小块,只研究行动舞台的一部分,而且就研究其中的激励结构问题,探索行动者的激励结构是什么。他分析了这一个问题,也做出了一个很好的论文,分析了官员,用水协会管理者和用水户三个层次的激励结构。因为传统上以为参与式灌溉管理,农户是有激励的,因为他少用水了,降低水费了,又提高效率了,所以是有效率的。但是实践当中有大量失败的例子,无法解释。既然它有效,为什么有很多例子失败?通过这个激励结构的研究发现,问题不在农户,是出在上层次的激励结构上,就是协会管理者缺乏激励。更高层次的官员没有为基层的管理者提供激励。举一个例子,比如他研究了安徽一个灌区,这个灌区普遍推行了参与式灌溉管理改革,但是很相近的两个灌区,一个改得非常好,一个没有什么成效。这很奇怪,同样推行改革,为什么一个好、一个不好?通过进一步研究发现很有意思,因为其中的一个灌区得到了灌区官员的重视,情有独钟,可能是因为各种各样的关系,然后就把很多钱给了这个灌区的协会。另外一个灌区由于不受重视,没有得到支持,所以给了钱的灌区协会管理者有了激励,改革的效果比较好,而另外一个缺少外在支持,没有创造激励,所以改革效果不好。

实际上这个简单的案例可以解释很多改革现象。中国改革有一个普遍的现象,就是一试点就成功,然后一正式推开往往出问题。就是因为试点的情境,面临的背景变量和实际实施的时候是不一样的。因为试点的时候,有很多政治上的关注,有很多资源投入、资金投入。当正式推开时,这些因素都不存在了,所以改革就不一定能够保证成功。根本上还是一个机制问题。所以这项研究是 IAD 框架一个局部的、小范围的应用,也可以得出非常好的结果。上面提到的用计量经济学方法对节能降耗的研究,是一个全局性地运用 IAD 框架的应用例子。所以说,大家可以用各种各样的方式来运用 IAD 框架。

制度多样性

下面介绍奥斯特罗姆在清华论坛上讲的内容,就是诊断社会生态系统。这是一位世界级的学术大师在她思想高峰阶段的学术创新产品,她到清华给大家分享这个,我觉得是一件非常荣幸的事情。这个理论比较深奥,代表了当今社会科学界最前沿的一个发展。我尽可能用简明的语言来阐述这个内容,因为这个理论确实比较复杂。

社会生态系统的概念已经提到,就是人与自然交互的系统,特别是以公共池塘资源为代表。奥斯特罗姆的想法是引入一个多层次的分析框架来描述社会生态系统,每一个层次都可以进一步分解。图6展示的是社会生态系统框架的第一层,第一层由8个部分或要件组成。其中最核心的是4个方面:第一个叫资源系统,就是资源整体作为系统。第二个是资源单位,资源系统和资源单位概念不一样,一块林地叫资源系统,而一块林地的一棵树,叫资源单位;一条鱼叫资源单位,而一个渔场叫资源系统。第三是治理系统,由社会各种各样的治理相关的一些规则、制度、规范等构成。第四是用户,就是具体的资源用户,后来又被进一步发展为行动者。这四个部分是比较关键的。另外两个部分是用户的相互作用,以及由此导致的结果。此外,还有2个部分。它的上面是背景变量,也就是社会经济和政治的背景设定。它的下面是相关的生态系统,比如研究林地资源,可能林地跟河流是在一起的,它们之间是互相影响的。SES框架的第一层包括上述8个部分。

在清华论坛上奥斯特罗姆演示的SES框架是图6的改进版本,她把行动情境纳入到了框架之中,认为相互作用和产出的核心部分应该是行动情境,这是一个新的发展。SES框架的最初版本是2007年在美国国家科学院院刊(PNAS)上发表的(见图6)。当然这次展示的还有一些最新的改进,比如引入了动态分析,但她没有在清华论坛上展示改进的版本(见图7)。

SES框架与刚才介绍的IAD框架,其思想出发点是类似的,奥斯特罗姆是想提出一套诊断社会生态系统的通用语言,仍然是构建通用语言的努力。可能很多人关心,这个新的SES框架与IAD框架是什么关系呢?我们也很关心这个问题,在美国也曾经反复讨论这个问题,我与很多访问学者交流过这个问题。我的体会是两个方面。第一,它是 IAD 框架的升级版;第二,它是在社会生态系统的具体应用,就是更适用于社会生态系统。刚才讲的 IAD 是人类社会行为的一般性的分析框架,而 SES 框架更加针对社会生态系统,特别是公共池塘资源。这个框架的理论价值是帮助识别影响行动情境结构,进而导致相互作用和结果的那些变量,就是帮助识别哪些变量去影响人们的行为、人们之间的相互作用和最终的结果。它的一个很重要的价值是提供了跨情景的一个比较分析工具,可以研究相似系统中各种变量的作用。这样做可以避免两个极端。

第一个极端是避免过度的简化。因为以前传统的社会科学的理论大部分是高度简化,比如抽象为几个变量或者非常简单的逻辑。刚才提到的那个例子,传统上假设个人是自私的,人们之间相互作用就会有社会困境问题,要打破社会困境,就需要政府来介入或者干预,这种传统思维依赖的是极端简化的假设。在这种简化的假设下,必然会导致传统的治理思路,要么私有化,要么政府所有。SES 框架可以避免这样的问题,实际上它提供了更加完整的一个变量全局的图景。

第二个极端是避免过度的细致。不知道在座的有没有搞社会学的,搞社会学的研究方法和经济学完全相反。它不是演绎出发,它是归纳、个案出发,社会学家喜欢到村社里面做一些调查,通过调查一个村子,回来之后提炼出一个理论。所以近年来社会学有一类这样的研究,形成一个有趣的现象,叫作"一村一理论"。调查一个村就出来一个理论,各个村都不一样,所以就导致各式各样的新概念和新理论,这种情形被很多学者诟病。因为各个村必然村情不一样,好比各个国家国情必然不一样,如果都强调各个村子的特色、各个国家的特色,互相就没法交流了。大家都有特色,但是我们更关心有没有什么共通的规律。奥斯特罗姆的方法避免了过度细致,使复杂的系统之间可以在有一定抽象基础上比较,是在抽象和细致之间找到一个平衡。利用 SES 框架可以诊断那些看似相似的系统,很多看似相似的系统,有的成功了,有的失败了,原因是什么?我们搞不清楚。但是奥斯特罗姆提供了一套方法,这个方法使我们找到了看似相似系统之间的一些关键的变量差异,这是 SES 框架非常重要的功用。

奥斯特罗姆的多层次分析框架是可以不断分层的,第一层可以进一步细致地划分为第二层,就是每一层的一个变量,都可以在更高的层面上细分为若干变量。比如刚才所讲的资源系统,又进一步划分为更多的变量,比如她举了10个变量,比如资源系统的规模、用户的数量、集体选择规则等(见表1)。每一个具体的部分都可以在更高的层面上用更多的变量来描述。SES框架的第二层可以进一步分解到第三层、第四层,可以不断地分下去,因此是一个多层级的。我们今天没有必要看更多层次,因为第二层的变量已经很多了。

表1 SES框架第二层变量列表

社会、经济、政治背景(S)	
S1—经济发展;S2—人口趋势;S3—政策稳定性;S4—其他治理系统;S5—市场化;S6—媒体组织;S7—技术	

资源系统(RS)	治理系统(GS)
RS1:部门(比如水、森林、牧场、渔场) RS2:系统边界是否清晰 RS3:资源系统规模* RS4:人造设施 RS5:系统生产力* RS6:系统平衡性 RS7:系统动态可预测性* RS8:系统可存储性 RS9:位置	GS1:政府机构 GS2:非政府组织(或第三方组织) GS3:网络结构 GS4:产权系统 GS5:操作规则 GS6:集体选择规则* GS7:宪制规则 GS8:监督和制裁规则
资源单位(RU)	行动者(A)
RU1:资源单位可移动性* RU2:增减或更替率 RU3:资源单位交互性 RU4:经济价值 RU5:单位数量 RU6:可区分特征 RU7:时空分布特征	A1:相关行动者数量* A2:行动者的社会经济属性 A3:资源利用历史和经验 A4:行动者和资源的地理位置关系 A5:行动者的领导力/企业家精神* A6:约定俗成的社会规范(特别信任和互惠的约定)/社会资本* A7:对所聚焦的SES的认知/思维方式* A8:资源的重要性(依赖性)* A9:可选择技术

续表

互动(I)→结果(O)	
I1：资源收获水平 I2：信息分享情况 I3：协商过程 I4：冲突情况 I5：投资活动 I6：游说活动 I7：自组织活动 I8：网络活动 I9：监督活动 I10：评估活动	O1：社会绩效测量（比如效率、公平、责任、社会可持续性） O2：生态绩效测量（比如过度利用、恢复力、生物多样性、生态可持续性） O3：对其他 SES 的影响/外部性
相关的生态系统（ECO）	
ECO1—气候情况；ECO2—污染情况；ECO3—所聚焦的 SES 的流入和流出	

注：标 * 的 10 个变量与自组织相关。

资料来源：Ostrom(2007，2009)；McGinnis and Ostrom(2014)。

我记得在 2009 年我参加印第安纳政治理论与政策分析研究所的学术会议的时候，奥斯特罗姆曾围绕这个框架做演讲。因为奥斯特罗姆在美国社会科学界很有影响力，很多人批评她的理论搞得太复杂，SES 框架提出之后，有人批评她，说她走向更复杂了。然后她就在大会演讲中回应这种质疑，她显得非常自信，反问大家，她说，你们想一想，字典里面有多少个字？辞典里面有多少个词汇？至少有几万个。人类之间说话，其实是变幻无穷的，可以有很丰富的语言，但是语言背后的基本单元，其实就是所谓的单词，这些单词在字典里面有几万个。人类社会这么复杂，用这么几十个变量，或者上百个变量来描述为过吗？这么一想不多啊，人类社会这么复杂，只用百十个变量就描述了，这比字典有效率多了！她实际上是试图提出一个类似字典这样的工具。这么一听有道理，如果几百个变量就能够把人类社会给描述清楚了，这是多么巨大的贡献！

奥斯特罗姆一生追问的问题就是公共池塘资源的用户，其实也是 SES 社会生态系统的行动者在什么情况下是可以实现自主治理。这是奥斯特罗姆追问了 30 年的理论问题，她写了无数文章回答这个问题，更新对这个问题的认识。最新的在这个框架下的结论，她认为有 10 个变量是和自主治理高度相关的（见表 1）。比如说资源系统的规模、资源系统的生产力、资源系统的可预测性。这是在资源系统里面有三个变量;在资源单元里面有一个变量,就是它的更新率;在治理体系里面有一个变量,就是集体选择的规则,有没有这种可以集体选择的规则;在用户找到了 4 个变量,比如用户的数量、规范,然后关于知识和资源的重要性。她找到了这 10 个变量,是自主治理关系最密切的变量,实际上是融合了过去 30 年的经验,这是她的自主治理理论的最新发展。

利用这个理论,可以重新检验哈丁的"公地悲剧"。1968 年,哈丁在著名的 Science 刊物上发表了一篇文章,就是《公地的悲剧》,其后这个观念大行其道,对搞资源环境研究的影响非常深远。我们看一下在 SES 框架下哈丁的故事是什么。哈丁讲了这么一个故事,在一个这样的草原系统里面,没有考虑任何资源系统的显著特征;在资源单元里面,只考虑了牛是可以跑的,牛的身上可以打个印记,是张三家的还是李四家的,各家的是可以识别出来的;对于治理体系里面是没有任何规定的,是空白的,没有任何制度方面的规定;对用户只有两个假设,一个是大范围的用户,用户很多,然后每个用户行为选择的动机就是短期的个人收益最大化。哈丁的公地悲剧在 SES 框架的变量体系下来看是一个极端简化的假设。可是现实世界是这样的吗?显然应该不是。现实世界有很多空白是有内容的,比如治理系统会存在一些简单的规则和制度,比如用户系统中的农户之间是可以交流的,大家可以商量着来,比如这个地方有某种宗教文化传统,或者这个地方有能人出来管事。也就是说,现实世界中可能有这样那样的变量存在,于是这个系统就发生了变化,与哈丁的假设不一致。于是结果很可能也会发生变化,哈丁意义上的公地悲剧就可能得到避免,至少在一定程度上可以避免,这是奥斯特罗姆用很多实证研究所展示的。所以哈丁的错误在于过度简化了现实世界。在这个 SES 框架下我们可以看得很清楚。

那么,为什么实践当中有些自主治理是成功的、有的失败了?甚至在一些很相似系统之间也是如此。奥斯特罗姆在清华论坛上的演讲中举了这么个例子,墨西哥湾的 3 个渔场虽然在同一个海湾,但由于分布在不同的地点,它们有完全不同的系统产出,可以用鱼的更新率、鱼产量下降量等指标来衡量,总的来看 1 个渔场的治理是失败的,而另外 2 个是成功的。然后就用 SES 框架和理论来分析为什么有的渔场成功,有的渔场失败。方法就是把刚才讲的和自主治理高度相关的 10 个变量列在这个地方,然后去比较这 3 个案例,这些变量的细微差异是什么?通过比较发现,后面 2 个治理成功的案例非常相似,它们的变量非常相似,就是系统内部的结构非常相似。但是第 1 个治理失败的渔场,在很多方面,在自主治理相关的关键变量方面都是缺失的,比如说信任、当地知识的共享、对资源的依赖性,都和另外 2 个渔场不一样。因此,她用这种思路解释为什么这个渔场没有实现成功的自主治理。

奥斯特罗姆在演讲当中进一步问,是不是另外 2 个例子就是一个可持续的系统呢?她的回答也不是。因为还可以进一步去看这些变量,她发现实际上有些变量第 2 个渔场和第 3 个渔场是有差别的。比如,在产权制度上,1 个渔场有,一个渔场没有。由于这一点差别,她发现一个渔场虽然目前状况好,但是有大量的外来用户来这个地方捕捞,使得这个地方的长期可持续性存在问题。即使 2 个成功实现自主治理的系统,它长远的结果也不一样,因为细微的差别会导致重大的差别。这是她在清华论坛上引用的例子。

奥斯特罗姆的学术思想在中国的影响力是非常之广的。大家知道 2000 年《公共事物的治理之道》翻译成中文版之后,在国内引起了非常巨大的反响,她后来很多书也陆续被翻译引进。2009 年她拿到奖之前,中国人民大学的毛寿龙教授牵头,又成立了中国奥斯特罗姆学会(COS),这是她拿到奖之前。2011 年她又来访问,在中国人民大学召开了奥斯特罗姆学术报告会,这个学术报告会吸引了 90 多篇论文,绝大部分是运用她的理论和学说在中国开展的具体研究,包括理论研究和实证研究。10 年的时间,一个学者的思想在我们这么大的国度里产生了这么广泛、深远的影响,应该说是非常难得的。因为西方学者有很多,但是像奥斯特罗姆这样用 10 年的时间,能够对中国学术界产生这么大影响的学者可能并不多。从这个角度来讲,说明她的学术有独特之处,有和中国相结合的独特之处。但是,目前她的学说对中国的影响,还只是她 2000 年以前的思想,而她晚期的学术思想,国内吸收的还比较少。

制度多样性是奥斯特罗姆晚期的重要学术思想。她认为制度是非常复杂的,制度虽然看不见,但有很复杂的构建关系,制度又是多种多样的。她喜欢打一个比方,说制度的多样性如同生物的多样性,大家知道生物多样性,实际上制度也是多样性的。学术发展的一个挑战,就是如何来认识制度的多样性。过去很少有理论帮助我们认识制度多样性,而她的理论为我们提供了一种可能,能够去认识这种多样性。她发展的分析框架包括刚才讲的 IAD 框架和最新发展的 SES 框架,实际上都是识别制度多样性的语言和工具。她喜欢说,我们应当保护制度多样性,就像保护生物多样性一样。现实的社会很复杂,而我们的头脑就想得很简化,我们头脑中是简化的世界,而按照头脑中简化的世界去改造复杂的现实世界,很可能是危险的。刚才所讲的美国 20 世纪 60 年代的治安服务,要是按有些学者说的,把 4 万个机构精简成 400 个,那么认识这个治安服务体系是简单了,但把现实世界的复杂性给消灭了,这是非常危险的。

超越万能药

奥斯特罗姆学术思想的最后一个关键词,就是她 2007 年主编的 PNAS 特刊主题,即"超越万能药",这是她学术思想的集大成。因为她过去几十年都是倡导"Self-governance",但是到了晚期她发现没有万能药,政府治理不是万能的,私有化不是万能的,即使她倡导的自主治理、社区管理也不是万能的,都取决于特定的情景,都要特定问题特定分析。所以她提出了要超越万能药,实际上也超越了她早年的思想,走向了一个新的高度。她的制度多样性的理论和超越万能药的思想,是她晚期的思想,还没有很好地被国内学术界吸收。

2009 年 12 月 8 日,奥斯特罗姆在瑞典做诺贝尔演讲,每个诺贝尔奖得主都是先做演讲,然后参加颁奖。报告题目是很有讲究的,奥斯特罗姆花了很长的时间想题目。她在临行之前的一次课堂上做诺贝尔演讲的预讲,想听听我们的意见。这个课上大家讨论最多的就是怎么定题目。下了课之后,我们理论应用研究小组又花了不少时间讨论这个演讲的内容应该包括哪些,应该提炼哪些关键词。我们准备很厚的一个文本发给她,供她准备诺贝尔讲座参考。最后题目定的是《超越市场与政府:复杂经济系统的多中心治理》。上面的关键词概括了她早年的学术思想，特别是超越政府和市场，多中心治理。但是她晚期的思想，如果仔细体会一下，与她早期的思想是一脉相承的。

总结：复杂世界的治理之道

正如奥斯特罗姆在她的诺贝尔讲座题目中概括的，现实世界是一个非常复杂的系统。我体会她学术思想的深层次内涵，就是提醒我们要直面复杂的世界。具体来讲，首先，要接受一个复杂的世界，就是承认现实世界是复杂的，我们得接受它，而不是试图去简化它。其次，我们要理解复杂世界，要试图去理解它，不能因为我们不理解就说它是错的，存在的必然有合理性。再次，如何来诊断复杂世界，社会科学提供了各种各样的分析工具，为诊断复杂世界提供了各种途径。最后，在诊断的基础上来治理复杂世界，科学的诊断提供了对复杂世界机制的理解，在理解复杂世界的基础上就有可能正确改造现实世界。

我想具体联系一下中国的实际。中国的公共管理界可能也包括更广泛的社会科学界，存在着一个深刻的思想危机，与当年文森特在《美国的公共行政危机》一书中提到的情形类似，这个危机突出表现为思想的贫困、理论的贫困和政策的贫困。我举几个例子，大家知道中国的草原治理是很不成功的。我们在计划经济时期，就是把草原收归国有，改革开放之后，发现很糟糕，不断地退化。十几年前又开始私有化，大家去大草原上看到，草原上布满了铁丝网，把草原一家一户分下去了。这次我读诺贝尔奖的公告，很受刺激。诺贝尔奖公告有两个版本，一个是公众版，另一个是学术版。公众版就举例子，讲奥斯特罗姆的理论为什么对现实世界有用，就举蒙古和中国的内蒙古，同样是草原，但是由于中国长期的国有化，蒙古是保持了传统的游牧制度，中国内蒙古草原是大规模退化的，与蒙古绿色的草原形成了鲜明的对照。其实西方人不了解情况，其实我们不是国有化，而是早就私有化，从一个极端走向另外一个极端，但结果都是一样的效益低下。类似的事情在很多领域都存在，包括南方的集体林权改革，我们原来计划经济林权是国有的,改革开放之后明晰产权,把林子分到家庭,20世纪80年代分了一次,分完农民乱砍林子,又急忙收回来,成为集体林权的性质。现在集体林权改革又要分山到户,分林到户,要界定产权,再次实行私有化。要么国有化或集体化,要么私有化,总是跳不开这样一个陷阱,说明在改革的思想上是贫困的。

与思想贫困相联系的,是理论的贫困。我们做的社会科学研究,在多大程度上支撑了成功的社会治理?现在"专家"这两个字已经变成贬义词,专家是被拍"砖"的家,"砖家"。老百姓都嘲笑专家,特别嘲笑经济学家。但经济学在社会科学体系中已经是最发达的科学。为什么会有这种局面呢?因为学者分析现实世界,用的是一些简单的概念和理论,相对于现实的复杂世界,这些理论过于简单了,以至于现有理论的作用更多的是提供一种概念上的说明,距离指导改造世界的应用距离很远。现实社会的治理依靠的不是理论,而是从事实际工作同志的经验。一些长期在地方工作的同志可能没学过多少理论,但是他们了解地方的情况,经过长期摸索,找到了符合本地实际的具体办法。也许很多地方的思路或办法听起来看起来有点"土",但是往往管用,有比较好的治理效果。

此外,体现在我们公共管理领域还有政策的贫困。中国这么大,国情这么复杂,对公共政策的科学制定提出了很大挑战。我们很多政策领域包括教育政策、医疗政策、楼市政策,存在大量的治理失败。很多失败的政策案例,很值得我们去检讨。

奥斯特罗姆的学说给陷入贫困的我们一剂良药,提醒我们承认和接受复杂的世界。讲到这儿,我回应下今天讲座的主题。今天的题目《复杂世界的治理之道》,是仿照奥斯特罗姆的经典名著《公共事物的治理之道》,我改了几个字,叫《复杂世界的治理之道》。因为《公共事物的治理之道》主要是讲自主治理之道。今天我们讨论的不仅包括自主治理,还有一般意义上的公共事物治理,而这些治理问题内嵌在一个极其复杂的世界,那么它的治理之道是什么?我们老子讲"道可道,非常道"。所有"道"的东西都高深莫测,今天未必能够讲清楚,但是有一些初步的体会跟大家分享。

"道"是人类最高的智慧,我体会有两类智慧。第一类智慧是以奥斯特罗姆为代表的西方的智慧,走的是科学主义的路子。大家知道,近现代西方发展的哲学基础是科学主义。它假定现实世界是有规律，是可以认识的，然后用专业化的手段，用各种各样的分析工具去认识和改造。就好比西医，西医就是基于科学主义的，通过各种各样的诊断手段，找出生病的原因，然后对症下药，这是西方的科学主义智慧。但是同时还有以中国为代表的东方智慧。我们经常讲的"具体问题具体分析"，"一把钥匙开一把锁"，"到什么山上唱什么歌"之类的，然后因地制宜，因时而异，这是我们的东方智慧。这些智慧没有多少理论，但是基于这些智慧我们也能够解决很多问题。以中医为例，我们中医没有特别精确的自然科学理论，而是建立在阴阳五行的朴素哲学基础之上，但是中医能够治病，它本质上是基于经验主义的。东方的智慧有它的局限。大家看中医近代以来的衰落，就是因为它过度依赖经验，因为疾病看不清楚，非常依赖医生个人的能力和水平。所以随着西方的崛起，近代以来西医越来越盛行，中医越来越衰败。但是西医也有它的问题，就是缺乏系统整体和普遍联系的观念，用处理物质世界的科学方法对待更为复杂的有机体，所以对于很多疑难杂症，现代西医不能从根本上解决问题，比如糖尿病、癌症。所以东方的智慧和西方的智慧都有它的优越性，也都有相应的局限性。这就是为什么现代医学，一个很重要的发展的趋势，就是中西医结合。未来我们这个社会的治理，我觉得一个类似的趋势，实际上也是东西方智慧相结合，就是科学主义和经验主义的融合，应该说是一个基本的趋势。所以道可道，非常道，我讲得不是很清楚，但是大体的方向应该是这样的。

　　实际上，人类社会主要从事两类活动，一类是认识世界的活动，一类是改造世界的活动。认识世界的基础对于自然界就是自然科学，对于社会就是社会科学。改造世界对于自然科学就是自然技术，其实就是工程技术。对于社会科学实际上就是社会技术，利用法律、政策、管理各种各样的方式来去改造社会，这叫社会技术，类似于工程技术，是改造社会的技术。从目前的情况来看，自然科学为自然技术，就是工程技术提供了非常有力的支撑，所以我们科学技术发展非常迅猛。社会科学，实际上它的认识是非常滞后的，现在支撑的社会技术非常薄弱。大家知道自然界是非常有规律的，比如说我原来是学土木工程的，但是知道造房子可不是一件随随便便的事，造一个房子要经过很复杂的程序的，先要搞地质勘测，然后要委托专门的人来设计,还要专门的人来施工,还要去专门维护,是一个非常复杂的系统。而且实施的过程当中是有很复杂的程序的,勘测怎么搞,要什么资质的人来设计,施工的时候还要请专门的施工队,还要请人来监理,建成之后还要验收,然后还要小修、大修,非常复杂,哪怕盖一个普通的大楼都是这么复杂。

可是你们想想,人类社会的事比盖房子要复杂多少倍,其实我们盖房子盖了2000年还有很多问题没有认识清楚,比如地质的问题、抗震的问题,现在还有很多课题需要去研究。人类社会治理比盖房子的事,比土木工程要复杂多少倍。这启示我们,改造社会的时候,需要多么谨慎!可是现实世界中,我们的政策制定有些是草率的,甚至是随意的。地方很多行政首长,面临一个事,很多一拍脑子就定了,一个政策就出台了。狗咬人了,引起了媒体注意,引起地方长官的注意,于是就下令把当地的狗全杀了。某个地方的地下水超采了,于是就出台禁令封井。楼市的调控,当然也经过了研究,但是事后看,这些政策基本没有实现预期,一二线城市在不断的调控升级中房价不断攀升,已经成为突出的社会问题。所以,我们的政策制定可能有比较大的主观随意性,或者说不够科学严谨。但是政策错了后果是很严重的。大家都懂得,盖个房子错不起,如果这个房子抗震性能不过关,来了地震就会房倒屋塌,就要死人。可能一个楼塌了,死几个、几十个人。大规模的土木工程,比如修水坝,这个水坝质量不过关,来了大水冲垮了水坝,死的人就更多了。1975年8月,河南板桥水库溃坝,死亡10多万人。土木工程设计不好、建设不好,是会导致死人的。可是社会政策或制度如果制定错了,那问题可能就更大了。我国当年人民公社制度设计和政策制定的失败,导致大跃进的悲剧,饿死了上千万人,教训极为惨痛。现在楼市政策没有调控好,耽误了一代年轻人购房、结婚、生育,导致一代人的痛苦。所以社会治理的失败可能会导致极严重的后果,我们应该极其慎重地对待。

相对于科学与技术的发展,我们的社会治理太落后了。总体来看,社会科学理论太滞后了,当然西方也滞后,只是中国的社会科学更为滞后,相对于快速变迁的中国社会,不能为我们复杂世界的治理提供科学的指引和有力的支撑。我前一次讲了一个观点,清华大学的传统就是培养优秀的红色工程师,那么我们公共管理学院就是要培养优秀的红色社会工程师。现在工程师不是一个很吸引人的职业。但实际上你们将来就是工程师,并且是社会工程师,你们的岗位就是像工程师一样改造社会。那么,如何像工程师改造物理世界那样改造人类社会呢？我希望大家听了今天的讲座,能够有一个更清晰的认识。理论当然要学要借鉴,但是鉴于现代社会科学理论的滞后性,也不要过于迷信理论,还要充分地运用你们的经验,把理论和经验有机地结合起来,特别是要结合本地或本部门的情况,来从事实际的管理工作,包括制定和执行各种各样的社会政策。在制定政策的过程中一定要慎重,要反复地研究和权衡,在政策实施后根据情况不断修正和调整。这样的话,大家改造社会的实践才可能是造福社会,而不是祸害社会,这是我们公共管理教育事业的根本宗旨。最后,希望大家都能够成为优秀的社会工程师,不断推动中国社会各方面的进步。

多中心治道与中国社会治理[①]

今天主要跟大家来谈一下多中心治理之道。谈到多中心学派,其领军人物是埃莉诺·奥斯特罗姆教授,她是历史上首位也是唯一一位获得诺贝尔经济学奖的女性。每年经济学诺奖,通常是颁一些很高深的、纯粹经济科学的基础研究成果,与我们公共管理离得很远。但是2年前,就是2009年的颁奖不同寻常,它颁给了政治学家和公共管理学者埃莉诺·奥斯特罗姆,在历史上这是很少见的,可能历史上大概只有西蒙、布坎南等少数几位以非经济学家的身份获得经济学诺奖。埃莉诺的获奖影响深远,在中国公共管理界引起了巨大反响,多中心学派的思想再一次在国内得到了广泛传播。我今天的讲座主要是讲三个方面的问题:一是介绍一下多中心学派的学术思想;二是从多中心角度来重新审视中国百年发展道路;三是谈几点对于当代中国社会治理的一些看法。多中心学派的思想有些艰深,我争取讲得通俗一点。

[①] 此文为2011年10月12日作者在清华大学公共管理学院的演讲录音整理稿。

多中心学派思想要义

说到多中心学派，实际上在美国叫得更多的是布鲁明顿学派。在美国有三大公共选择理论的学派，布鲁明顿学派是其中之一，这三大学派通常都是以地名或者大学命名的，比如弗吉尼亚学派、芝加哥学派，布鲁明顿学派是因为这个大学，叫印第安纳大学布鲁明顿分校，所以就以这个地名也是校名来命名。当然如果用内容来命名的话，这个学派叫多中心学派，因为它这个学派的核心思想就是多中心。这个学派在全世界影响力是非常大的，它有一些很鲜明的特色。我总结认为，它是一个理论关怀和现实世界并重的学派。在美国有无数的研究机构，绝大部分研究机构要么关注纯粹的理论问题、学术问题，要么关注纯粹的政策问题、现实问题，能把两者结合得很好的，是非常少的，这个学派是两者并重的，而且结合得非常好，这是非常突出的一个特点。第二个特点就是它有一个全局性的视野，西方的科学往往是非常专业化的，但是这个学派的特色是能够全局性地看待问题，为此他们发展了全局性的很多工具，最著名的就是制度分析与发展框架，它提供了一种全局性的分析工具与分析视角。第三个特点是它侧重研究人类行为的选择，就是讲人类的行为，为什么是这样而不是那样，当然更主要是从制度角度去研究制度对人类行为的影响，这是它的鲜明特色。

从方法论角度来讲，它注重理论和实证相互的支持，它的理论是一定要有实证的证据来支持的，而且是不断修正的。再一个它是跨学科的交流，这个特色是非常明显的，印第安纳大学政治理论与政策分析研究所作为一个跨学科的研究机构，邀请全世界各种不同学科的人来演讲，分享他们的知识，既有纯粹理论的，也有纯粹现实政策问题。所以，我在那儿接触到了各种各样学科的讲座，很多都是觉得没有任何关系的，像什么信息科学、生物学、认知科学，但实际上奥斯特罗姆每次讲座都非常认真地做笔记，从不同的学科去吸收营养，从奥斯特罗姆的思想和著作来看她大量吸收了其他社会科学还有自然科学的智慧，对奥斯特罗姆影响最大的是生物学、生命科学，她大量地借鉴生命科学的理论、概念来发展她的理论，这是非常鲜明的特色。还有一个就是综合性的方法论,可能很多搞经济学的人都知道,经济学就是数理统计、定量分析,看起来头疼,实际上是一种方法论。这个学派很有意思的一个特点是,它的方法为它的理论来服务,它需要什么方法就用什么方法,它所有的方法都可以用,并不偏重任何一种方法,从个案研究到跨案例研究到大样本研究,再到数理的研究,到计量模型,到实验室的研究,所有的研究方法他们都在用,都服务于他们的理论建设和理论发展,所以这是非常重要的一个所谓综合的方法论。奥斯特罗姆最新的一本书叫《共同合作》,在普林斯顿大学出版了,就是讲社会科学研究方法论,它把所有的方法论都结合起来,为社会科学的研究建构服务。以上几个方面,是布鲁明顿学派的主要特色。

我今天是要给大家来讲奥斯特罗姆和她这个学派的思想,她的理论思想是非常丰富的,如果让我选一个词来讲她的思想,这个词是什么呢?毫无疑问我会选这个词——多中心,英文叫 Polycentricity,奥斯特罗姆自己也是这么认为的。我在2009年的8月刚刚到布鲁明顿的时候,奥斯特罗姆受美国政治科学年刊的邀请,为自己写一份学术自传,这是一份很高的荣誉,美国的政治年刊邀请学者去写自己的学术自传,这说明是对她学术的认可。奥斯特罗姆教授写了一份初稿,我们上第一节课的时候,她就发给我们,说请你们给我评论一下,然后我就很详细地研究了这份学术的自传,然后我还给她写了好几页的评论,后来奥斯特罗姆在正式发表的时候,还在致谢中提到了我。这份学术自传的题目是《漫长的多中心之旅》。

奥斯特罗姆自己也是这么认为的,如果用一个关键词回顾她的生平的话,那就是多中心,可见这个词的重要性。所以我今天就是要给大家讲一讲什么是多中心。这个词既容易懂也很难懂,我们先从很容易懂的说起。顾名思义,多中心是和单中心相对立的一个概念,单中心的结构用图直观表示的话,就是一个科层制的结构,有序的、自上而下的、单一的这样一个结构。多中心的结构存在着很多的中心,它们是网络式的,看起来是杂乱无序的,所以叫多中心。但实际上这个词是非常难懂的,在布鲁明顿访学期间,我发现很多访问学者学了很长时间,还是没有很好地理解多中心。我下面从多个角度,试图诠释多中心的思想。

奥斯特罗姆的学术研究面向公共管理最核心的问题,就是社会困境的问题。为什么说社会困境是奥斯特罗姆最核心的问题？因为我们可以广泛地发现一个现象，个人的利益在很多情景下是并不符合公共利益的，个人的利益和公共的利益在很多时候是有冲突的，比如工厂排污，工厂产生利润的同时污染了社会，企业的利益追求与社会利益是相冲突的。再比如，我们都希望别人是诚实的，不要欺骗自己，但自己为了追求利益可能会欺骗别人。这种现象比比皆是，这个叫社会困境。社会困境是公共管理最核心的问题，多中心学派努力发展多层次的复杂制度体系的分析方法，研究制度如何增进或者阻碍社会的治理，这是该学派最重要的学术宗旨。

具体而言，奥斯特罗姆的工作围绕着两类领域展开，一类是公共池塘资源，另一类是更为广义的公共资源，这两类合起来可以称为公共事物。奥斯特罗姆一生问的几个问题就是：如何平等有效地治理公共事物？为何公共事物的治理有的成功有的失败？成功的自主治理如何才能实现？特别是最后一个问题，这是她追问了 30 年的问题，一直到现在她还在不断地追问。为此她写了许多文章，从不同的角度、利用不同的理论去分析这个问题，即公共事物的自主治理如何才能成功。所以一个好的学术问题，值得用一生的时间去追问，而且很可能有非常重大的发现。

公共池塘资源通常会面对两类问题，第一类问题是由于排除他人获得收益是困难的，不可避免容易导致搭便车问题；第二类问题是由于容易导致因拥挤导致的过度利用，产生公地悲剧的结果。这两大问题相应就带来了两大挑战，第一个就是占有问题，也就是如何克服追求私利的个体对资源的过度利用；第二个问题是供给问题，个体总是想由别人来维护系统，谁来承担系统维护和运行的成本，这个叫供给问题。布鲁明顿学派关于公共池塘资源的研究，主要围绕这样两大问题的解决，相应也有完全对立的两派观点。

一派观点认为，既然公共事物很难利用市场机制，我们就需要通过集权的政府方式来解决，由国家来介入供给与管制。奥斯特罗姆及她的同事提出了另外一派观点，叫多中心的观点，他们认为不一定需要通过国家，而是通过公共经济的方式来提供公共事物。大家知道市场经济的主体是企业，企业的生产行为是通过组织各种生产要素。公共经济实际上是模仿了这个概念，它包括多元化的供给的主体和组织，包括不同水平的政府组织、社会组织和私人组织,包括多元化的生产组织,既包括公共组织,又包括私人组织,而且公共组织和生产组织有多重关系和多种可能的生产形式,包括政府自己生产、外包生产、联合生产,实际上它是政府与社会的合作生产,也是现在流行的 PPP(Public-Private-Partnership)。公共事物的供给很多都有合作生产的特性。将各种相关要素组织起来供给和生产公共事物,就是"公共企业家"的作用。于是,通过合作生产这个概念,就把公共事物的研究纳入了经济学的分析视野,成为公共经济学的研究范畴。

20 世纪 60 年代初期,奥斯特罗姆在 UCLA 政治系读博士的时候。她的老师也就是她现在的丈夫文森特·奥斯特罗姆,有一个地下水的研究项目。20 世纪三四十年代,当时洛杉矶城市发展迅速,对水资源的需求与日俱增。但这个地方由于缺水,需要汲取大量地下水,洛杉矶是临海城市,地下水的过度开采导致大量的海水入侵,所以这是一个非常严峻的挑战。当时从水系来看,在加州地区有两大地下水水系,西面一个,东面一个。当时奥斯特罗姆研究发现,地下水的治理面临很大的挑战。第一个挑战是用户主体非常多,即有很多的水生产商和用水户,比如水厂,大的用水企业,大的用水户超过 500 家;第二个就是规则不明确,她研究发现有 3 套共存的规则,而且这些规则之间相互冲突;第三个就是受益者的利益不对称,像西边这个流域,它受海水入侵的影响较大,因而这个区域的用水户集体行动的积极性更高,但是东边的这些用水户受的影响比较小,因而他们的积极性不高,所以这个利益是不对称的。当然更严峻的问题是缺少一个合适的机构来解决这个问题。

如果中国面临这么一个问题,最直观的解决方案,就是当地政府采取强有力的方案,让大家减少用水总量,比如每个用水户都减少一定比例,最后达到一个可持续用水量的要求。但是在美国不行,美国是联邦制,加州政府对这两个流域地下水的治理是没有管辖权的,因为它的管辖权都是在当地,而且它有 11 个市,这 11 个市分散在不同的地方,各自对自己有管辖权,而这些城市又不能覆盖整个流域,所以就发现一个很尖锐的问题,就是不存在一个机构来去管辖整个地下水流域的治理。问题看起来是很难办的,几乎在脑子里面想不到什么好的解决方案。但奥斯特罗姆发现在实践当中,这个问题逐渐得到了解决,怎么解决的呢? 20 世纪 50 年代经过很多次的反复讨论,形成很复杂的治理机制,80%的用水户代表达成一个协议,这个协议要求大家来共同减少用水,而且这个协议后来得到加州最高法院的支持,赋予它合法性。简单来说,就是自发达成了协议,而且协议得到有效履行。

奥斯特罗姆在博士论文中用非常大的篇幅,详细讨论这个过程,她发现这个问题的解决过程是一个多中心的体系,具体来说有很多参与者参与这个过程,包括美国的地质调查局,因为美国的地质调查局是联邦机构,它提供相应的用水量的信息;包括大型的私人公司,比如像标准石油公司,他们有积极性推动这个过程;再比如他们组建了一个协会,由这个协会组织了一个论坛,邀请所有的利益相关者来讨论,经过很多次讨论达成了初步协议;还有加州高等法院,加州州政府等机构,也都扮演重要的角色。也就是说,在整个问题处理的过程中,没有一个机构是最具有权威性的,所有11个城市的相关政府机构,包括相关的社会团体、公民团体、企业都参与进来。这件事给奥斯特罗姆极大的启发,使她产生了一个印象,就是公共事物治理,不一定需要强有力的政府制定政策去解决,而是可以通过多中心的方式来解决。这个博士论文的研究,为她一生的思想奠定了重要基础。

1965年,奥斯特罗姆和她的先生来到了印第安纳,他们就开始了另外一项研究,这就是大城市治安服务的研究。当时美国围绕治安服务,有一个很大的公共管理学术争论。因为在美国,警察服务机构非常多,它的政治架构就决定了每一个行政单元都有警察局。比如说我所在的印第安纳大学是有警察局的,它同时还属于这个布鲁明顿市,布鲁明顿市也是有警察局的,然后再往上是印第安纳州,州还有警察局。这些警察局之间是互相不隶属的,这和我国科层制的概念是完全不一样的。

由于美国每一个行政单元都有警察局,这些警察局之间相互没有隶属关系,所以如果我在美国的时候打电话报警,我既可以向印第安纳大学的警察局报警,也可以向布鲁明顿市的警察局报警,还可以向印第安纳州警察局报警,看起来是有点混乱。20世纪60年代,美国有4万个警察服务机构,这种秩序曾经被认为是病态的、凌乱的和低效的,有学者提出要大幅度地精减美国的警察机构。比如,每一个市只要一个警察局,把辖区的全部警察服务机构统一起来。这样,全美国只需要400个警察局,警察服务机构需要从4万个消减到这400个,这是当时学界的一种看法。

当时奥斯特罗姆夫妇不同意这种看法，认为在这个事情的背后一定有它的原因，所以他们就着手做实证研究，研究警察数量与治安服务效率之间的关系。他们就从印第安纳波利斯开始研究，然后扩展到整个印第安纳州，然后再向周边的芝加哥地区扩展，一直到全美国将近 100 个城市的警察服务机构。这个方向的研究持续了 15 年，得出了很多重要发现，其中一个结论是，警察服务机构并不是越大越好。

　　例如，芝加哥周边有 3 个社区，他们发现这 3 个社区的人均服务支出只有芝加哥的 1/14，但是公民对警察的服务满意度远远要高于芝加哥。他们用这样的实证数据，来证明城市的规模和支出之间是相关的，城市规模越大，治安服务支出的数量越多，但是这个支出的数量和居民对警察的评价之间不存在关系。具体而言，这个警察局的规模和居民享受到的警察公共服务，在很多方面是存在负相关的。比如，警察服务机构越大，他们发现警察对公民的回应速度越慢，对警察工作满意度越低，然后当地社区的不安全感越高。不是说警察服务机构越大越好，很多时候是小的反而好，所以就得进一步从理论上去解释。也就是说，治安服务绩效水平和规模的关系取决于特定服务的属性。当然，有些警察服务机构越大越好，比如法医实验室是需要专业的技术分析，这个技术分析的属性适合比较大的这种鉴定机构，这种检验机构可能一个州一个就可以了，这是有规模经济的。但是很多治安服务的内容是没有规模经济的，比如治安巡逻、交通事故、犯罪报警等都是反规模经济的。其实这个道理非常简单，如果一个社区治安服务的单元越小，就只服务于每一个片区，就意味着，这个警察对当地的情况更熟悉，就更有利于维持当地的治安，而且如果一个警察服务机构越小越靠近基层的话，越容易取得当地公众的信任，当地的公众越倾向于和警察机构来合作，来为他们提供线索，就有利于降低犯罪率，有助于提高服务水平，提高安全度和满意度。所以，对于有些治安服务来说，实际上是反规模经济，大量的公共服务都有类似的特征。

　　比如教育服务。大家想一想，上课并不是规模越大越好，上课就是反规模经济的，班级越小对每个人来说越好，你得到的服务水平越高，班级越大每位学生受到的关注就会降低。这就是顶尖的大学特别强调小班授课的原因，通常 15～20 人的班级是比较好的规模。所以有些教育服务与有些治安服务类似,都属于反规模经济,认识这个属性对更好地提供公共服务是非常重要的。

我们再回到刚才所说的这个案例,从理论上来分析单中心的观点和多中心的看法。在公共服务的供给和生产体系中,有4类行为人:一是政治家;二是官员;三是基层官僚;四是公民。这是美国的学术术语,改成中国话,依次是上层领导、中层领导、基层干部与群众。单中心理论认为,4类行为人是单向的命令和控制的关系,就是一级命令一级,下级自动听上级的指挥,这叫单中心的看法。

对于大城市治安服务的问题,单中心理论认为,提高政府服务机构的规模,可以带来更高的产出、更高的效率,可以提高服务的这种专业性,可以促进公平,可以降低服务成本和提高公共收益,这是单中心的假设。但是这样的看法要成立,有一系列的苛刻条件:它要求物品是同质的;公民具有相似的偏好;投票可以加总公民的偏好;资助高质量的服务需要大的规模;政治家可以命令官员提供合意的服务;官员可以要求基层官僚提供好的服务;基层官僚可以为公民提供好的服务。

单中心的观点要成立,需要上述各种条件,多中心理论对此提出了尖锐批评。多中心理论认为:公共服务的生产和消费特征是多样化的,规模经济并非都存在,道路建设存在规模经济,教育和治安服务反规模经济,水服务依赖多重规模;公民偏好具有异质性和集群性等特征;公民的偏好是不断演变的;加总公民的偏好是有问题的;权利和义务应当对等(小规模尺度更容易实现);再分配在大规模尺度更容易实现;带有不同规模和尺度组织的多重辖区,可以使不同规模公共服务消费和规模经济成为可能。多中心理论还认为,行为人之间的联系不是单向的、自上而下的,而是相互联系和互动的关系,而不是简单的单向联系的关系。

在多中心理论中,提高政府服务机构的规模会提高对科层体系的依赖性,这个依赖性的提高会降低公民的参与,会降低公共服务官员的责任性,对公共服务产生负面的影响。至于提高政府机构的规模,能不能提高公共服务的绩效,取决于特定物品的属性。如果是有规模经济的物品,那么扩大政府服务机构规模,能够提高服务绩效;如果是反规模经济的物品,那么提高政府服务机构的规模,反而会降低公共服务的质量。所以要具体问题具体分析,这是多中心理论的看法。

也许可以这么理解,单中心是多中心体系的一个特例,单中心主要是针对那些同质性的、具有规模经济的公共服务是有效的,但是多中心体系则是更为一般的体系,可以适用于各种属性的公共服务提供。这就好比牛顿力学,是爱因斯坦相对论体系当中的一个特例。意思是说,多中心其实是更有普遍性的秩序,多中心本质上是复杂的适应性体系。

大家可能通常认为市场是简单的,不就是平等交换嘛,但实际上如果仔细审视一下会发现,市场经济是极其复杂的一套制度安排。我以前上课,经常会给学生推荐一篇文章,就是经济学散文《铅笔的故事》。世界上最简单的商品莫过于一支铅笔,但是世界上没有一个人具备生产这支铅笔所有的知识。一支铅笔的诞生,从原材料的采集到加工和销售,是一个全球范围极其复杂的一个资源配置过程,这个过程不知要消耗多少人力、多少脑力、多少知识和信息,才能够生产出来。这篇经济学散文揭示了市场机制的复杂性和有效性。铅笔是最简单的商品,像汽车、轮船、飞机,其生产过程就更为复杂了,恐怕个体的智力已经很难理解。市场经济已经如此复杂,那么公共经济就更为复杂了,这就是为何说多中心是一套复杂的秩序。

为何会有这种复杂性?我想它根源于人性的复杂性。人性是很复杂的,关于人性是善的还是恶的,已经争论两千多年。孟子认为:"人之初、性本善。"他说:"人性之善也,犹水之就下也,人无有不善,水无有不下。"也就是说,人性善就像水往下流一样自然。但是荀子认为:"人性恶也,其善伪也。"就是人性是恶的,那个善是装出来的。老子则认为,人的本性就是无知无欲,就是混沌一体,无所谓什么善恶,这叫无善无恶论。后来东汉的王充又提出性有善有恶,认为人性或善或恶。后来明代大儒王阳明又提出更复杂的人性论:"无善无恶心之体,有善有恶意之动。"所以围绕人性善恶,已经争论几千年,还没有个定论。人性的复杂性加上人类偏好的多样性,以及人类生存的客观世界的复杂性,使得人类社会是极为复杂的。

多中心是适应复杂人类社会的秩序。多中心是一种秩序,貌似混乱无序,实质是一种自然秩序,它是符合自然个性的一种秩序。多中心是一种哲学观念,它反映了人类追求自由天性的偏好。多中心是一种观念,这种观念认为我们社会的设计是应该符合天性的,而人类天性是追求自由的。多中心是关于联合的科学和艺术,人类社会很大的一个困境就是怎么使人与人之间合作,多中心认为合作是基于自然秩序的一种联合。

为了更好地理解多中心的含义,我再举一个例子,我这里有一盆绿萝,它是单中心还是多中心的?它当然是多中心的,它的枝叶看似是杂乱的,任何一个局部看似是零乱的,但叠加起来在整体上来看又是优美的。我们去自然界看一看,大自然造的植物,局部看似无序的,但是整体又是和谐的,一棵树、一盆花、一丛草都有这样的特性。如果仔细观察,你会发现世上没有相同的两棵树,每一棵树的姿态、枝干、风貌都和其他树不一样,就好像世界上没有相同的两个人,所以自然界是相似性和差异性的统一,有极大的多样性。

为什么每棵树都长得不一样的呢?暂不提树木的种子基因有差异,树木面临的土壤、水分条件,面临的阳光照射、它和周围树木之间的关系,每一棵都是不一样的,所以每一棵树怎么可能长得一样。每一棵树都基于自己的生态环境去生长,根据土壤、水分、阳光、与周围树木之间的关系,长出一个样子来,这叫作自适应。大家有兴趣可以到清华大学图书馆老馆的最东侧看一下,那里种了一排松树,基本是挨着图书馆的东墙种的。"大雪压青松,青松挺且直",但是这排松树没有像通常那样笔直地生长,而是一致选择了"点头哈腰",向东倾斜着生长。原因也很明显,因为它要适应这里的生态环境,只有"点头哈腰"它才能得到阳光,才能够生存。这是树木对环境的适应。

多中心的秩序是一种自治与共治的复杂结合体,反映了人类社会的自发秩序。这种秩序貌似杂乱无章,实际上是和谐有序的。所谓的多中心治理,就是允许多层次、多个权利中心和服务中心并存的,通过竞争和协作给予公民更多的选择权和更好的公共服务。多中心治理强调制度的自发的秩序、复合的层级、单元的交叉,多中心体制是复杂的适应性系统,是与复杂人类社会相互适应的制度安排。

理解奥斯特罗姆多中心思想,还有必要了解自主治理。2011年5月,在中国人民大学为奥斯特罗姆召开的学术研讨会上,会议题目叫作"多中心、自主治理与发展",是对她一生学术思想的概括。多中心刚才已经阐述,自主治理其实是多中心治理的基础。借用刚才打的那个树木的比方,一棵特定的树所选择生长的样式,实际上是对周边生态环境的自适应。类似地,一个人成长什么样子,与生长的环境息息相关,也是对环境适应的结果;各个地方长期演化形成的各种制度安排,实际上也是对当地条件的适应性选择。这就是为何往往土生土长的制度有生命力,而外来权威设计和强制推行的制度往往失效。微观上广泛自主治理的联合体,就是自治与共治的各式各样的联合,就构成宏观上的多中心秩序。

奥斯特罗姆于1997年获得了政治经济学弗兰克·E.塞德曼(Frank E. Seidman)杰出贡献奖。历史上获得这个大奖的学者,有较高的概率问鼎诺贝尔经济学奖。2004年,我第一次到印第安纳拜访她,我握着她的手说的第一句话就是:"您这么有名,很多人预测你将获得诺贝尔奖。"当时她拍着我的手哈哈一笑。实际上2000年之后,她一直都在诺贝尔奖经济学奖的候选名单里,只不过排名比较靠后。2009年,因为国际金融危机,社会上似乎对经济学家很不满,经济学家创造了那么多理论,为什么世界经济反而更糟了。在这种形势下,当年的诺贝尔奖颁给非典型经济学家似乎是一个好的选择。奥斯特罗姆正好在候选名单中,是一名政治学家,又是一名女性,所以最终选了她,似乎有这种宏观背景的原因。2009年12月8日,奥斯特罗姆在瑞典做了诺贝尔奖讲座,题目就是《超越市场与政府:复杂经济系统的多中心治理》,其中的"超越市场与政府"是呼应《公共事物的治理之道》这部书,"复杂经济系统"是为了与经济学贴得更近一些,"多中心治理"是其一生学术思想的标签。所以这个诺贝尔讲座的标题是字字斟酌,一个字都不能增删。

我们回顾一下过去200多年的经济思想史就会发现,奥斯特罗姆的获奖在经济思想史上有着特别的意义。亚当·斯密之后100多年的时间里,古典经济学大行其道,认为政府应该是小的,扮演"守夜人"的角色,支持自由放任的市场经济,政府不要去干预市场。资本主义发展了100多年,到了1929年,大萧条把全球经济搞乱了。这之后凯恩斯主义应运而生,强调国家干预市场的正当性。凯恩斯主义流行了差不多80年,虽然期间不断受到新古典经济学的挑战,但总体上大多数经济体支持政府干预市场的思路。直到这次全球金融危机,面临着再一次的深刻反思:未来要不要彻底跳出凯恩斯主义。实际上,过去200多年的经济思想史的争论,在政府和市场之间打圈圈,市场不行了靠政府,政府不行了靠市场,实际上还有超越政府与市场的其他途径。奥斯特罗姆学术思想的精华是寻找在政府与市场之外的其他道路,这就是基于自主治理的多中心治理,这在经济思想史上是应当有地位的。这也是为何我花这么多篇幅来阐述多中心治理,希望大家能够了解这个学说的核心思想。

中国发展的多中心视角审视

下面我谈谈多中心与中国现实的联系。我讲的多中心是奥斯特罗姆学术的核心思想,可以理解为一种哲学。刚才有一位同学提问,说感觉多中心的自主治理思想跟老子的无为而治的思想似乎有共同之处,超越市场和政府的自主治理是不是就是老子的无为而治的思想?多中心是不是老子说的道?这个问题非常好,很有深度,中国人讲"形而上者谓之道,形而下者谓之器",多中心是属于"道"层面的事物。《道德经》上讲"道可道、非常道,名可名、非常名",道这个东西玄而又玄,不好理解。但是老子的无为而治哲学,在思想方法上很有价值,但是指导具体的管理工作,实际的价值就欠缺了。多中心作为来自西方的一种大"道",提供了一种非常有价值的视角,今天我们拿来审视中国的发展道路和中国的社会治理,可以带给我们很多启示。

从中国过去百年发展道路来看,从传统社会向现代社会转型是一条基本线索。1820年,世界进入现代经济增长阶段,中国当时是世界最大的经济体,经济总量占全球总量的1/3,人均GDP为世界平均水平的90%。其后的100多年,在西方工业化突飞猛进的同时,中国经济不断衰退,到1950年中国的经济总量下降到全球总量的5%,人均GDP只有世界平均水平的1/6,从世界上首屈一指的经济大国跌落为世界上最贫穷的国家。这100多年也是中国传统社会逐步瓦解的过程。从1949年中国共产党执政之后,中国正式从传统的农业社会开始向现代工业社会转型。从那时起,中国大概要用100年的时间,也就是到2050前后,全面实现现代化,完成向现代社会的转型。这个过程又可以划分为三大阶段,其间经历三次大的转型。

第一次转型,从新中国成立之初强制性发动工业化。1949年共产党执政之后,面临着人类历史上最大规模的社会试验,这个社会试验有很多成功,也遭遇不少挫折。特别是在计划经济时代,经历的失误比较多。毛泽东1940年在延安窑洞里构想的新中国是新民主主义道路,这个构想是比较符合中国国情的。但是新中国成立之后,国内外形势的变化促使毛泽东提出尽快从新民主主义向社会主义过渡。毛泽东最初设想,要用20~30年的时间来完成这一过渡,后来由于受苏联的影响,提前为15年,也就是3个五年计划,后来又进一步提前为9年。然而具体实施的时候,实际上只用了3年,从1953—1956年,急风暴雨般地进行了"一化三改"的社会主义改造,实现了国家工业化,农业、手工业和工商业的社会主义改造,由此形成那个了高度集权的计划经济体制。

第二次转型,改革开放以来从计划经济转向市场经济。中国从计划经济时代的高度集权的计划经济,逐步转向了自由市场经济。这个过程不是一蹴而就,而是经历了不断解放思想的过程,是一个渐进的过程。先是从农村改革做起,1984年提出发展商品经济,将改革扩展到城市,1992年正式确立了市场经济改革的取向。市场经济改革带来了快速的经济增长,2010年,中国超越日本成为世界第二大经济体,中国人均经济发展水平进入中等收入阶段。中国初步完成了从传统农业经济向现代工业经济的转型。

当前,中国正在面临第三次大的转型。过去30多年,中国实际上还是以经济建设为中心的,在经济建设领域取得了卓有成效的成绩,但是社会建设相对滞后。目前中国已经初步完成市场经济转型,之后是如何不断完善的问题,但经济增长已经基本上建立在市场主体的基础上。现在中国面临着更深层次的转型,这就是从经济建设为主转向以社会建设为主,社会建设成为政府改革的更主要任务。这个转型是具有深远的历史意义,中国将逐步完成从传统农村社会向现代城市社会的转型。

从多中心的视角来重新审视这三个发展阶段。第一个阶段,计划经济时代本质上是要人为构建一个单中心的秩序,这个秩序包括高度集权的政治结构,也就是科层制的政治体系。从经济角度来看,是高度中央集权的计划经济。新中国成立之初中国的国有经济只有20%,但是经过社会主义改造,迅速占了主体地位,1978年就占90%以上,实际上是以国有经济为主导的。传统的社会组织基本上被摧毁了,农村千年来的宗族社会基本瓦解,特别是到了文化大革命破四旧,把历史遗产砸得稀巴烂,传统文化遭受了严重摧毁。"文化大革命"革了文化的命,8亿人民只剩下8个样板戏,思想文化高度单一化。实际上计划经济30年,毛泽东试图用他个人的主观世界建构一个理想世界,他发动"大跃进",后来又发动"文化大革命",就是建设理想社会的尝试。

"文化大革命"中,毛泽东的主观愿望是好的,他想建设一个共产主义大学校,让6亿人民皆为尧舜,全面造就共产主义新人,他是他脑子中的理想世界。这个建构过程就使得中国社会不断地单中心化。政治上强化了科层制,经济上高度中央集权,国有经济为主体,社会组织被政府直接控制,传统社会组织被消灭了,文化上高度意识形态化。毛泽东以超凡领袖的能力,用主观的理想社会去改造现实世界,将中国改造成为一个单中心秩序的社会,这在人类历史上是罕见的。

但是这个单中心秩序的社会,伴随的是低效率进而不可持续。1956年社会主义改造完成之后,1958年就开始发动"大跃进",以钢为纲,全民大炼钢铁,导致工业的超常规增长,产业比例失衡,进而国民经济衰退。合作社大刮"共产风",人民公社的推进降低了农业生产率。农业粮食实际减产,上报数据虚报增产,导致上千万人非正常死亡。尽管其间毛泽东对推进的"大跃进"和人民公社运动也有过这样那样的担心,但是他无法得到真实的信息,无法准确判断形势,也就一次又一次错过纠错的机会。

在一个单中心的社会中,由于信息封闭,传递不畅,高层由于信息不对称,不能及时洞察情况。下面的行为人琢磨上面的意图和偏好,所谓"上有所好,下必甚焉",不仅不能纠错,反而逐级放大错误的政策,这是酿成大跃进悲剧的重要机制。林毅夫的博士论文研究的是中国的"大跃进"政策,他发现人民公社前期,农民是可以退社的,但是后期实行了制度上的调整,中央发了文件剥夺了农民的退社权,所以导致农业生产的普遍搭便车现象。当时的农业生产是计工分,在不能退社的情况下,干多干少都一样,于是出现了普遍怠工,出工不出力,导致粮食生产急剧下滑,才导致饿死人的悲剧。在多中心的社会,大量饿死人的事件是不可能发生的。

单中心的体制必然伴随着低效率,而且这种低效率是各个行业全方位的,在农村有农民农业生产的怠工,在城市在工厂有工人生产的怠工,普遍的怠工就导致计划经济生产低效率,因为劳动者没有生产积极性,这种低效率维持20多年。整个计划经济时期的国内经济效率是低下的,自然也是不可持续的。所以到毛泽东去世的时候,中国的计划经济已经搞不下去,所以才有了邓小平的改革开放,中国逐步从单中心体系开始转向多中心体系。

邓小平启动改革开放,实施了几件大事。第一件是恢复高等教育,培养人才发展科技;第二是打开国门对外开放;第三是允许市场经济的发展,但当时不叫市场经济,是经历了十几年的解放思想,才正式确立的市场经济改革目标。经过30多年的市场经济的改革,中国创造了人类历史上的经济增长奇迹,差不多连续30年近10%的年均经济增长率。中国实现了天下大治、经济繁荣。之所以能够取得这样大的成就,根本上是改革开放之后,中国顺应了社会发展趋势,放弃了不可持续的单中心秩序。

中国改革的核心是引入市场经济,而市场经济是有魔力的,市场经济所到之处点石成金,世界上没有一个发达国家不是搞市场经济的。伴随着市场经济的发展,市场的力量在迅速兴起,这是中国社会30年来最显著的一个变化。我们以工业部门为例,1978年我们国有资产总量是占92%,但是2008年已经下降到了44%,非国有经济已经占据主体。以从事工业生产的企业数量来看,国有目前只有占5%,非国有占95%,从就业人数来说国有占20%,非国有占到80%,中国经济已经建立在非国有经济的主体之上,这还仅仅是工业。如果是看贸易,看服务业更是以非国有经济为主。所以经过30年的发展,市场的力量在兴起,经济主体已经变得多元化,汇集成为推动中国经济发展的巨大力量。

中国的市场经济改革伴随着大规模的开放进程。中国历史上有很多次改革,但都是不成功的。为什么呢?因为历史上的很多次改革是封闭条件下的,缺乏外部的压力和刺激。只有在开放条件下,这个改革才是有持续动力的,因此开放是很关键的,构成了改革开放的另外一条主线。随着改革开放的推进,中国的社会力量也在成长。我们现在有超过百万家的社会组织,包括新媒体的兴起,互相网的兴起,也包括微信、微博和博客等新媒体的兴起,已经深刻地改变了社会的信息结构。伴随这些巨变,中国社会结构变得更为复杂,人们的价值观变得更加多元化。改革开放以来中国社会发生的上述变迁,本质就是单中心秩序的崩溃,多中心秩序的兴起。

经过30多年的改革开放,实际上中国的社会已经发生深刻的变化,这个变化可以归结为四个方面。

一是越来越分化。如果从居民收入差距来看,最常见的是用基尼系数。2000年的中国居民收入的基尼系数大约是0.4,2010年基本上接近0.5,这个数字是比较高的,已经超过美国。如果从资产的角度来看更是不得了,社会呈现出越来越分化。当然可能有些同志说,因为我们城乡差距比较大,城乡差距还是目前的3.3倍,如果扣除这个,居民收入差距会有所减少,但是总体来看收入差距仍然是较大的。

二是越来越流动。改革开放以来我国的流动人口迅速的增长,2000年统计下来是1.4亿,2010年统计的时候,已经2.6亿,基本上相当于一个美国的人口。从网民的情况来看,1998年之后中国互相网发展爆炸式增长。2000年,有2250万网民,目前已经是4.85亿,网络使得信息的流动空前地增长。

三是越来越开放。中国出入境的人口爆炸式地增长。2000年,出入境人口只有几千万,2010年已经有3.8亿。前段时间有一个老外写了一本回忆录,他说改革开放之初到上海出差,到了浦东,有一天晚上他去看夜景,黄浦江的夜景很美,然后一扭身发现他身后聚集了几百人,因为经历长时间的封闭,上海市民难得见老外,好不容易见到一个然后就几百人围观。经历了不断的开放,现在甚至在广大中西部,大家见到老外也不会有新鲜感了吧。中国社会已经是相当开放。当然,如果从经济的对外依存度来看,中国已经是世界大国之中最高的。

四是越来越分散。计划经济时代,在农村搞农民公社,在城市搞单位制,所以中国人在计划经济时代养成了一个思维方式,就是我们要有归属感,我们要隶属于某一个单位,但是今天这个秩序已经崩溃,我们的单位制正在迅速瓦解,在很快从一个单位人变成一个社会人。如果从就业数字来看,目前只有20%的劳动者工作在正规部门,什么叫正规部门,就是政府、集体企业、外资企业,但是这部分劳动者,在7亿多的劳动者之中只占20%,80%的人是非正规部门,如果用传统的观念来看,80%的人是没有单位的。所以这就导致一个后果,我们这个社会越来越原子化,越来越缺乏组织的归属。

所以说，经过30年的改革开放，中国的经济持续增长，政治上总体保持了稳定，但是社会越来越开放、越来越复杂，社会矛盾越来越多。这是当代中国社会的特征，反映了单中心的秩序崩溃之后，一个成长中的多中心社会特征。

展望中国未来的发展趋势。从中国经济的发展前景来看，未来20年中国仍然有比较大的经济增长潜力，顺利的话，从目前的中等收入经济体到2030年将成长为高收入经济体。中国目前的人均GDP水平只有美国的1/10，这就意味着中国经济有巨大的成长空间。只要中国不出大乱子，继续放松搞活，让人们自由追求财富，追求更好生活的权利，中国经济一定会持续快速增长。可以预见，未来一二十年，中国发展的最大悬念不是能不能成为富裕国家，而是能不能共同富裕。所以，最近清华大学国情研究中心推出《2030中国》这本书的副标题，就是"走向共同富裕"，这是未来中国经济发展努力的方向。

我们再看一下中国的社会发展。中国在发展市场经济过程中出现很多社会问题。市场经济伴随着马太效应，容易加剧贫富分化。因为市场经济的本质就是交换，而交换需要本钱。农民靠劳动力交换，资本家靠资本交换，知识分子靠智力劳动交换，官员可能会靠权力交换。资本一定是强势的，权力一定是强势的，劳动者一定是弱势的，在这样一场交换的游戏当中，当然是拥有强势资源的得到的越来越多。马克思在《资本论》中曾经深刻分析这一现象。所以这也可以解释，中国市场经济搞了30年，贫富分化的问题已经非常突出。

市场经济发展带来的另一个问题，是对传统道德伦理的摧毁。市场经济试图把一切东西都变成可交换的对象，甚至伦理、道德和情感也变成市场经济之中的可交换物。这就使人们变成了纯粹的经济动物，社会归属感、文化归属感荡然无存。作为个体的人被抛进了市场经济的汪洋大海之中，这就是为何社会变得越来越原子化。导致的结果就是人们普遍的不安全感。市场经济充满了风险，今天是赢家，明天有可能变成输家，比如炒股票、创业的风险，令很多人破产。所以市场经济条件下，无论是穷人还是富人都会有不安全感。

在过去 30 年的改革开放过程之中，社会保障体系没有很好地建立起来，对公民的基本生活没有提供很好的保障，所以这种深深的不安全感不断地蔓延，成为普遍的社会情绪。这就是为什么经济增长了，但老百姓还有很多的怨言，社会上会有形形色色的吐槽。前些年有人拿电影编段子，说看了《色戒》发现女人靠不住，看了《投名状》发现兄弟靠不住，看了《集结号》发现组织靠不住，后来看了《长江七号》，发现地球人靠不住。地球人都靠不住，那么谁靠得住？最后的结论只有靠自己，要自强自立。但是自己靠得住吗？市场经济充满了风险，成功和失败有时只是隔了层纸。一个人今天还好好的，明天可能就万贯家财散去，也可能一场大病丧失了劳动能力，或者一场车祸导致残疾。所以自己似乎也靠不住，这更加剧了社会的不安全感。这种不安全感在新世纪前后达到高峰。

因此，随着市场经济的发展，我们的社会必须为人们提供这种安全感。这是为什么新世纪以来，中国政府大力发展社会保障，提供养老、失业、医疗、工伤等各种保险，提供各种各样的社会救助。其目的是为了建立社会安全网，消除这种不安全感，同时也缩小贫富差距。

因此，中国社会正在经历深刻的转型，全能主义政府逐渐变成责任政府、有限政府，市场的力量迅速兴起、日益强大，而同时社会的力量还是弱小的，对政府与市场的制衡力量薄弱。由此导致一个很严重的后果，就是政府与市场的合谋。现在有一些对中国经济的批评，担心中国的发展会走向权贵资本主义，其实主要的风险是官商勾结，问题的根源在于缺少第三方力量的制衡，社会的力量发育不足。纵观全世界所有的发达国家，经济上一定是市场经济，社会基本都有比较庞大的公民社会。只有政府、市场和社会三者鼎足而立的社会结构，才是一个可持续的社会，才是一个真正现代意义上的社会。中国的社会虽然在不断成长，但是还很弱小，政府和市场的力量过于强大，所以这也是导致中国社会问题的一个根源。

中国未来的社会发展前景，就是走向一个政府、市场、社会鼎足而立的治理结构，这样一个结构就是多中心，多中心治理结构是未来中国社会变迁的趋势。如果说过去 30 年随着市场经济的改革，中国的社会发展更多的是单中心社会的瓦解，因而是一种修复性的成长，那么未来的 30 年，中国社会就是从一个相对简单的多中心社会，逐步成长为一个更为庞大、复杂和稳健的多中心社会。但是有批评认为,公民社会的概念是一个舶来品,不适合中国。王绍光教授提出了人民社会的概念,认为更符合中国的国情。其实,不管叫什么名字,都是强调大力促进社会发展的思想。未来希望培育一个强大的社会,能够成为平衡政府与市场的力量。中国现代化的实质就是走向多中心社会的过程。

多中心社会的公共管理之道

最后谈一下多中心社会的公共管理之道。一个基本的判断是,中国已经是一个多中心社会,多中心治理已经大量存在于社会治理实践。我举一个案例,就是汶川地震灾后重建。大家都知道汶川的大地震,应该说是新中国成立以来影响最大、破坏最严重的一次自然灾害,这个灾害发生之后,中国开展了大规模的灾后重建,从目前的结果来看,成效是非常好的。汶川地震中受灾最严重的北川县城,被地震摧毁后,异地重建用了不到3年的时间,现在一个新的北川县城已经诞生。从全世界来看,灾后重建都是一个很大的难题。日本的阪神大地震规划要用10年的时间来重建;美国的卡特里娜飓风灾后重建规划要用7年的时间来重建。2011年是第6年,我在美国的时候还特意关注这个问题,很多房子还是没有建起来,距离重建的目标差得很远。从全世界来看,汶川地震的灾后重建创造了人类历史上灾后重建的奇迹,用了不到3年的时间,基本上实现了生活恢复、生产恢复,不但恢复而且在新起点上实现了跨越式的发展。灾后重建的几个地方,经济实现了超常规的快速增长,年均在17%左右,这个成绩令人惊叹!

从主要的经验来看,主要是充分发挥了政府、市场和社会多方面的力量。在计划经济时代,自然灾害的灾后重建,通常是政府包办。比如唐山大地震在救灾阶段,中国政府出动了14万官兵,飞机2 478架次,车辆7 100台,在灾后重建过程当中,国家和省级政府对唐山拨款是49.29亿元。也就是说,无论是抗震救灾,还是灾后重建,几乎全部投入都是由政府来提供的,既缺少社会的捐助,更缺少私人的投资。这是当时的全能主义政府包办模式,是单中心社会下的救灾模式。

但是 30 年后的汶川地震,情况发生了巨大变化。在灾后重建中,我们看到多元主体之间的合作,多元投资参与重建。例如,农房的重建就是农民大量的房屋被毁坏之后,农民重建的资金来源是非常多样化的,包括农户自筹、中央财政设置的灾后恢复的重建基金、政府设立的担保基金来解决贷款的问题,利用市场化的融资,也包括对口援助。其中对口帮扶是社会主义特色,一方有难,八方支援。汶川地震灾害重建的对口帮扶,是 1 省帮 1 重灾县,有 19 个省市,每 1 个省市负责 1 个重灾区的 1 个县;各个省又实行 1 市对口支援 1 镇,即每 1 个省下面的 1 个地级市,再去对口支援某 1 个乡镇。中央有规定,督促对口支援省市,连续 3 年每年按不低于当地地方财政收入的 1‰,为灾区提供援建的资金。所以实际上农房的重建,是一个非常多元化的资金投入,形成了农户自筹、政府补贴、市场支持、社会帮扶的局面。

再比如刚才讲的北川新县的重建,其重建模式是非常复杂的,不是简单的政府投入,全部依靠政府的帮扶。不管从组织模式,还是从资金来源,都是极其多元化、极其复杂的一个制度安排。比如从参与主体来看,既有来自国务院、山东省的,还有来自当地的,以及社会各界的帮助。仅仅是规划,就汇集了全国 50 多家设计单位,有多名院士参加论证会 100 次,超过 1 000 人次的专家学者参与设计,有 200 多个项目同时启动。从资金来看,153 亿元重建资金,43 亿元来自于山东,因为山东是对口援助北川,中央省和各级地方政府投入是 32 亿元,社会捐助了 4 亿元,社会市场与企业投入了 50 亿元,而地方融资是 24 亿元,资金来源非常的多元。

胡鞍钢教授对汶川地震灾后重建的模式做过总结,称之"国家决策、中央和部门支持、地方主导,社会参与、市场驱动、对口支援、国际援助,多元合作与对外开放"的灾后重建模式。在改革开放 30 年后,中国的经济社会背景发生深刻的变化,已经不可能依靠唐山的灾后重建模式救灾,即主要依靠单一的政府力量。因为市场的力量兴起了,社会的力量在成长,比如说灾后的第一时间,大家知道陈光标,在第一时间率领他的救援队,包括 60 台大型的机械设备,120 余名专业人员,在 5 月 14 日凌晨 3 点几乎和军队同一时间到达灾区现场,救助了 130 多位的生命,这就是市场的力量、社会的力量,过去是不可想象的,但是现在已经是不可小觑的力量。这样的政府、市场与社会提供公共服务和社会产品的模式,不仅仅是汶川灾后重建,目前已经在各个领域被广泛采用,未来还会越来越普及。

2010年是中国的社会管理创新年,关于社会管理创新讨论的非常多。前一段清华公管学院在信阳搞了一个社会管理高层论坛,当时我发表了一些看法,核心是社会管理创新旨在加强社会建设,社会建设不仅仅是为了社会治安稳定、加强基层社区治理等这些具体问题。社会建设是一个全方位的变革,甚至包括政治改革,例如社会结构的重塑、社会权力的保障、公民的广泛参与。从这个角度来看,我认为未来30年中国社会的根本发展趋势有三大理念。

第一个理念是治理(Governance)。20世纪90年代以来,现代治理的思想,开始在国际社会流行。作为一种新的社会理念,其核心思想是通过正式和非正式的传统和制度来行使权力以实现公共福利。从传统的规制,到现代的治理,涉及一系列深刻的转型,包括扩大公民社会的参与,从只有政府一个制度实施者,转变为包括政府、非政府组织、媒体等多个制度实施者,从黑厢操作到公开透明。过去在计划经济时代,我们习惯于控制社会,到现在改革开放30年了,社会越来越复杂了,社会已经很难控制。于是现在讲管理社会,问题是这么复杂的社会,仅仅依靠政府管是否可行?所以现在社会管理的提法其实不确切,应该是社会的治理。社会治理不是政府一家的事,而是多个主体之间共同的事情,最终的目标是走向一个现代国家意义上的多元协作治理。

第二个理念是多样性(Diversity)。这是奥斯特罗姆核心的思想,就是制度是多样性的。大家知道生物是多样性的,人类社会的制度也是多样性的,因为每一个地方的资源条件,它的生活习惯、文化传统都是不一样的,相同的制度需要多样性的去适应当地的自然、社会、文化条件,所以这种适应就使得各个地方的制度是可以完全不同的,甚至可以很多样化的。奥斯特罗姆晚年的学术思想精华就是超越万能药。这个世界没有万能药,政府不是万能的,市场也不是万能的,她所倡导的自主治理也不是万能的。社会问题没有单一的解决方案,都是取决于特定的条件下采取特定的制度安排,不是说简单的政府管制,不是简单地靠市场经济,也不是简单的社会治理,而是依赖非常复杂的制度安排。一定是要特定的问题具体分析,根据具体分析探寻适宜的制度安排。

第三个理念是多中心(Polycentricity)。刚才已经讲很多,多中心秩序是一种现代社会的秩序。中国目前已经是中等收入国家,未来一二十年逐步向高收入国家过渡。当老百姓变得更为富裕之后,不仅对私人物品,而且对公共物品的需求,都会越来越多样化。人们衣食饱暖问题解决之后需要有更多的精神文化追求,而且是多样化、高品质的需求,包括对权利的诉求。在这样一个趋势下,传统的管制必然大量失效,必须推进社会管理创新,这个趋势是不可阻挡的。十七大报告提出了社会管理创新的四大原则:党委领导、政府负责、社会协调、公众参与。如果细读这四句话,这难道不就是一个多中心的制度安排吗?

以上三个理解合起来用英文看,首字母的组合就是"GDP",当然这是一种新的"GDP"。如果说过去 30 年中国追求的是经济发展的"GDP",那么未来 30 年,需要追求这个社会发展的"GDP"。

需要指出的是,多中心并不排斥单核心。好比太阳系是多中心,但是太阳系的核心是太阳,地球这些行星围绕太阳转,而地球也是中心,因为月球围绕地球转。中国是共产党领导的中央集权的国家,中央政府的作用是定大原则、大方向、大目标,它不可能规划所有的事情。地方要创新、地方要主导、公民要参与、社会团体要积极介入,都有很大的空间。所以,多中心的治理与党委领导并不冲突,不要觉得有党中央核心的领导,中国就不能探索多中心治理,这两者并不矛盾。

在一个多中心社会,公共管理是一个大难题,这个不像过去 30 年搞市场经济,市场经济相对容易搞。按照哈耶克的观点,市场经济是自发秩序的扩展,只要不人为对市场机制施加约束和束缚,市场的作用范围就会不断拓展,一直扩展到整个经济体。这就是为什么中国改革开放之初,从简单的放权让利,简单的家庭联产责任承包,然后搞有计划的商品经济,到后来搞社会主义市场经济,这是一个不可避免的趋势,其背后是市场作为自发秩序扩展的力量。实际上家庭联产承包责任制并不是改革开放之后的创新,在"大跃进"之后,饿死很多人,促使当时全国很多地方都探索分田到户,贵州、四川、安徽等省份的相当比例农田已经分到户了,这也是周恩来和邓小平搞经济恢复的重要内容。但是毛泽东反对这样做,认为这是搞资本主义。"宁要社会主义的草,不要资本主义的苗",就把这个改革强行扼杀了,为此当时还撤了国务院副总理邓子恢的职。

改革开放之初的分田单干，家庭联产承包责任制，是一种自发秩序的力量，只是政府放松管制，放权让利，老百姓自己去探索它就起来了，然后农业生产就盘活了，随着经济自由的扩展，企业逐渐市场化了，农产品市场化了，市场经济一天天壮大，直到被官方正式认可，中国正式迈向了市场经济。

相比之下，社会建设的逻辑与市场经济改革的逻辑完全不同。社会建设不是一个自发的过程，而是伴随着大量的社会悖论，即社会中的各种行为人难以合作，很难为公共利益达成集体行动。社会悖论很难被打破，也很难治理，因为涉及很复杂的利益关系，涉及既得利益的问题，这是公共管理研究的核心问题。治理社会悖论，需要对社会利益格局深刻地洞察，需要复杂的制度安排，需要高超的领导艺术和智慧，因而是非常难的。因此，在一个多中心社会，搞社会建设是一个巨大的挑战。这就是为什么现在很多人说，改革进入了深水区和攻坚期。

我们回到具体的管理实践中，多中心治理的理念和理论对大家的工作有何帮助呢？我个人的体会，多中心治理是一种"道"，它是一个复杂社会的治理之道，它对我们有以下三个方面的启示。

一是我们要接受一个复杂的社会。因为人性是复杂的，客观世界是复杂的，所以一个复杂的社会是一个正常社会。比如20世纪60年代，有学者提出的，把美国4万个警察机构，削减到400个警察机构的想法，这就是试图把复杂社会简单化的愚蠢思维。再比如中国计划经济时代，单中心秩序的建构的过程，就是一个不断消灭社会多样性和制度多样性的过程，用领袖的主观理想建构一个简单的现实社会，于是导致人口大量死亡的灾难。所以，首先在理念上，我们要接受一个复杂的社会。

二是我们要理解复杂社会。仅仅接受复杂的社会还不够，还要去理解复杂的社会。很多我们看似不明白的事情，它背后是蕴含奥妙的，而且是有规律的，只不过这些规律我们不了解。我们实际上对于自然界和人类社会，甚至包括我们自己，我们的认识实际上是很有限的，当然对人类社会我们的认识更为有限。尽管现代社会科学有了很大的进展，但也只能解释人类社会的很小部分。多中心理论为我们提供了理解复杂社会的一个视角，也提供了诊断复杂社会的一种可能途径。

三是我们要谨慎改造社会。正是由于社会的复杂性,以及人类理性的有限性,改造社会其实充满了风险。公共管理作为一门综合性的应用学科,其目的就是改造现实社会。由于社会科学的发展距离真正意义上的科学还有相当距离,公共管理目前还是一门半经验的科学。西方学术界近年来兴起一个新的管理理念,叫适应性管理,其背后是承认人类的无知,怀着一种谦卑的态度,不去过度干扰自然界,强调不断探索和及时调整人类行为,反对大刀阔斧式的改革。适应性管理反映了在承认对复杂世界理解有限的情况下,是一种更为恰当的处理人与自然关系的恰当态度。我们作为公共管理者,无论是研究者还是实践者,都应当对人类社会怀着这样一种谦卑的态度。

中国第三个阶段的大转型——从传统社会向现代社会的转变,对公共管理提出了很大挑战。从历史上来看,汉代以来每一个大的王朝都有盛世,这是这些盛世从来都是昙花一现。根本原因是王朝初定之后,生产恢复、政治清明、市场经济的发展会带来社会财富的快速增长。但是接下来贫富分化的问题、收入分配的问题、利益集团的问题,都会破坏自由市场经济。历史上,每一个主要的王朝在经济恢复发展之后,都没有能够处理好政府与市场的关系,这是每一个王朝最终走向衰落的内在原因。究其根本,是一个公共管理问题,这是中国两千年来王朝兴衰的主要教训。当代中国的经济社会转型,是历史上从来没有过的,但是从某个侧面又有历史的影子。目前中国的市场经济发展起来了,天下大定,经济繁荣,摆在我们面前的主要问题是如何搞好社会建设,这是公共管理者面临的历史性的责任。

治理之道与中国之路[①]

今天我来给大家讲讲"治理之道","道可道,非常道。玄之又玄,众妙之门"。中国人喜欢讲"道",为什么道很重要呢?在座的各位基本上都是领导干部,日常都要做很多战略决策。决策就是主观世界和客观世界相互匹配,大家日常中所做的所有事情,实际上都面临着一个共同的问题——如何使主观和客观相匹配。大家在日常生活中接触的东西,如果我们仔细做一个归类,其实可以归为四个方面:第一个是信息,大家日常都接触大量的信息,但是这个信息爆炸的时代,信息太多了,我们不得不对这些信息进行加工;经过加工提炼形成一定的认识,就形成了所谓的知识;对知识进一步提炼,形成一些规律性的判断,就形成所谓的理论;理论再往上呢,就是指导理论的哲学,那就是智慧。我们所有主观世界的认识都可以归纳为这四个方面。我们今天要讨论的这个"道"在什么位置呢?是智慧,而且是最高的智慧。道是最高的智慧,是中国人对智慧最高的看法,老子的《道德经》用了五千言,把宇宙万物的真理都给说完了。所以我们的主观世界,我们做任何决策,都离不开这四个方面,你们来到清华大学之后发现,你们学了很多很多

[①] 此文为2015年4月15日,作者在清华大学公共管理学院的讲课录音整理稿。

东西,你们学过《政治学》《经济学》,感觉学得怎么样?用处大不大?如果感到用处不大,想过为什么没有?

因为大家现在学的东西都是"西学",《经济学》《政治学》《社会学》《人类学》,看看你们的课本,翻翻你们的教科书,都是西方的舶来品,这些东西被称为科学,你们就是来学科学的,据说学了这个科学就可以拿来改造社会。结果大家常常学得一头雾水,发现世界没改造,把你们自己给改造了,改造糊涂了。这就是我们今天的处境,因为大家都在忙着学很多"西学"的东西。

今天我更多地要跟大家谈一谈咱们东方的东西,你们觉得东方的科学是什么?(中医)中医在今天的科学领域叫作玄学,此外还有风水,风水就是东方古代的科学。今天这些东西登不了我们大学的大雅之堂,都消失了,据说香港的大学里面有玄学系,专门研究这些传统的东西,但是大陆已经没有了。我们今天回头来看,发现自己传统的东西被丢掉了,西方舶来的东西又学得一知半解!所以今天我给大家来讲一讲如何来看待这对矛盾。这就是我今天的主题——道,如何从道的角度来看待这个有趣的现象。当然了,"道"这个东西太玄乎了,为了避免空谈,还要谈点实在的,再讲讲"路"。所以今天的内容就是"道"加上"路",简称"道路",主要讲讲道路。

今天我讲三个方面,第一个方面谈谈治理,谈谈治理作为一个科学,在西方学术前沿发展到什么程度了;第二个我们看一看在治理这方面我们东方的智慧是什么,这两者之间是什么关系;第三个如果我们把这两者给说清楚了,我们再看看中国发展的秘诀是什么。也许你们会问:"为什么中国的发展有秘诀?"因为从过去30多年的道路来看,中国的发展相当成功。中国不但取得了经济发展的奇迹,而且在社会建设上也取得了奇迹,现在是开始总结中国发展秘诀的时候了。

西方治理科学

首先我们进入第一个主题,来看一看西方治理的科学。你们来到公管学院学习会发现"治理"是一个很时髦的词,那么什么是治理?(同学发表自己体会)大家说的都是治理的某一个方面,我告诉大家一个治理的最简单的定义,四个字,治理就是"解决问题"。你们学过政治学,政治学也有很多定义,我最佩服的就是孙中山的观点,也是四个字,"众人之事"就是政治。社会治理就是解决社会面临的问题,公共治理就是解决公共领域的问题,好比家庭治理就是解决你们家几口人的问题。我们今天讨论的是公共治理,公共治理是我们公共管理最核心的议题,因为公共管理面临的核心问题就是社会困境,公共治理就是要解决社会困境的难题。

早在2000多年前,亚里士多德就观察到一个现象:"凡是属于最多数人的公共事物,常常是最少受人照顾的事物,人们关怀着自己的所有,而忽视公共的事物。"这是西方圣贤早就观察到的一个现象。当然中国古人也有类似的观察,比如"一个和尚有水吃,两个和尚抬水吃,三个和尚没水吃"。现代西方社会科学对这个问题已经进行深入分析,把这个问题叫作"社会困境"(Social Dilemma),是一个专业术语。什么叫"社会困境"呢?它就是讲个体在做决策的时候都是理性的,但是理性的个体放在一起大家都理性决策,就变得非理性了。也就是个体的理性会导致集体的非理性,而这种社会困境的例子在我们的日常生活中比比皆是。

我们的公共事物的衰落和衰败常常是这种困境导致的。如果大家学过经济学,都知道最有名的困境就是"囚徒困境"。我们简单复习一下什么叫"囚徒困境",就是讲2个小偷被抓进了监狱,警察在审问小偷时给他们定了一个规则,"坦白从宽,抗拒从严",当然对2个小偷都是这么说的,如果把这两个"坦白从宽,抗拒从严"放在一起就会形成一个规则的矩阵,我们叫"可选择的策略集",这个"策略集"有4种策略:小偷1和小偷2都选择坦白,2人都坐4年牢;如果2个人都抵赖,2个人都坐1年牢;如果1个人坦白,另1个人抵赖,坦白的无罪释放,抵赖的坐6年牢。我们设身处地地想一想,如果我抵赖,而对方却坦白,我就要坐6年牢,而如果我坦白,最多只要坐4年牢,理性人来看肯定是坦白更好,任何一方都会这么想,所以最终的结果是2个人都坦白,都坐4年牢。如果双方都不坦白,都只判1年,这叫"占优均衡策略"。因此呢,2个人都站在自己的角度,最好的选择都是坦白,但是作为1个集体,2个人最好的选择是都是抵赖,这就是个体的理性导致集体的非理性。当年有位经济学家叫纳什,是他发现了这个规律,所以后来把它叫作"纳什均衡",是现代博弈论的基础理论。这个发现在西方社会科学界有很大反响,围绕"囚徒困境"的书可以说是汗牛充栋,很多人用这个暗示社会困境的必然性,也就是个体的理性会导致集体的非理性。

1968年,哈丁在 *Science* 上发表了一篇论文《公地的悲剧》,它讲在1块牧场上,每1家按照承载能力只能放10头牛,但是每1家都想要更大收益,都会倾向于多放牧,比如每1家都放了50头,结果是每一个个体从短期看可能是收入增加的,但是作为整体这个牧场过牧了,导致草场的灾难,牧场退化了,这就叫"公地的悲剧"。这个"公地的悲剧"提出之后,引起了很大的反响,它看似与"囚徒困境"异曲同工,从另一个侧面说明了社会困境的不可避免。

如何应对这个社会的困境呢?以"公地的悲剧"和"囚徒的困境"为代表,当时西方流传着两种观念:第一种观念就是政府的控制,通过政府控制的方式解决"公地的悲剧",比如把这个草场全部收归国有,变成国有的草场,通过这种方式来去避免草场的退化;另一种方式就是私有化,把草场分给一家一户,假设一家一户会理性的使用草场,通过私有化的方式来去解决,这是两种主要的方式。当然这两种方式实际上是一种隐喻:政府控制的方式被称为"利维坦方式",就是一个强有力的国家去控制公共事物,来避免公共事物的衰败;第二种是市场化,通过市场化的方式来实现个人之间的联合,这是两种流行的观念。在当时人们的眼中,认为自主治理是不可能的,就是个体之间通过谈判和合作不可能实现治理,从而解决社会的困境。

下面我就要谈谈奥斯特罗姆的工作了,奥斯特罗姆是历史上首位拿到诺贝尔经济学奖的女性,也是5年前我在美国访学时的导师,应该说她在公共管理界无人不知无人不晓,做出了巨大的贡献,并且荣膺诺贝尔经济学奖。她一辈子没有在经济学顶级期刊发表过论文,但是却拿到了诺贝尔经济学奖,当然她在诺贝尔演讲的手稿发表在最顶尖的经济学杂志《美国经济学评论》上。

我们来看一看奥斯特罗姆是怎么分析这个社会困境的。她认为,传统的解决社会困境的思路对人性的假设是在短期内追求利益的最大化,这是传统的思维观念对人性的假设。在这种观念之下,必然会导致个体之间不合作,这种不合作导致"公地的悲剧",这就是传统的社会科学在20世纪70年代的看法。在这种思路的指导之下如何来解决社会的困境呢?唯一的办法就是设计一个外部的权威,通过外部的权威设计一个制度避免个体之间不合作,这是当时流行的一个观念,通过外部施加的规则来解决这个问题。转换为我们中国人的话就叫"外来的和尚好念经",只有让外来的和尚念这个经才能解决个体之间的不合作。但是奥斯特罗姆挑战了这一观念,她在名著《公共事物的治理之道》一书里,第一章就讨论了"囚徒困境",她讨论的比我们复杂得多,全是数学公式,我们今天看的这个是最简单的情形。她说如果我们只是简单地分析"囚徒困境",这个确实是"占优均衡",个体当然会选择这个,但是假如我们稍微再往更深层次思考这个问题,这个情况可能会发生变化。

比如,2个小偷存在着某种串谋或者合作,你们知道大牢里面也不是一点缝隙都没有啊,很多小偷挖地道还有很多小偷递纸条,通过递纸条的方式,小偷A可以给小偷B传递一个信息,小偷B正在吃饭,突然在饭里挖出来一个纸条,揭开一看:君不负我,我必不负君。小偷B看到之后非常感动,哇哇大哭,打死我也不招啊!结果两个人都没招,通过这种形式就避免了"囚徒的困境"。也许还有其他的形式,比如在进大牢之前2人是拜过把子的兄弟,曾经对天发誓过:"不求同年同月同日生,但求同年同月同日死。"2个人受这种忠义观念的感召,打死我也不招!2个人都没招,又避免了"囚徒的困境"。还有其他的情形,2个小偷都是"二进宫",进来之前都坐了4年牢,4年之后2个人又去偷又被抓了。兄弟俩在外面一合计,"都是你,当时要是我们俩都抵赖,都只用坐1年牢,结果咱们俩都坦白了,都坐4年牢了全倒霉了"。2个人有教训了,这回"二进宫"了,2个人都吸取了教训,打死我也不招!2个人都没招,避免了4年前的悲剧。避免了"囚徒困境",实现了某种形式的合作,类似的例子我们可以举很多,这些在现实生活中都是有可能的,否则我们无法理解这个世界为什么会存在江姐啊!因为有一类人有信仰,不在乎自己的利益。小偷的层次可能差一点,只能靠歃血为盟发毒誓来维护团结,但是有一种人视个人的生命如粪土,为了追求公共的利益,比如像江姐这种人物。在现实生活中也不是所有的犯人都招了啊,有一些人就是不招,所以简单的理论无法解释复杂的现实世界。奥斯特罗姆显然注意到了这一点,所以在这本书的第一章里她就做了这样的分析:在二阶博弈的情况下,"囚徒困境"是可以得到解决的,她用二阶博弈解决了这个问题,从这里出发,她提出了"自主治理"的理论。她认为人类社会是可以通过自主治理去解决"公地的悲剧"的,这是《公共事物的治理之道》的核心思想,她也因此拿到了诺贝尔经济学奖,这本书应该是公共管理界必读的书。这本书在历史上来看对公共管理的思想有新贡献,在此之前解决社会困境的思路,要么是私有化,要么是国有化,但是她指出可以让人们自主治理去解决社会困境,应该说这是开创性的。

那么,传统的理论问题出在什么地方?如果我们去挖掘人性的假设,我们会发现在20世纪70年代以前,西方的社会科学在人性的假设上存在偏差,认为个体是理性的,是无助的,各自为政,这是传统对人性的假设。但是最近几十年西方社会科学的发展,包括心理学、行为科学,已经揭示更复杂的人性,至少包括这么几点:第一,人是有限理性的,就是人的理性是有限的,人很容易犯错误,人就是一个不断犯错误的动物,人们并不是利益最大化就做出最优选择了,人不得不通过大量的经验,大量的学习去避免犯错误,去提高他的理性水平,将来如果有了人工智能,人工智能估计比人犯的错误要少;第二,人的行为模式是探索式的、学习式的,不断更新自己的主观世界,试错地、探索地一点一点来改正,这是人类的一般的行为模式;第三,是人类有学习能力,通过学习改造自己的主观认知;第四,人是潜在利他的,人并不是完全自私的,在一定条件下人是利他的。

回头这个囚徒困境的例子中,这2个小偷并不一定都是算计着一定要自己少坐牢,有的小偷宁愿自己多坐牢也要让对方早点放出去,很多人是这样想的,不一定完全是自私自利的。很多行为学的实验证明人是潜在利他的,人性之中有利他性,这些是现代西方社会科学对于人性假设的修正,简单的"个人利益最大化"的假设已经被抛到一边,那是比较早的西方社会科学的人性假设。基于这样的人类行为研究进展,奥斯特罗姆发展了一套新的人类行为的机制,这个机制表明,人类能不能合作取决于非常复杂的行为模式,这个行为模式实际上是受制于他所处的环境的影响,和他所处的大的宏观背景,这种环境和宏观背景对人的行为模式会产生非常深远的影响。人能不能合作实际上是取决于外部的条件,在一定的外部条件下,人是倾向于合作的,在有利的环境下人们会发展所谓的"信任和互惠"。也就是说,人类合作的基础是两个:一个是信任;一个是互惠。信任和互惠是取决于一定的环境和条件的,当一定的环境具备时,人会选择相互的信任以及相互的合作,就会导致自主治理不断发展,这是对于最新的人类行为模式的分析。如果我们理解这一点,我们就会知道人类合作的困境,像"囚徒困境"和"公地的悲剧"不是无解的,而是存在着多解的可能性。

基于这样的线索,1990年之后,奥斯特罗姆又做了十几年,试图把她的理论更加一般化,用十几年的时间她完成了一项工作,就是发展了一套分析框架,去分析复杂的人与自然的交互性,她管它叫社会生态系统分析框架。这个框架比较复杂,它被分为8个部分,核心的是中间这4个部分,包括自然界的资源系统和资源单元、人类社会的治理体系和行为人,当然还包括背景变量和相关的生态系统,它们之间通过相互的作用,导致最后相应的绩效和产出,是这8个部分(见图6)。

她这个框架最重要的思想是不断的分层,图6显示的是第一层,还有第二层、第三层、第四层……越往下变量越多,她用很多的变量去归纳每一个部分最关键的因素,我们可以看一下,每一部分有10个左右的变量去描述这一层,每一个还可以再往下划分若干个变量。目前全世界很多的科学家还在不断往下发展这个变量,我看到最多的发展到第五层,有几百个将近上千个变量去描述人与自然的交互。很多人就批评这个太复杂了,奥斯特罗姆在5年前在美国的一次大会上演讲就说"很多人说我这个东西太复杂了,可是你们想一想字典里的词有多少?"至少有几万个吧,人类的语言需要这么多单词来支持人类说这么丰富的语言,最简单的英语也要3 000个单词。你们想一想人类社会是多么复杂啊,如果只用几百个关键变量就能将其描述了,这是多么伟大的工作啊!如果大家理解这个类比,你们就能知道奥斯特罗姆的工作时多么重要,为什么这么受欢迎,很多科学家都在发展这套理论。当然这不是我们今天要讨论的,只是提一下社会科学前沿在做什么。

我们现在在这个框架下再回头看一下"公地的悲剧",哈丁1968年的论文说"只要是一块公共地大家去放牛,必然会导致过牧,一定会导致'公地的悲剧'",可是现实的观察是有些地方就没有发生"公地的悲剧",哈丁什么地方错了呢?我们用奥斯特罗姆的框架去看一下哈丁的说法,他错在用一个极端简单的情形来讲"公地的悲剧"的故事。哈丁讲的故事是这样的,有一块草场上有很多牛,这些牛被打了不同的标记,配给各家各户,有一些牧民的动机是个人的短期收益最大化,他们的目标就是追求个人最高的生活水平,就是这么简单的四五个变量,在这四五个变量的约束之下,个人的行为选择就是短期内放很多牛,这样导致的产出就是公地在长期崩溃、退化,导致"公地的悲剧"。可是我们把这个故事放在奥斯特罗姆的框架内一看就会发现哈丁错在什么地方。(同学们讨论)变量太少,现实生活中这些变量不可能空缺,哈丁的错误在于给出了一种极端的假设,而且是离现实生活很远的一种假设,他把现实过于抽象过于简单化了,实际上这些变量中任何一个变量的出现都有可能改变这个结局。

假如这个村子里有一个能人——这叫领导力,带领大家共同致富,告诉大家"我们每家放牧都不能超过10头,否则就要大祸临头",把这些道理反复地给这些牧民讲,讲通了牧民接受了,每1家都放到了10头以下,这个牧场就可持续了。再假如,这个地方使用的历史已经很久,历史上发生过多次过牧,导致牧民没饭吃,一代一代流传下来大家就都知道牛不能多放,多放了子孙后代就没饭吃,形成了一种习俗,大家都知道牛不能多放,否则我们这个村子就会完蛋,这样也会避免"公地的悲剧"。再假如,当地存在一个牧民委员会,通过开会大家都知道我们必须限制每家每户放牛的数量,否则我们这个村子就不能持续发展,村子通过出台这样的规则,并且监督规则的执行也可以避免这样的悲剧。

也就是说,任何一个变量的出现都有可能改变"公地的悲剧"发生的条件,而这些因素很可能在现实当中存在,所以哈丁的错误在于他给出了一种过于简单的远离真实生活的假设。这是一个隐喻,我们想一想社会科学太简单了,在此之前你们学到的政治学、经济学都好简单啊,就是几个变量和他们之间相互的关系,就给出了所谓科学的理论。直到现在很多社会科学的问题在于过于简单地去分析几个变量之间的关系,而很少去想他们还受更多其他变量的影响。

人类社会过于复杂,实际上是由无数变量组成的有机整体。前几天斯蒂格利茨来我们学院演讲,你们有人去听了吧?他其实讲来讲去就讲了一句话,"现在西方的标准模型都有问题,所以你们中国人别用他们的,你们凭着自己的经验干就行了"。斯蒂格利茨很聪明,这是世界上最聪明的人之一了,他知道现在的社会科学,即使像西方这么发达了,也是问题很多,为什么呢？如果你们学过更多的理论你们就知道,即使是很先进的数学模型能处理的变量也是屈指可数,不超过10个,当然自然科学复杂一点儿的有几十个。只有几个变量之间发生的关系,它所能阐明的理论一定是高度简化和假设的,在奥斯特罗姆的框架里面一分析你就知道,实际要远比模型假设复杂得多,模型很难准确概括显示世界。所以,我认为斯蒂格利茨是非常正确的,西方社会科学在方法论上存在着天然的局限性,就在于无法用过于简单的变量之间的关系去描述,去分析人类社会中深层次的规律,这是现在西方社会科学所面临的很大的一个困境。

奥斯特罗姆在人生中最后的几年对自己一生的学术成果进行了集成,她的集成的工作就是从理论上回答,公共池塘资源如何实现自主治理。她的结论是,有10个关键影响的变量,这10个变量是影响自主治理的关键核心变量,这就是她发展了一辈子的理论集成,她只是告诉你这10个变量很重要,但是具体在什么情况下重要,我们还要具体问题具体分析。

奥斯特罗姆在2007年发表了一篇很重要的论文——《超越万能药》,总结了她的学术思想,我把她的学术思想称为"制度多样性",人类社会实际上存在着多样化的制度安排,各个地方都不一样,这些制度安排背后的选择逻辑就是能不能和当地的条件相匹配,这些条件分为4组：第一,自然条件；第二,经济社会条件；第三,制度条件；第四,相关的背景。由于现实世界这么复杂,在每一个地方这4个条件都不可能完全一样,正因为都不可能一样,所以每一个地方的制度选择都会有差异,或多或少,世界上没有两个地方完全一样的制度安排,就好像世界上不存在完全一样的两片树叶一样,一定会存在多多少少哪怕细微的差异。只不过我们现在分析制度太粗糙,简单地说政府管制、市场配置或者社区控制,都是用很简单的语言去描述,如果往下继续深入分析,就会发现其实区别是非常巨大的,即使表面看上去一样的制度,仔细往下挖也是非常不一样的。因此制度多样性是这个世界的本质、是社会的本质,正如生物多样性是这个世界的本质一样,因此人类社会存在制度多样性是非常自然的。

从这一点上,我认为奥斯特罗姆揭示了人类社会的一个本质的规律——制度多样性,因此她这篇文章讲了一个核心的命题,就是警惕"万能药"。这个世界不存在万能药,治理不存在万能药,治理不是要解决问题嘛,解决问题有人说"哈丁的悲剧就是政府一控制就好了";有人说"私有化就好了";还有人说"奥斯特罗姆你的药方是一自主治理就好了"。不是的!所有的情况下都有可能会成功,也可能会失败,没有一定的成或败,一定是取决于当地特定的条件,我们需要具体问题具体分析。

奥斯特罗姆在美国是一个很有影响力的学派,她这个学派被称为"多中心治理学派",什么是多中心治理呢?很简单,就是在所有的微观单元上都采用自主治理,这些自主治理的单元又通过合作实行共治,它是一种自治和共治相互匹配的自发秩序,它认为这不是能刻意设计的,而是自然演进的,是一种自发的秩序。这套秩序应该说是有高度适应性的一套秩序,也是符合人类复杂社会的一套秩序,这种秩序刻意理解为"自然秩序",是难以通过人为去设计的,因为人类社会太复杂了。你们想想世界上没有完全相同的两个人,虽然我们都有共同的人性,但是我们的性格都有差异,每个人的禀赋都不一样,每个人成长的环境都不一样,每个人的行为模式也都不一样,人类社会由于个体的复杂性和所处的环境的复杂性,必然导致人类社会状态的多样性,因此只有多中心的秩序才能符合人类社会一般的秩序。虽然人类社会不存在普世的规律,但是在"多中心"这一点上可以说是"普世"的,人类社会最一般的秩序就是多中心的秩序。

大家来到公管学院学了很多的治理,也许没听说过多中心的治理,但是听过其他治理,比如网络治理、协同治理,王有强教授最近出了《协同治理》这本书,其他还有合作治理、多元治理、全局治理、统合治理、智慧治理等各种形形色色的治理。我个人认为,这些治理都可以纳到多中心治理这个名下,都是多中心治理的一部分,它和多中心治理都没有冲突。如果我们理解多中心治理,其他这些治理就都理解了,本质上就是一个适合特定条件下的制度安排,及制度选择应对特定问题的一套秩序。

多中心相对应的是单中心,单中心就是科层制。你们最熟悉科层制,而且人类最喜欢科层制,因为它意味着权力,能满足人类的权力欲望和控制欲望。但是仔细想一想,大家在自然界能找到科层制吗,大自然有没有科层制的安排?我们人工造林能造出科层制的树林,横成排竖成行可以造得整整齐齐。但是大自然里找不到这种整齐划一的树林吧?所有自然生长的树林一定是参差不齐、相互交错,多种植物在一起,枝蔓相绕,非常复杂,看起来杂乱无章,恰恰是这种杂乱无章最符合自然的秩序,是最美的秩序。所以,你到大自然看一看,凡是美的一定是大自然造的,凡是不美的都是人造的,你去到旅游景点看一看,凡是煞风景的一定是人造的建筑,因为人类的理性无法与大自然的智慧相媲美。所以,单中心是不符合自然的秩序,是反自然的,所以这种秩序是不可持续的,一定是低效率的。

中国计划经济时代为什么失败,根本上就是试图用人脑子当中的一套设想世界去代替现实世界,毛泽东试图用他主观的社会理想去改造社会,人为地建构一个社会的秩序,结果导致"大跃进"和"文化大革命"的悲剧。单中心治理是一种不适应人类复杂情况的秩序,我们应当拒绝它,真正符合人性、符合人类社会的就是这样一种看似杂乱无章的多中心秩序,包括网络、复合、多元等,自然的东西就应该是这样的。这就是简单的说明为什么我们需要有多中心秩序。

虽然西方的社会科学发展到今天已经很发达,但是现在还是不能针对特定的问题很好地解决,就是提供治理的具体方法问题。比如你跑过来问我,"王老师,我这出了一个问题,你说该怎么办?"我只能说:"这个事原则上应该是这样办吧!你们可以回去研究研究试着办一办。"我不可能告诉你们说这个事经过研究就应该这么办,王老师一定没这本事,不仅我没这本事,我的老师奥斯特罗姆也没这本事,她研究一辈子也只能告诉人们几大原则、几大变量。在现在西方社会科学这么简陋的情况下,我不得不说它简陋,因为仔细想一想医学是现在西方最发达的科学,但是医学很简陋啊,前几天我去校医院看我这个花粉过敏,校医院的医生非常和蔼,给我讲了 5 分钟,说我这个花粉过敏的机理是什么,然后它这个发病的原因是什么,给我讲了很长时间,最后跟我说了一句话说:"现在的医学还没有办法把这个事情给解释清楚。"所以抗过敏的药只是抑制了你的免疫系统,让你的免疫系统不再对花粉起反应,只是抑制,它没有办法去治疗这个病,看似这么简单的问题西方的医学解决不了,不仅解决不了这个简单的问题,它连感冒都治不了。感冒不是治好的,任何感冒不治一个星期都好,吃的感冒药只是抑制感冒的症状,并没有治疗你的感冒。

所以我们不要迷信西方的科学,西方的医学都这么简陋,何况西方的社会科学,所以如果我们用西方的社会科学看"公地的悲剧"的话,他们现在能给我们的药方很有限,就是说有 3 种策略去避免"公地的悲剧":第一种是通过政府进行公共的管制;第二种是通过市场的方式去激励个体,有效保护资源;第三种是通过社会的机制,进行自主的治理。这 3 种途径取决于现实生活中,看什么样的产权条件会比较适用,比如公共的产权适合政府;共有的产权适合社会机制;私有的产权适合市场机制。当然每一种机制都有它的局限性,政府会失灵,比如政府会有寻租的问题,会有所谓制度僵化的问题,会有腐败的问题;市场也有缺陷,市场在不完全的信息、公共物品、垄断等这些条件下会失灵;社会机制也有它的局限性,并不是所有地方都能实现合作,有些地方没有合作的资源,老百姓没有能力自主治理。每一种机制都有它特定的使用条件,也有它自身的局限性,因此现实生活中只能具体问题具体分析,而且在更多的情况下实际上是要采取混合的机制解决问题,但是这种混合是怎么混合,只能是具体问题具体分析。关于西方的社会科学发展,我也只能说到这了。

东方智慧

我们接下来谈谈东方智慧。中国的问题是科学从来没有得到充分的发展,我们今天说科学大行其道,其实科学是一个舶来品,最近几百年从西方传播到中国后,我们才有了自己的科学研究。它本质上是西方的东西。我们东方虽然没有自己的科学,但是我们有自己的智慧。比如说中国古代几千年,我们有很多传统的智慧。我们听得最多的是南橘北枳的成语。橘生淮南则为橘,橘生淮北则为枳。为什么同样的种子,在淮南北生长的结果不同呢?根本上是由于环境不同。土壤、水分、气象条件都不一样。就像奥斯特罗姆的框架里所讲的,背景变量不一样,同样的种子在不同的环境下,其结果就不一样。她做了几十年研究,搞出了这么一套复杂体系,我们的老祖宗 2000 年前就已经说明白,而且还说得相当简单。中国古代有大量这样的智慧。我们常讲要因地制宜,因时而异。为什么要因地制宜?你可以看下奥斯特罗姆的框架,因为有那么多的变量,每个地方都不一样,适合每个地方的制度安排都是不同的。为什么要因时而异?因为随着时间的变化,所有变量都在发生变化。过去适用的,将来不一定适用。所以随着时间的变化一定要不断调整。

中国还有句成语叫作刻舟求剑。刻舟不能求剑,你要动态地适应变化。当年我们的老祖宗尽管不懂社会系统分析框架,尽管没有制度多样性理论,但是我们很早就有这样的智慧。这样的智慧还很多。我们中国人爱说"不听老人言,吃亏在眼前",老人言很多,覆盖社会生活的方方面面。如讲养生,早睡早起,怡神爽气。贪房贪睡,添病减岁。夜里磨牙,肚里虫爬。如果我们没有这样的智慧,我们肚子疼,半夜磨牙,我们还要去医院做检查,化验血、尿,医生拿到化验结果半天搞不明白。我们的老祖宗说得很明白,只要夜里磨牙,十有八九是肚子里面生虫了。我们有很多养生智慧,中医积累了很多这样的智慧。虽然不是科学,但是很管用的知识和理论。

又如"不当家,不知柴米贵;不生子,不知父母恩""事非经过不知难",只有经历过,才知道其中的真切滋味。如"吃一堑长一智",这个在西方的社会科学里叫重复博弈。博弈论里有一个经典模型,用数学模型推导"一报还一报"策略。我们老祖宗早就说了这样的道理,虽然没用数学公式。

又如人才是要历练的,"不磨不练,不成好汉。"人要经过漫长的历练才能成为人才。"鼓不敲不响,理不辩不明""兼听则明,偏信则暗",这是讲交流。奥斯特罗姆的理论里面讲过交流,治理囚徒困境和公地悲剧的一种重要途径,是通过人们之间的交流。我在美国的时候,她把我们几十个学生学者组织到一个大屋子里,1人分配1台计算机,去模拟,规划自己应该浇多少水。一种情形是大家谁也不理谁,各自选择浇水量,最后导致渠道水不够,分不过来。还有一种情景是让大家互相说话交流,大家一交流,总产出马上就上去了。她提出一种理论,通过交流的方式,可以减缓公地悲剧。但是这个道理,我们老祖宗早已说明白,大家就是有事要多商量嘛。2000多年前,管子提出人才的重要性。"十年树木,百年树人",我们能找到很多的先贤智慧,这些智慧可以很好地指导我们的行动。这些智慧非常符合西方最前沿的社会科学命题。大家的日常行为中,也经常受到这些老话的影响。这些东西耳濡目染,对大家的影响很深远。

中国伟人深谙中国传统智慧。毛泽东之所以厉害,不仅仅是懂西方马列,而是他深谙中国传统哲学。所以他喜欢讲:"具体问题具体分析,一把钥匙开一把锁,没有调查就没有发言权";他喜欢调查研究,多次讲"本本主义、教条主义害死人"。中国共产党的历史,在其成立的1921—1935年,非常不成熟,犯了很多错误,这些错误的根源在于一直让外来的和尚念经。也就是苏共领导的共产国际,一直在指挥中国的制度。包括领导人、指导思想、斗争原则都是共产国际的战略方针在执行。陈独秀、李立三、王明、博古、李德这些共产党的高层领导一个个都跌了很大跟头,根本原因就是执行共产国际的指示。苏联的革命经验怎么能适合中国?十月革命经验用工人攻打大城市,不适合中国国情。

中国工人很少,大部分是农民。李三路线或者左倾路线,都是机械的套用苏联革命的经验,去攻打大城市,结果损失惨重,被迫建立红色苏区。毛泽东很早就看到这一点,他很早就依靠农民,而不是机械地依靠工人就是先锋队。在中国只能依靠农民,依靠农村,才最终找到一条符合中国革命实践的道路。苏联不可能告诉中国怎么办,只能中国人自己探索出来。毛泽东在1935年重返共产党领导层,1937年他写《实践论》就反映了他的认识论。他的讲话和文章深受中国传统文化智慧的影响,大量引用老话,如"不入虎穴焉得虎子",用这个来讲实践的重要性。"实践、认识、再实践、再认识,这种形式,循环往复以至无穷,而实践和认识之每一循环的内容,都比较地进到了高一级的程度。这就是辩证唯物论的全部认识论,这就是辩证唯物论的知行统一观。"他是活学活用唯物辩证法。

1963年,毛泽东有一篇很重要的短文《人的正确思想是从哪里来》,人的正确思想是从天上掉下来的吗?不是;是自己头脑里固有的吗?不是。人的正确思想,只能从社会实践中来,只能从生产斗争、阶级斗争和科学实验这三项实践中来。他在此又重申了他1937年看法。但是在此之前,他跌了大跟头,就是照搬照抄了苏联经验,而且比苏联走得更左、更远,使中国跌了大跟头。所以一直到改革开放之后,小平同志又把这个搬出来,"实践是检验真理的唯一标准"。所以,主观与客观相辅相成,是唯物辩证法的核心。我的评论是,唯物辩证法很符合中国国情。中国人既唯物又辩证。中医讲辩证,中国人不信教,很唯物。

第二个例子是习近平。习近平的讲话风格非常独特,他非常善于运用中国的传统语言,他的讲话和文章里面有大量传统智慧。如2005年在浙江工作时,《之江新语》讲"严格律己,吾日三省吾身""响鼓不用重锤敲"。他重视调查研究:"纸上得来终觉浅,绝知此事要躬行","耳闻之不如目见之,目见之不如足践之",强调领导干部要善于调查研究。他讲要善于读书,"修其心、治其身,而后可以为政于天下""为政之道,务于多闻"。2014年,APEC会议谈睦邻友好说,"朋友越走越近,邻居越走越亲"。在中央政法工作会议讲话,"公生明,廉生威""法者,天下之准绳也"。他大量借用中国古代的话,去阐述治理之道。这些道主要来源于中国古代智慧。

习近平非常善于运用唯物辩证法,这一点上很像毛泽东。我们摘录他在不同时期对GDP的看法。要看GDP,但不能"唯GDP"(2004);不唯GDP,但也不能不要GDP(2005);不简单以GDP论英雄(2013);既要GDP,又要绿色GDP(2013)。我在给学生讲中国经济的时候,讲过为什么要看GDP,因为它是目前全世界最好的用来度量经济规模的指标,没有更好的,虽然它有缺陷。GDP增长与经济发展是高度相关的,在中国相关系数高达0.7以上。GDP还是要看,但是不能唯GDP,唯GDP的话就是政绩工程,片面追求GDP导致恶性竞争,样板工程、政绩工程,忽视民生,地方政府搞政绩竞赛。所以,习近平的文章里面有很多辩证法,与毛泽东的文章很像。唯物辩证法特别适合中国国情,特别容易和中国文化融合在一起。中国为什么会选择社会主义,就是因为中国文化与社会主义在本质上是契合的,包括政治文化、文化传统。所以中国很容易从苏联那里去学习马克思主义,用马克思主义来建设社会主义。这是有内在一致性的。我们领导人的高明之处,是在传统文化里面融合了唯物辩证法。

中国成功之道

下面我们来谈谈发展的秘诀。李世默是一个有名的青年人,他是位投资家,利用业余时间研究中国政治,这几年影响很大。听了他的演讲很重要的一点启示就是宏大叙事的时代已经过去,几十年前我们所受到的教育,当时流行的理论,实际上就是一个宏大叙事,线性思维,一个体制,可以适合所有的人类社会。今天想想这样的思维很可怕,但在几十年前恰恰就是这样。

1957年，十几个社会主义国家的领袖聚集在莫斯科发表了《莫斯科宣言》，就是要把苏联的经验推广到所有社会主义国家。所以苏联模式成为十几个社会主义国家的金科玉律。后来这些国家都纷纷崩溃，到现在屈指可数。其实就是要把苏联的模式复制和照搬到所有社会主义国家。这种思维本身就是很贫困、不可能成功的。

同样，李世默也在讲另外一种危险倾向。是不是美国的体制放到全世界，世界就好了？显然，一定不能成功。为什么呢？刚才我们的制度多样性理论已经很清楚地回答。不同的国家有不同的国情，一定有适合它自己的制度安排和发展模式。从理论上和实践上，无论是东方还是西方经验都告诉我们，世界上没有一个最好的治理模式，不存在最好的，只有一个是不是适合自己的发展道路和模式。这一点已经越来越清楚。各个国家和地区都必须根据自身的条件，来选择自己的治理方式，而且要不断动态调整，不断改革。改革是必须的，因为时间的变化会改变自身的环境，必须调整。如果说世界有什么规律的话，大概就是如此。

中国的发展道路其实很清晰，中国根据自己的国情来选择发展模式的时候，中国就是成功的。当中国试图照抄照搬别国经验的时候，中国就是失败的。无论是共产党的早期还是中后期，还是新中国成立以来的早期和改革开放以来，都是正反两个方面经验。1935年以前的失败，就是想照搬苏联经验。毛泽东找到了适合中国国情的革命道路。农村包围城市，革命成功了。新中国成立后，又照搬照抄了苏联的工业化、现代化经验，计划经济时代失败。改革开放以来，我们走上一条适合中国国情的发展道路，所以中国越来越成功。

邓小平经历了各个阶段，所以他很清楚。早在1982年，他就总结了中国经验，"无论是革命还是建设，都要注意学习和借鉴外国经验。但是，照抄照搬别国经验、别国模式，从来不能得到成功。这方面我们有过不少教训。把马克思主义的普遍真理同我国的具体实际结合起来，走自己的道路，建设有中国特色的社会主义，这就是我们总结长期历史经验得出的基本结论"。1978年，中国的改革开放选择了"务实的社会主义"，说白了就是邓小平理论，"摸着石头过河""不管白猫黑猫，抓到老鼠就是好猫"。中国的成功其实就是务实主义的成功。中国特色的理论不是西方意义上能够写出很漂亮文章的理论,但它确实是适合我们中国国情的一种理论。它更多的是一种哲学、一种智慧。遗憾的是,我们中国的社会科学很落后,使得我们没有很像样的理论,我们领导人总结的经验,我们把它称之为理论,实际更大程度上是一种智慧。

正是由于中国搞务实的社会主义,我们才有了今天的成功。邓小平的做法恰恰反映了西方社会科学对人性的看法。人性的行为模式本质上就是试错的、探索的,通过学习不断地修正、调整,这是人类的一般行为模式。邓小平理论恰恰符合西方前沿行为科学对人性的认识。因此,我们的中国之路没有特别像样的社会科学指导,但我们开创了中国特色的社会主义理论,最终形成一套体系,在不同时期,我们应对不同挑战,形成自己的理论。这也符合汤因比的"挑战-应战"模式。中国的成功本质上就是"挑战-应战"模式的成功。挑战的核心就是来了问题,就解决问题,再来新问题,再解决新问题。如果错误就修正,然后往前走。不断修正,找到适合自己发展的道路。这种模式符合人类一般规律。中国之路的秘诀就是顺应了人类一般的行为模式。解放思想、实事求是、与时俱进、不断创新,这是中国成功的精髓,是理论背后的哲学,是一种高明的智慧。这个智慧符合奥斯特罗姆的理论,各个地方要选择不同的制度,而且这些制度要不断随着变化的形势调整。

中国的治理应当说没有先例,没有任何模式可以照搬照抄。因为它太复杂而且太独特。张维为先生总结了中国独特的8个方面国情,在全世界独一无二。①十几亿人的超大型人口规模,再过十几年,只有印度才能超过中国。我们宏大的人口规模,相当于几十个人口中等国家。②超广阔的疆域国土,全世界只有加拿大、美国、俄罗斯可以与中国媲美。③超悠久的历史传统。中华民族有几千年的文明史。④超深厚文化积淀。西方不是没人讲老话,但同中国比起来,它只积累了几百年,我们积累了几千年。先人积累了巨大的文化保障,积淀深厚。⑤独特的语言。汉语是非常独特的。汉语背后蕴含的文化丰富。⑥独特的政治。中国是大一统单一制国家。⑦独特的社会。中国社会的特点与西方不同。⑧独特的经济。中国经济的逻辑与西方是完全不一样的。所有的特点加起来,张维为把它总结为"百国之合"。我们原来讲百国之合,更多的是在人口意义上讲,但实际上,无论是从政治、经济、社会、文化,还是从历史、传统上讲,中国都是百国之合,甚至每一个地方都不一样。中国具有极大的多样性、复杂性。对于这样一个超大型国家的治理,不可能有人教我们怎么办,一定只有我们在实践中去探索。

习近平如何看待这个问题?2014年他有几次谈到这个问题。他说"世界上没有放之四海而皆准的发展模式",每个国家都不同,他引用一句老话"鞋子合不合适,自己穿了才合适",很形象,一般情况下形容婚姻的。"一个国家发展道路合不合适,只有这个国家的人民才最有发言权。我们不能要求有着不同文化传统、历史遭遇、现实国情的国家都采用同一种发展模式""中国也不输出自己的模式。我们做对外投资,做亚投行,不是把我们的标准,包括人权标准、政治标准,强加给其他国家,我们尊重其他国家的自主选择""世界上不存在完全相同的政治制度,也不存在适用于一切国家的政治制度模式。各国国情不同,每个国家的政治制度都是独特的,都是由这个国家的人民决定的,都是在这个国家历史传承、文化传统、经济社会发展的基础上长期发展、渐进改进、内生性演化的结果"。他的话非常符合现代制度经济学的精髓。比如渐进改进、内生性演化,制度选择在经济学上称为内生选择,不是人为施加的,人为施加往往形成纸面的制度。真正的制度和规则是内生演化的,它一定是基于相应的传统,包括地理、社会、文化、制度环境形成契合实际情况的一种制度和规则。不用说一个国家的政治制度,甚至一个小地方的制度安排都不一样。所以,一个国家怎么可能照搬照抄其他国家的模式呢?世界上没有放之四海皆准的模式,每个国家都应该有适合自己的发展模式。各个国家应当自信地选择自己的发展道路。

中国经过100多年的探索走上社会主义道路,又经过60多年建设,我们逐渐找到自信,走出了一条有中国特色的现代化道路,我们称之为"中国道路"。这条道路不是一朝一夕形成的,而是经过漫长探索,100多年探索,60多年建设,30多年改革开放经验,不断探索调整,不断摸索,才变得越来越丰富,越来越符合国情和时代的要求。比如,十六大我们提出了政治、经济和文化三大建设;十七大增加了社会建设,十八大增加了生态文明建设,逐渐形成了五位一体的现代化建设总战略。这些东西在一点点完善,越来越符合国情,路子越走越自信。我认为中国人自卑了很长时间,特别是鸦片战争后的100年里,中国人的自信心已经跌落到谷底,所以20世纪80年代刚刚打开国门,看到外部世界,甚至一度觉得"外国的月亮比中国圆"。100多年来,中国人千方百计、非常辛苦地向西方学习,非常谦虚地向西方去取经。

以党的十八大为标识,中国才逐渐找到了自信。十八大报告提出了三个自信——理论自信、制度自信、道路自信。我认为它是一个标志,标志着中国终于找回了自信。当然这种自信不是盲目自信,因为中国过去几十年的发展的成就不断地出人意料,而且打破了历史纪录。我们现在可以越来越自信地探索适合中国国情的发展道路。

未来取向

最后,我来总结讲座。今天的主题是讲"道",复杂世界的治理之道。这个道是什么呢?首先,我们接触了西方现代科学治理的前沿,重点介绍了奥斯特罗姆的制度多样性理论和社会生态系统分析框架,感受了以这些理论为代表的社会科学前沿理论的复杂性。同时,也回顾了中国的传统智慧,从古代到现代的各种具体表现。我们发现,中国传统智慧和西方前沿治理理论的精髓高度契合,比如因地制宜、与时俱进、具体问题具体分析。

目前社会科学是欧美主导的,现代社会科学理论的背景是欧美社会。这就是为什么欧美的社会科学家,一指导其他国家的经济社会发展,往往是失败的结局。比如非洲,美国那么多经济学家在非洲搞扶贫,半个世纪过去了,欧洲经济不但没有发展,反而贫困问题更加突出。美国人推行民主,向全世界推行普世价值,茉莉花革命遍地开花,但是后民主国家大部分陷入混乱。再比如苏联解体后,当时世界银行的经济学家开出了药方,认为计划经济要转型到市场经济,要按照标准的市场经济理论,首先搞产权私有化,因为市场经济是建立在私有产权基础上的。俄罗斯采用了西方经济学家的方案,把所有国有资产打包,股份一人一份,搞了100天私有化。按照标准的经济学理论,私有产权界定清楚了,这个国家的市场经济应该可以形成了吧。但是结果事与愿违,不但没有建成一个发达的自由市场经济,反而很快陷入了寡头市场垄断。因为穷人为了生存，不得不出卖股份。有实力的人不断收购股份，所以形成了市场寡头。俄罗斯也因为没有建立一个良性的市场经济，而是陷入了长期的经济衰退。

相比之下，中国幸亏没有听世界银行的。1988年，弗里德曼来中国提出休克疗法的建议，认为解决价格双轨制的问题，长痛不如短痛，价格完全放开，把定价权交给市场。中国实际的做法，是在国家的调控下，逐步放开价格，渐进向自由市场过渡。产权问题也是如此，没有搞快速产权私有化，而是强调内部竞争，渐进推进市场经济改革。走了一条与苏联完全不同的道路，但是结果反而比苏联要好。中国的成功本质上讲是经验主义的成功，来自于传统智慧和唯物辩证法。中国的领导干部是非常有智慧的，并不是学了西方政治经济学，才能去发展地方经济，很多地方搞得相当不错，主要的依据是经验和智慧。

大家来到清华大学，接触了许多高深的理论，学得有点晕头转向，也许会觉得自卑。今天讲的就是要大家重新树立自信。有些理论不懂没有关系，有些理论隔靴搔痒未必管用。当然我们不能反科学，科学肯定要发展，只是目前科学太落后。未来，也许科学可以发展到把问题放到计算机里求解，但那还需要很久的时间。中国成功的秘诀本质上是经验主义的成功，中国智慧的成功，而不是主要依靠西方的成功。中国未来的方向是继续发扬中国优秀的传统，同时改进我们自身的不足，积极吸收西方的科学。在社会粗放管理的阶段，靠智慧靠经验可以，但是精细化管理，复杂事物，靠经验靠智慧就不够。例如搞市场经济、证券市场还是要向西方学习管理科学和资本运作，市场必须用科学的方法规制。中国已经到中等收入阶段，管理科学的重要性越来越体现。未来中国的发展取向就是经验主义加科学主义。如果能够把两者很好地结合起来，中国的发展道路必然越走越自信。

立足国情构建中国特色哲学社会科学[①]

5月17日,习近平总书记主持召开哲学社会科学工作座谈会并发表重要讲话。总书记讲话高屋建瓴、立意深远,深刻阐述了哲学社会科学的重要地位,科学回答了当代中国哲学社会科学发展面临的重大问题,对于我国哲学社会科学的发展起到了重大指导作用。作为一名清华大学公共管理学院的教师,同时也作为一名从事当代中国国情和公共政策研究的社会科学工作者,从总书记讲话中我获取了很多知识增量,也产生了很多思想认识上的共鸣,这里谈几点心得体会。

我国哲学社会科学发展水平与国家发展状况不适应

改革开放以来,我国哲学社会科学快速发展,取得了丰硕的理论与实践成果。但是在中国社会转型这一新形势下,我国哲学社会科学的发展水平

[①] 此文系2016年5月23日,作者在清华大学学习贯彻习近平总书记关于哲学社会科学重要讲话精神文科教师座谈会上的发言,会后又做了进一步修订,文稿后被教育部《高校智库专刊》采纳。

与国家总体发展状况具体表现为三大不适应。

第一，供给与需求不适应。当下我国面临大量的新事物、新矛盾、新问题，现有的哲学社会科学成果尚不能及时响应，亦未能充分回答。习近平总书记在哲学社会科学工作座谈会的讲话中五次提到"迫切需要哲学社会科学更好发挥作用"，说明哲学社会科学对经济社会发展的支撑作用还没有充分发挥出来。

第二，投入和产出不适应。一方面，我国是哲学社会科学大国，研究队伍、论文数量、政府投入等在世界上排在前列；另一方面，我国学科体系建设水平总体不高，学术原创能力不强，有数量缺质量、有专家缺大师。这说明，我国哲学社会科学经历了30多年粗放式的快速发展，已经到一个需要战略转型的关键点。

第三，国内与国际不适应。在中国经济快速崛起和贸易影响力迅速增强的同时，我国哲学社会科学在国际上的声音还比较小，还处于有理说不出、说了传不开的境地。目前我国哲学社会科学在学术命题、学术思想、学术观点、学术标准、学术话语上的能力和水平同我国综合国力和国际地位并不相称。

哲学社会科学发展的"语境"难题

当前中国正在加快推进社会主义现代化建设，即将全面建成小康社会，在相对很短的时间里将带领人类最大规模的人口进入富裕社会。这一伟大的历史进程离不开中国特色哲学社会科学的创新繁荣。如果对上述三个"不适应"不能高度重视，哲学社会科学就不能发挥提供支撑、避免和减少中国特色社会主义现代化建设中的弯路和失误的作用。

导致哲学社会科学发展与国家总体发展不适应的原因是多方面的，其中的一个重要原因，源自于社会科学的自身特性。社会科学的困难之处在于，其面对的是极为复杂的人类社会，而人类社会的每一个侧面包括经济、政治、社会和文化，也十分复杂并且密切关联；与此同时，建构人类社会的规则和制度又是相互嵌套和动态变迁的。这种复杂性使得社会科学研究的难度相对于自然科学和工程技术研究大为提高。尽管当代西方社会科学已经取得巨大进展,但是距离对人类复杂社会的科学诊断和有效治理的理想目标,仍处于不成熟的初级阶段。

我曾在美国跟随2009年诺贝尔经济学奖得主埃莉诺·奥斯特罗姆教授访学。奥斯特罗姆教授的学术思想,可以从一个侧面反映西方社会科学的发展前沿。2005年,奥斯特罗姆教授在普林斯顿大学出版了一部重要著作《理解制度多样性》,她指出:制度是多样的,如同生物多样性,特定制度的成败取决于这些制度与当地的条件是否匹配,需要增进对复杂和多样性制度的理解和保护。奥斯特罗姆与她的同事用了30年的时间,试图发展一套系统分析方法,解决在学术上识别制度多样性的问题。他们早期的努力是发展了一套"制度分析与发展框架",将人类行为的互动和选择归结为三组影响变量——自然地理、社会文化和规则制度——解析了人类集体行动和制度选择的复杂关联机制。2007年,奥斯特罗姆在《美国国家科学院院刊》(PNAS)上发表了《超越万能药》一文,正式提出了"社会生态系统分析框架",试图用8个组件的多层级的数百个变量刻画社会生态系统。在这个升级版的分析框架中,她强调了包括政治、经济、人口和技术条件等在内的"背景变量",会对人类社会的治理成败产生巨大影响。用一套通用语言体系打破专业化学科界限,实现对复杂人类社会体系的描述和诊断,将治理变成一门"科学",已经成为当代西方社会科学前沿的方向之一。尽管"社会生态系统分析框架"提出以来很多西方哲学社会科学家开展了大量研发工作,但是治理科学距离现实应用性还差得很远。

当今世界,社会科学在总体上仍然是或者至少是"经验性"的。很多西方社会科学理论目前只能勾画少量变量之间的因果关联性,隐藏其后的"语境"(前面提到的背景变量)往往是被忽视的。这就是为何基于西方社会背景(以欧美为主)发展出的社会科学理论,用于解释中国的社会现象,常常遭遇"肌无力",也就是"隔靴搔痒""水土不服"的尴尬。正是这种"语境"的难题带来了社会科学研究的困难。人类现有的分析工具尚不能发展出普适性的社会科学体系,导致现有的社会科学理论具有鲜明的"语境"特征,即有很强的地域性和时代性。目前,学术界对这些"语境"特征关注的缺失,是造成我国哲学社会科学发展水平与国家总体发展状况不适应的重要原因。在中国当下应对这一难题,就必须大力发展中国特色社会科学,这是我国相对薄弱和长期滞后的研究领域。

中国特色哲学社会科学的方法论

中国改革开放以来取得的经济发展成就,主要是在中国特色社会主义理论指导下取得的,而不是现代西方社会科学。中国在经济发展过程中固然吸收了大量西方先进的社会科学成果,但更重要的是立足于我们自身的"两大法宝"。

一是活学活用马克思主义唯物辩证法。在对以客观世界对立统一、量变质变、否定之否定等一般规律认识的基础上,紧密把握马克思主义活的灵魂,即解放思想、实事求是、与时俱进、不断创新。

二是汲取中国传统文化的丰富智慧。几千年前中国的古人就认识到"橘生淮南则为橘,橘生淮北则为枳",知道因地制宜的重要性;中国古代有"刻舟求剑"的成语讽刺静态的僵化地看待事物的错误观点;中国人讲"吃一堑长一智",说的是在实践中学习提高的道理。中国文化里的很多传统智慧,与当代西方社会科学的前沿理论高度吻合。

中国领导人正是熟练运用马克思主义和中国传统智慧这"两大法宝",取得了中国革命的伟大胜利和改革开放的巨大成就。习近平总书记的系列讲话中不仅充分运用唯物辩证法,还注重弘扬中国传统智慧,为哲学社会科学工作者做出了表率。例如,他指出,"世界上不存在完全相同的政治制度,也不存在适用于一切国家的政治制度模式。各国国情不同,每个国家的政治制度都是独特的,都是由这个国家的人民决定的,都是在这个国家历史传承、文化传统、经济社会发展的基础上长期发展、渐进改进、内生性演化的结果"。这一论断与奥斯特罗姆教授的"制度多样性理论"不谋而合。

总书记在讲话中提出了加快构建中国特色哲学社会科学的方法论,这就是"古今中外融通法""立足中国、借鉴国外,挖掘历史、把握当代,关怀人类、面向未来"。这一方法论的核心是"立足国情、兼收并蓄"。这个方法论对我的研究工作非常有启发性,也是我目前所从事的公共管理研究的思想精髓。

我学术研究中的一项工作是对中国水权水市场领域的研究。2015年我作为首席专家,申报立项了国家社科基金重大项目"中国特色水权市场制度体系研究"。这项课题研究的一个背景,就是在过去的十几年中,国内学者和有关部门过于强调美国、澳大利亚等个别国家水权水市场的"先进经验",强调理想意义上的西方自由市场模式,对国情条件的制约和中国特色的因素认识不足,对世界范围内水权市场发展的教训和伴随的问题认识不足。水权水市场改革尽管已经推动十几年,但实践中水权水市场建设进展非常缓慢。我负责的这项课题就是要在吸收借鉴西方社会科学前沿成果和方法的基础上,基于中国独特的政治、经济、社会和文化情景,发展中国"语境"下的水权市场理论,为中国特色的水权水市场实践提供科学支撑。这项研究的设计思路,其实就是在践行"古今中外融通法"。

构建中国特色哲学社会科学的思路

那么,如何解决当前哲学社会科学发展与国家总体发展不适应的状况?如何加快构建中国特色哲学社会科学?结合习近平总书记在哲学社会科学工作座谈会发表的重要讲话,我提出以下三个"坚持"的发展思路。

第一,坚持马克思主义为指导,发展中国特色社会主义政治经济学。学习和运用马克思主义,是为了更好指导我国发展实践,既要坚持其基本原理和立场方法,更要同我国经济社会发展实际相结合,不断形成新的理论成果。改革开放以来,几代领导人将马克思主义基本原理同中国发展实践相结合,逐步形成了中国特色社会主义理论。在此基础上,我国哲学社会科学界需要进一步加强理论提炼和学理总结,把中国特色社会主义建设实践经验上升为系统化的政治经济学,打造具有中国特色、中国风格、中国气派的政治经济学话语体系,形成中国特色社会主义政治经济学。

第二,坚持"古今中外融通法"的方法论,积极吸收人类文明的各种优秀成果。繁荣我国哲学社会科学的基本途径,是兼收并蓄古今中外的优秀文化。当务之急是解决西方哲学社会科学与马克思主义政治经济学、中国传统文化的"割裂"问题,打通和融合三者之间的概念、话语和理论体系,作为构建中国特色社会主义政治经济学的方法论。具体途径是积极利用现代社会科学方法,深入研究中国问题、中国现象、中国故事,提出具有本土性、主体性、原创性的理论观点,发展具有继承性、民族性、时代性的知识框架。同时,要继续推动高水平的国际合作交流,善于利用西方哲学社会科学界熟悉的话语分析中国问题,讲好中国故事,宣扬中国文化。

第三,坚持立足国情的学科建设方向,大力倡导中国语境下的学术创新。只有以中国实际为出发点,提出具有主体性、原创性的理论观点,构建具有自身特质的学科体系、学术体系、话语体系,我国哲学社会科学才能形成自己的特色和优势,才能与当代中国的伟大社会变革相辅相成,并进而成为坚定文化自信的思想之基和力量之源。在经济学、政治学、社会学、心理学等基础学科建设中,积极鼓励中国情景下的理论创新及与西方理论的比较研究,增进对中国经济社会问题深层机制和内在规律的理解;在管理学、法学、教育学等应用学科建设中,积极提倡西方理论与本土经验的结合及跨学科、多学科的知识融合,增强对转型期中国复杂现实问题治理的理论支撑。

社会大变革的时代一定是哲学社会科学大发展的时代。中国的改革发展为我们提供了最宽广的学术舞台,也使我们面临巨大的学术挑战。解决好我国哲学社会科学发展水平与国家总体发展状况不适应的问题,加快构建中国特色哲学社会科学,正是广大哲学社会科学工作者肩负的学术重担与历史使命!

研 习 篇

作为政策分析工具的制度分析与发展(IAD)框架的再评估[①]

摘要：制度分析与发展(IAD)框架是埃莉诺·奥斯特罗姆的重要学术贡献,是公共管理和政策研究领域的重要理论框架。在过去30年间,IAD框架被广泛应用于各种理论和实证研究,其中在公共资源的研究中应用十分广泛。作为一种典型的公共池塘资源,灌溉系统研究是IAD框架应用文献最为丰富的领域之一。本文以灌溉系统的研究文献为例,评估IAD框架作为政策分析工具的主要优势和不足。总体而言,IAD框架在经验应用方面的优势包括提供制度分析的通用语言、跨学科的方法,便于处理复杂性,有助于研究设计和组织,并且提供制度研究的有益概念。当然,IAD框架在实际应用中也暴露出一些缺点或问题,比如系统应用的成本较高,比较复杂而不易掌握,提供宏观指导但是难以深入,多层次的分析比较困难(缺乏可

[①] 此文2010年5月完稿于美国印第安纳大学政治理论与政策分析研究所,作者受益于与Bryan Bruns, Christopher Bartlett和Luz Hernandez的多次讨论,并感谢他们所提供的宝贵的评论意见。作者尤其感谢印第安纳大学的政治理论和政策分析研讨会以及Elinor Ostrom教授。此为该篇英文工作论文的中译稿。

操作性)。有鉴于此,提出旨在扩展 IAD 框架应用的建议,并展望其在中国的应用前景。

关键词:制度分析与发展　公共池塘资源　灌溉系统　政策分析

一、制度分析与发展框架

制度分析与发展框架是以奥斯特罗姆夫妇为首的印第安纳大学政治理论与政策分析研究所(Workshop in Political Theory and Policy Analysis at Indiana University)的学者群体在过去几十年间发展起来的,其目的在于通过一个普遍性的框架,将政治学家、经济学家、人类学家、社会心理学家和其他对制度如何影响个人面临的诸多激励及其相应的行为感兴趣的学者所做的工作结合为一体(Ostrom,2007a)。IAD 框架起源于文森特·奥斯特罗姆对城市服务供给的分析,其最早提出是在 1982 年(Kiser 和 Ostrom,1982),并由奥斯特罗姆夫妇的学生布罗姆奎斯特(William Blomquist)的博士论文用这一框架研究南加州的地下水盆地的治理。在过去的近 30 年间,这一框架被广泛应用于各种实际情境的分析(Oakerson,1992;Blomquist,1992;Agrawal,1999;Schlager 等,1994,2004;Gibson 等,2000;Futemma 和 Brondizio,2003)。IAD 框架早期版本提出后,通过大量实际应用检验,框架趋向于不断完善。目前 IAD 框架已经成为理解社会行为的精致框架及公共资源管理的精致理论(毛寿龙,2004)。

奥斯特罗姆曾经在框架、理论和模型之间做出区分。她认为,框架是一个能够帮助人们在制度分析中去辨识其中的因素和相互之间关系的元理论结构。理论能够使分析者根据不同类型问题去研究框架中的具体影响因素,并且提出影响因素之间关系的研究假设。模型是被用来处理有关一组有限的参数和变量的非常精确的假说(Ostrom,2005)。作为一般的分析框架,IAD 框架旨在帮助组织不同政策领域内的理论性和实证性研究提出制度分析和观察结果的通用语言(Kiser 和 Ostrom,1982;Ostrom,1986b;Ostrom Gardner 和 Walker,1994b)。尽管有很多人努力尝试发展一个政策议程的分析框架,但是他们都无法把握结果和影响在不同的政策领域和领域设置中的多样性。

　　IAD 框架的重要贡献在于确认出了存在于各种制度安排中的主要类型的结构变量,其最重要内容包括两个方面:一个是区分宪制、集体选择和操作抉择这 3 个决策层次以及它们之间的关系;二是阐明在 3 个决策层次的任一层次上用于分析结果及其影响因素(Ostrom,2007a)。就第二个方面而言,IAD 框架包括行动舞台、相互作用形成的模式和结果,以及对结果的评估,如图 2 右边部分所示。所谓行动舞台,是指个体行动者相互作用、交换商品和服务、解决问题、相互支配或斗争的社会空间,它包括一个行动情境和该情境下的行动者。IAD 框架的核心组成部分便是行动情境,即参与者所采取的某些行动或策略。IAD 框架的每一部分均由众多变量刻画,行动情境的特征通过 7 组变量来刻画:①参与者;②职位;③产出;④行动—产出关联;⑤参与者实施的控制;⑥信息;⑦给定产出的收益和成本。

　　除了既定的行动舞台,IAD 框架还关注那些影响和决定行动舞台特别是行动情境的潜在变量。制度分析者认为,任何具体的行动情境的结构由 3 组外生变量所决定:①自然物质条件;②共同体属性;③应用规则,如图 2 左边部分所示。其中应用规则尤为重要,具体包括 7 种规则,即边界规则、位置规则、选择规则、范围规则、聚合规则、信息规则和偿付规则,这 7 种规则的累积效果是影响行动情境的 7 个要素。在此基础上,个体行动者根据由这 3 组变量所形成的行动情境创造出的激励条件而采取行动。参与者之间在一个行动情境下的相互联系会产生不同的结果。改进后的 IAD 框架在奥斯特罗姆、加德纳和沃克(Ostrom Gardner and Walker,1994b),以及奥斯特罗姆(Ostrom,2005,2007)等的文章中都有论述。

　　IAD 框架提供了一个一般分析框架去辨识不同环境下的参与者所面临的行动情境的关键方面(Lam 等,1997)。该框架已经允许分析者从多个方面去研究结果与自然界的属性,参与者所嵌入的共同体的属性,创造激励与约束行为的规则,以及与其他个体的相互关系。这个框架提供了一个结构性的方法去调查不同背景下的集体行动和自主治理的机会与约束,打破了经济理论中狭隘的个人利益至上的行动者假设,强调了行动者基于非经济偿付、正式和非正式的情境不完整和不完全信息下做出决定的重要性。作为一个有效方法去研究政策制定过程,IAD 框架对于促进公共政策和管理研究中的理论研究发展做出了非常有价值的贡献(Sabatier,2007;Araral,2009a)。

本文主要基于 IAD 框架在灌溉应用方面丰富的实证和理论文献集中评估该框架当前的优势和挑战。灌溉系统是 IAD 框架基础研究应用之一,已经存在大量的有关水问题的应用研究文献,水依然是全球面临的最重要的资源管理挑战之一。本文通过选择梳理灌溉系统方面的文献来评价 IAD 框架解决理论和实践问题的能力。下面这部分将介绍 IAD 框架在灌溉研究中的应用,主要概括这些文献如何利用各种不同的方式来运用 IAD 框架。接下来将根据第二部分的研究来评价 IAD 框架的优势和不足。随后的部分将会对扩大 IAD 框架应用到其他实证调查领域提供一些建议。

二、IAD 框架的应用

在早期,IAD 框架主要用于对大城市的公共服务的实证研究。从 20 世纪 80 年代末至 90 年代初,制度分析与发展框架开始被用做发展公共池塘资源研究,随后的 30 年间,IAD 框架已经在大量的实证研究中得到运用,这些研究已经在奥斯特罗姆(Ostrom,2005)的著作中进行了总结。具体来说,IAD 框架的应用主要在以下三个方面。

一是城市公共服务的合作生产理论。奥斯特罗姆等通过对社会治安服务的研究,厘清了 IAD 框架中的参与者以及他们之间的相互作用模式和结果。此后,很多学者通过大量的实证研究,对大城市公民组织和更一般的地方政府组织模式都有深入了理解。

二是公共池塘资源的研究。20 世纪 80 年代早期,罗纳德·奥克逊(Oakerson,1992)对人们如何设计与公共池塘资源有关的制度安排进行一系列的案例研究。后来,印第安纳大学的学者发展出来公共池塘理论和在实验室条件下的占有理论模型。在此基础上,该学者群体利用 IAD 框架对公共池塘资源进行了实证研究,其中包括灌溉、森林资源、渔场、草原等。

三是与公共池塘资源研究和各种相关财产制度相关的主要数据库。第一个是"公共池塘资源数据库"(CPR Database),这是公开使用制度分析与发展框架创建的一个结构化的数据库,施拉格等(Schlager,1990,1994)和邓穗欣(Tang,1991,1992)研究了大约50个近海渔场和灌溉系统,并能各自独立地将与高绩效水平正相关的关键规则分离出来。第二个是世界很多国家灌溉系统的案例和数据库,其中包括亚洲很多国家,如尼泊尔、印度、日本、菲律宾,以及非洲国家的灌溉系统,都曾利用IAD框架进行过研究,有代表性的工作包括Ostrom(1992)、Tang(1992)、Lam(1998)、Araral(2005)、Regmi(2007)。大量基于IAD框架的灌溉系统的实证研究,促进了灌溉系统管理理论的发展(如Ostrom,1990,1993,2005)。第三个数据库是"国际森林资源和制度"研究计划的部分成果,通过在玻利维亚、厄瓜多尔、印度、马里、尼泊尔和乌干达等国建立合作研究中心,解决关于制度是如何影响森林使用者的动机方面的知识和信息鸿沟问题。

除此之外,IAD框架还在其他研究领域中得到广泛应用,其中包括那些社会选择情境的发展模型,还比如研究发展中国家的城市基础设施问题(Ostorm Schroeder和Wynne,1993b)等。总之,IAD框架已经影响广泛而多样的问题分析,主要研究制度是如何组织起来以创造和提供城市的治安、教育、道路、灌溉、渔场和森林资源以及更一般的公共资源。

IAD框架已经作为核心研究范式去实证研究公共池塘资源,例如地下水、灌溉、森林、渔业和生态系统管理。其中,灌溉管理方面的研究是广泛运用IAD框架的主要领域之一。灌溉系统代表典型的公共池塘资源,它具有共同消费、很高的排他性成本和竞用性收益。许多灌溉系统都面临着供给和占有问题:占有问题是由于水的数量难以满足每个人的需要而产生;供给问题则是当需要大量的投入去建设和维护蓄水、引水和管理设施时发生。这些问题还会在IAD框架下被研究,去分析灌溉者所面临的激励结构以及应用规则、物理世界和共同体属性如何影响特定情境中的激励结构。

IAD框架在灌溉系统方面的制度分析中的应用开始于20世纪80年代末奥斯特罗姆的倡导(Ostrom,1990,1992a)。邓穗欣(Tang,1989)在IAD框架的指导下进行了灌溉管理方面的首次论述,并发表了若干相关的文章和著作(Tang,1991,1992,1994)。

IAD框架在大范围的灌溉管理中的系统应用,最早开始于20世纪90年代的"尼泊尔灌溉制度和系统(NIIS)数据库"项目。这个项目旨在解决制度如何与不同的物理和社会经济变量相结合共同影响尼泊尔灌溉系统的绩效问题。NIIS 数据库中的数据收集来自尼泊尔灌溉系统中编码方法提供的 127 个案例研究和其他领域的工作。这项研究是在政治理论和政策分析研究所、农业生态研究所和尼泊尔动物科学研究所的众多同事共同努力下得以实施的。

NIIS 项目正是直接运用 IAD 框架而设计,并且产生了一系列成果(Shivakoti 和 Ostrom,1993;Ostrom 等,1994a;Lam 等,1997;Lam,1998;Joshi 等,1998)。总体而言,NIIS 项目发现,在尼泊尔农民管理的灌溉系统通常优于政府机构管理的灌溉系统。这项在 IAD 框架指引下比较分析提供的理论上的重要洞察是农民如何能够克服在灌溉系统中的建设、治理、维护和延续管理中的集体行动问题(Lam 等,1997)。实证研究发现,与那些依据每个行动者面临的不同激励而设定的外部政府代表相比,农民能够更好地评估以适当水平的贡献和努力去保护公共池塘资源。直接与农民生计相一致的激励联系在某种意义上完全不同于那些外部的灌溉官员,他们只担心职位的升迁、机构的预算和新灌溉系统的修筑而忽视现存系统的绩效(Araral,2005;Araral,2009a)。

NIIS 数据库随着后续在尼泊尔的研究逐渐被扩大,并且也正在被用于检验其他国家和地区的灌溉系统,其中包括中国台湾(Lam,1996,2001),菲律宾(Araral,2006,2009b)和意大利(Bravo 和 Marelli,2008)。最近,在 IAD 框架的帮助下比较研究开始出现。例如,林维峰(Lam,2006)实施了一项在尼泊尔和中国台湾两地的跨地区灌溉管理比较研究。雷格米(Regmi,2007)做了一个跨部门之间的比较,分析了尼泊尔的灌溉和森林。此外,值得注意的是,在灌溉管理与发展援助相结合的制度分析也使用了 IAD 框架(Gibson 等,2005a;Araral,2005,2009a)。

三、IAD 框架在文献中的应用方法

IAD 框架解决的中心问题是制度如何形成个人在特定政策情境中所面临的激励结构,这些激励又是如何产生结果的。激励又是被一个复杂混合

的因素所影响,其中既有物理世界的作用,也有行动情况的特别限制,还有共同的信仰和共同体的人员特征。

在上面提到的文献中,不同的研究运用 IAD 框架的方式不太一样。邓穗欣(Tang,1989)、林维峰(Lam,1994)和 Araral(2006)的博士论文就系统研究了多种因素如何影响参与者所面临的激励机制和结果。由于 IAD 框架提供了一个潜在研究系统整体的观念,一些研究就集中在特定的行动者,而其他的则针对系统总体。例如,林维峰(2006)就集中研究了灌溉官僚在行动方面的激励结构,但是在另外一些研究中,林维峰又用 IAD 框架去帮助组织研究设计(Lam,1996,2001)。

在这些研究中会有多样的研究方法会被采纳。一些基于比较数据库信息实施了定量分析,其中包括进行统计分析去检验特定的假设(Tang,1992;Lam,1998;Araral,2009b)。另外一些研究则基于田野调查进行了定性分析(Lam,1996,2001,2006)。还有些研究则主要依靠单独的案例研究方式(Regmi,2007;Bravo and Marelli,2008)。此外,还有在 IAD 框架指引下,利用实验室实验方法研究各种社会和资源分配的决策行为(Ostrom Gardner and Walker,1994b)。

规则对于激励机制和结果产出的影响研究是核心主题。从政策角度看,在上文中提到的 3 个属性最适宜更改的就是事实上的制度规则。通过改变制度,就有可能促使参与者所面临的激励结构和人们与其他人联系的方式发生改变(Tang,1991)。有 3 个层面的规则共同影响公共池塘资源系统,即操作选择规则、集体选择规则和宪制选择规则(Ostrom,1990),对于灌溉系统的制度分析可以在 3 个不同层面规则中的任何一个层面进行。

事实上,早期的文献强调操作选择层面的分析,研究制度安排和物质属性、共同体属性如何有效塑造灌溉者的激励结构(Ostrom,1992a;Tang,1992;Lam 等,1997)。在 20 世纪 90 年代实施的以农民为中心的研究部分源自于理解灌溉自主治理如何运作的目的。意识到了灌溉管理中官僚激励机制的重要性后,最近更多的研究开始转向集体选择层面的分析,研究灌溉官僚的激励机制如何形成(Araral,2005,2009a;Lam,2006)。同时,也有一些文献将操作层面和集体层面整合起来去研究灌溉官员和农民之间的相互作用(Lam,1996;Shivakoti 和 Ostrom,2002;Araral,2006)。

四、IAD 框架的优势和不足

通过回顾相关文献，IAD 框架在经验运用方面的优点可以被总结为以下方面。

（一）制度分析的通用语言

IAD 框架作为制度分析的通用语言，能够帮助在不同的政策领域进行理论和经验的研究。通过关注理论中的每个子框架，它提供了一个有利于相关组织进行诊断、分析和政策描述的架构。IAD 框架将不同类型变量进行综合汇编，被用于分析相关的问题（Gibson et al.，2005a）。

IAD 框架多年来被多种学科的学者使用，提高了知识积累的效率，特别是在包括灌溉系统在内的公共池塘资源方面。在统一的分析框架下，世界范围的灌溉系统具有可比性，能够检验不同的制度设定在不同的情景下如何影响集体行动（Ostrom，1990；Tang，1991，1992；Shivakoti 和 Ostrom，2002）。目前，影响公共池塘资源集体行动的变量，已经被识别出数十个，所累积产生的知识影响深远（Agrawal，2002；Araral，2009b）。正如一项基于意大利北部灌溉系统情况的案例研究所指出的，被广泛认可的影响变量的识别对研究大有裨益，它允许研究人员更容易对影响集体行动的更多其他因素进行详细的研究，比如社会资本在灌溉系统中的角色（Bravo 和 Marelli，2008）。

（二）包含多学科的范式

与上述通用语言的特征紧密相连的是，IAD 框架提供了一个能够包容多学科的分析范式。研究者可以使用该范式在不同的设定中有效地理解人类行为的相互作用及其影响。多层面和深度的分析需要多学科的范式，IAD 框架提供了整合多学科经验的优势。大量关于灌溉系统的比较研究都是基于来自不同学科的案例研究，比如人类学、社会学、农业经济学和政治科学。这些不同学科的研究来自世界各地，聚焦到灌溉系统面临的共同问题(Ostrom,1990;Tang,1991,1992;Shivakoti 和 Ostrom,2002)。

在 IAD 框架的引导下,不同学科的方法论都能够被用作实证的理论检验和模型构建。比如,博弈论的理论分析,委托代理模型的应用,实验室实验的方法。IAD 框架还支持收集、编码和分析来自田野调研的大样本数据。比如,"尼泊尔灌溉制度和系统(NIIS)数据库"项目就运用 IAD 框架编制出一套操作规则并依此建立数据库。

(三)便于处理复杂性

制度系统天然复杂,其特征包括多样性、不可分割性、多层次性和结构特征。政策分析者面临的挑战是如何发展系统的研究计划,用以将复杂变量置于统一的框架中研究其对产出的影响。IAD 框架提供了一个有力的工具,用以处理复杂性,并帮助从看似初始混乱无序的环境中定义秩序。IAD 框架强调许多因素在影响模型中相互作用的重要性,从而使许多政策建议的提出基于可靠的实证基础(Gibson 等,2005a)。

在 IAD 框架的引导下,作为复杂的社会生态系统的灌溉系统在许多实证研究中,被解构和精细地分析。比如,林维峰(Lam,1998)运用 IAD 框架来解释制度以及多种自然和社会经济属性,如何影响尼泊尔灌溉系统的绩效。Araral(2006)也对菲律宾的灌溉系统进行了多层次的分析。在另一篇论文中,Araral(2009a)展示这个框架如何将众多因素整合起来,帮助理解公共池塘资源集体行动的复杂性。

(四)使得研究设计更加便利

IAD 框架能够帮助进行研究设计并运用结构化的方式组织多种因素。有许多研究的开展是根据 IAD 框架设计的(Tang,1992;Lam,1998;Araral,2006)。这个框架同样也使得分析利益相关方的战略博弈和相互作用更为便利(Araral,2005,2009a)。一些论文甚至直接使用该框架来进行文章写作和案例研究的展示(Lam,1996;Joshi 等,1998)。

(五)使得制度分析具有明显的概念性

在 IAD 框架的子类别中,规则被分为 7 大类型,即边界规则、位置规则、选择规则、范围规则、聚合规则、信息规则和偿付规则(Ostrom Gardner 和 Walker,1994b;Ostrom,2005)。这样的分类为定义制度如何影响一个行动情境的结构提供了有效的工具(Ostrom Gardner 和 Walker,1994b)。灌溉系统中的规则根据这个分类的方案被定义和分析(Tang,1994;Araral, 2006;Ostrom,2008)。

尽管有上述的优点,但是 IAD 在实证研究的应用中也显示出它的不足,简要总结如下。

1. 系统运用的高昂成本

因为 IAD 框架包含较为广泛的内容,系统地应用需要密集的信息,深度的研究,经常需要大量的实际调研工作,因此需要投入大量的时间。比如,上文提到的 NIIS 项目投入大量的财务和人力资源用于建立数据库并进行实证分析。它显示出系统地运用这个框架,更适合出现在大型项目或者博士论文的研究中。实际上,至少有 4 篇论文运用 IAD 框架来研究灌溉系统,并且对数据库的发展有所贡献(Tang,1989;Lam,1994;Araral,2006; Regmi,2007)。相关的出版物包括绝大部分上文提到的高质量文献。

2. 难以获得学习该理论的机会

作为一个多学科的范式,IAD 框架尝试着提高在社会科学的跨学科间的交流。然而除了与印第安纳大学政治理论与政策分析研究所有联系的人员外,运用该框架的学者有限。上文提到的绝大多数文献的作者都是与该研究所直接相关的成员,比如教师、访问学者和研究生。难以接受 IAD 框架的理论训练可能是运用该框架的文献有限的重要原因。

3. 包括太多的选择

虽然 IAD 框架能够很好地处理复杂性,但是却没有提供一个固定的因果链条。在这个框架当中,所有框架内的因素都有可能发生相互作用。这可能导致那些不习惯于处理高度复杂系统,或者那些不能够完全理解这个框架目的的人,在处理各种影响因素和多层次变量之间的联系时变得迷惑。IAD 框架意图定义一组变量,从而让一个分析者在进行一项研究时方便考虑,然而这些变量的特定价值在不同的问题分析中似乎差距甚远(Lam 等, 1997)。从传统的学科训练来看,这是一个难以理解的综合视角。由于它太过灵活并且包含太多竞争性假设,导致运用 IAD 框架高度依赖于使用者个人的理解。当然,这样的批评恐怕也是不公平的,因为这个框架本意是被用来作为"组织调查"的有力工具,而非"提供解释或者预测行为和结果"(Schlager,2007)。

4. 提供宏观指导但缺乏深度

虽然 IAD 框架提供多层次的制度分析工具,但是大多数使用者仅仅应用第一层次的框架来处理不同影响因素之间的关系,比如物理条件、共同体属性、规则、行动情境、相互作用和产出。上文提到的绝大多数文献都在第一层面使用 IAD 框架,依靠框架来设计研究或者构建分析。这种情况使得 IAD 框架更像一个提供宏观指导从而让研究得以开展的工具,但却缺乏深度来指导进行更深的调研以及分析不同层次间的联系。

5. 使用子分类存在困难

IAD 框架在第一层次外确实提供了更深的指导。比如,规则和行动情境在第二层次已经被分为 7 个子类(Ostrom,2005)。然而,在子分类的变量定义的复杂性,可能妨碍使用者的具体应用。有一个值得注意的事实,实际研究中在第二个层次对规则和行动情境产生联系和分析的文献十分有限。然而,这些批评可能也不完全公平,因为奥斯特罗姆坚称,用于评估这个框架优点和缺点的标准应该是学术的有用性而不是实际的操作性(Ostrom,2007a)。如果使用学术的有用性作为标准,这个批评可以被忽略。

五、扩展 IAD 框架应用的建议

毫无疑问,IAD 框架是一个探究制度难题和实际问题有用的分析工具。扩展 IAD 框架的应用范围并支持在现有领域和很多新领域的实证研究有很大潜力。如果想要达到上述目标,本文提供以下建议。

(一)鼓励更多的应用

虽然 IAD 框架并不是社会科学家试图理解社会秩序难题的唯一框架,然而它应该得到社会科学家更多的关注和应用。尤其推荐相关研究人员在处理复杂社会情景时使用这个框架。

（二）制度相关的指导或者培训课程

由于难以获得相关的范式训练是 IAD 框架扩大应用的主要障碍，因而可以考虑开发 IAD 框架的应用指导手册。制作指导手册的目的，是为了使研究者能够更好地理解和利用这个框架。IAD 框架的指导手册最好能够与具体应用结合起来，一个成功的案例是国际森林资源和制度（IFRI）研究计划的田野调研手册。另一个推广 IAD 框架的有效方式是为制度研究者和政策分析者提供相关的训练课程。

（三）根据需要灵活应用

IAD 框架不是一个僵化的和静态的框架。它允许根据特定的分析目的，灵活调整框架的应用。它可以在多种方面提供借鉴：为概念设计提供灵感，部分地应用，系统的分析等。更有甚者，正如先前的一些研究所做的，框架内的因素和它们之间的关系可以根据研究需求进行灵活调整（Tang，1991；Araral，2006）。

（四）简化子类别变量

为 IAD 框架提供子类别变量非常有益，特别是对于深度应用这个框架。然而，对于研究人员来说理解或者使用现在的子类别变量存在很大困难，比如对 7 种规则的分类和 7 种行动情景的区分。从理论发展的角度讲，这些分类的使用情况并不重要。但是，为了让该范式能够在更广泛的实证研究范围内推广，这些子类别变量可能需要简化。

在实证研究的文献中使用上述 IAD 框架的优势、不足以及改进建议总结如表 2 所示。需要注意的是，表格中每一行关于优势、不足以及改进建议，都只是一个粗略的并不是严格的逻辑对应。

表 2 制度分析与发展框架应用评估结果

优 势	不 足	改进建议
制度分析的通用语言	系统运用高昂的成本	鼓励更多和更灵活的应用
包含多学科的范式	难以获得学习该理论的机会	制度相关的指导或者培训课程

续表

优　　势	不　　足	改进建议
便于处理复杂性	包括太多的选择	鼓励更多处理复杂性的应用
使得研究设计和框架分析更加便利	提供宏观指导但却缺乏深度	根据需要灵活的应用
使得制度分析具有明显的概念性	使用子分类存在困难	简化子类别变量

六、结论

作为研究工具，IAD框架具有成为制度分析的通用语言和多学科范式的显著优势。因为能够为组织和设计研究提供一般性的框架，特别是在处理复杂的调查和制度分析时显示出优越性。然而，IAD框架同样暴露出较高的系统应用高成本和难以学习的问题。对于大多数使用者来说，特别是系统地应用框架中的子类别，比如7种规则和7种行动情景过于困难，从而导致该框架在绝大多数实证研究中的作用仅为提供宏观指导。

在认识到IAD框架是一个处理制度和政策难题的有效工具后，我们同样应该注意到该框架并不是社会科学家用以理解社会秩序问题的唯一框架。事实上，IAD框架仅仅是制度理性选择分析框架大家庭中的一员(Ostrom,2007a)，或者被认为是政策过程中的重要范式之一(Sabatier, 2007)。在所有研究政策过程的竞争性框架当中，施拉格认为，虽然制度分析与发展框架能够包容分析很多内容，但是"倡导联盟框架"(Advocacy Coalition Framework, ACF)对于政策制定问题更加具体，而霍弗博特政策评价模型(Hofferbert framework)更适用于政策选择问题(Schlager, 2007)。因此，我们应该根据特定的调查需求，认真选择最适合的框架，不能陷入只选择一种框架的误区。

总体来看，由于其处理复杂结构和问题的显著优势，IAD框架在制度分析和政策过程分析中应该得到更多的应用。鼓励更加灵活的应用，设计相关的指导手册或者培训课程以及简化子分类变量等措施,能够潜在地提高 IAD 框架的应用范围。由于制度对于人类福祉的影响十分显著,相信 IAD 框架未来能够扮演更加重要的角色。这不仅体现在发展更好的理论来理解人类行为上,同时也体现在理论的实际应用方面,因为更优的制度分析和设计必将有助于产生更好的政策。

中国节能降耗目标的实施:
基于 IAD 框架的分析[①]

摘要:中国在"十一五"规划中提出了能耗降低 20% 的雄心勃勃的目标,并作为约束性指标分解到各省份实施,这被认为是中国应对气候变化的重大战略。本文首先提出了一个省级节能降耗政策实施的 IAD 框架,在该框架指引下,利用统计数据对 2006—2008 年中国各省节能降耗目标实施情况进行实证分析。本文的实证分析分为静态分析和动态分析两个部分。在静态分析中,本文基于截面数据建立了多元线性回归模型,以探索影响各省能耗降低率的影响因素;在动态分析中,本文基于面板数据建立了个体时间固定效应面板数据模型,以解释各省能耗降低率的年际变化。论文的分析显示:中国初步建立的节能降耗政策体系具有有效性,各省政府对中央政府的政策指令做出了积极响应;各省的 GDP 总量、人均 GDP 水平、初始能源强度等特征,对于能耗目标的执行有显著影响;中央政府指令和号召、地方政府响应和竞争,是中国节能降耗政策实施的内在机制,地区之间为提高

[①] 此文 2009 年 10 月完稿于美国印第安纳大学政治理论与政策分析研究所,与梁佼晨合作完成,曾在印第安纳大学政治理论与政策分析研究所的学术沙龙上报告。

能耗、保护环境而竞争的新格局正在形成。基于本文分析,我们对中国完成"十一五"规划提出的能耗目标持较为乐观的态度。本文研究对中国节能降耗政策体系的改进有以下三点启发:继续推进地方官员政绩考核体系的转变;重点加强对经济欠发发达及高能耗省份的扶持;为各地区制定更为科学和公平的能耗降低指标。

关键词:节能降耗 IAD框架 "十一五"规划

一、引言

近两年来,全球正在经历着历史上罕见、冲击力极强的金融危机。但是,从长远来看,与金融危机相比,全球生态危机特别是气候变化是人类面临的更为严峻的挑战。[①] 全球气候变化将给人类发展带来巨大挑战,包括生态灾难、经济灾难、社会灾难和国家安全的挑战。2007年,斯特恩在所发表的文章中提到:"气候变化将会影响人们所赖以生存的基本要素,诸如水、食物、健康及环境。"(Stern,2007) 2012年将是《京都议定书》的最后时限。鉴于全球气候变化的严峻形势,达成新的全球减排协议刻不容缓。美国是发达大国中唯一没有加入京都议定书的国家,但奥巴马上台后,美国政府实施了能源新政,提出了积极减排的目标。美国立场转变将给新兴发展中国家带来巨大压力,其中中国作为最大温室气体排放国,面临的国际压力与日俱增。

中国作为世界人口最多的地域辽阔的国家,将是全球气候变暖的最大受害者之一。应对气候变化的挑战,以及国内严峻的能源问题,中国政府采取了积极行动。2006年3月,中国"十一五"规划纲要提出,"十一五"期间全国单位国内生产总值能耗降低20%、主要污染物排放总量减少10%,并规定这些目标作为约束性指标,纳入各地区、各部门经济社会发展综合评价

---

① 2008年诺贝尔经济学奖获得者克鲁格曼2009年5月12日在上海交大的演讲中认为:"长远来看,环境政策将主宰一切政策,环境问题比金融系统、国际贸易等都要关键。可能明年还看不到这种趋势,但是10年、15年以后,特别是伴随气候的变化,它将会成为一切社会活动和经济的中心。"载《新民周刊》,记者金姬整理,2009年5月25日。

和绩效考核。为了实现这个目标,2006年国务院发布文件,采用自上而下的层层分解指标的方式对各省区的节能减排指标做出规定,并推出了促进节能减排的一系列政策措施。各省指标分配具体数据详见附表1。

在全球气候变化挑战日益严峻的背景下,中国的节能减排政策具有全球性意义。气候变化智库E3G项目成员在近期的一篇独立报道中提到,"由于中国实行减排政策,中国'国内生产总值的二氧化碳密度'将在未来十年中减半"(Fiona,2009)。尽管中国目前尚未向国际社会做出温室气体减排的正式承诺,但是其在国内实施的节能减排政策事实上就是在温室气体减排的核心政策,也是中国应对气候变化、走向低碳经济的重大战略。2020年,由于预期的经济增长,中国的二氧化碳排放量可能会增加40%。但如果中国继续过去那种高碳经济增长模式,排放量增长速度就可能会增加1倍(Fiona,2009)。

中国从2006年开始的节能减排政策实践,受到全世界的广泛关注。2008年,国家发改委采取自我评估和外部评估相结合的方式,委托国务院发展研究中心、清华大学国情研究中心和世界银行三家机构,分别以各自的独立视角开展了第三方评估,其中包括对节能减排任务实施进展的专门评估。国务院发展研究中心的评估报告认为,"3年来,中国单位国内生产总值能耗开始由上升转为下降,主要污染物排放初步得到控制,但没有完成规划的预期目标,后两年完成规划目标压力较大"。清华大学国情研究中心的评估认为,"3年来,单位国内生产总值能耗与二氧化硫排放量2项指标原来恶化的趋势得到了遏制并扭转。主要污染物排放大幅度减少,但进展相对滞后;单位国内生产总值能源消耗降低进展仍然明显滞后于规划目标"(朱之鑫,2009)。气候变化智库E3G项目主管马修·芬德雷(Matthew Findlay)表示,"中国已经取得重大进步,但还必须实现其5年计划中的目标,并在今后的计划中收紧这些政策"(Fiona,2009)。

从节能降耗工作实施前3年的情况来看,全国3年能耗累计下降10.1%,相当于"十一五"规划目标20%的50.4%,进展仍然滞后于规划预期。[①] 分省份来看,各省的能耗降低任务完成情况差异甚大。除西藏之外的

---

① 清华大学国情研究中心:《"十一五"规划〈纲要〉实施情况中期评估报告》,2008年。

30个省份,有16个省份没有完成中央政府分配的能耗降低指标,即能耗降低指标完成率没有达到正常进度的60%。能耗降低任务完成最好的是北京,3年间完成了"十一五"总任务的87.63%;完成情况最差的省份是青海,只完成总任务的28.66%,如图8所示。

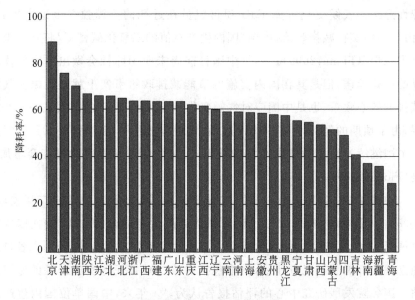

图8 各省累计完成"十一五"降耗任务情况(2006—2008)

如果从年度实施情况来看,全国能耗下降趋势逐年加快,2006年下降1.79%,2007年下降4.04%,2008年下降4.59%。① 分省份来看,在过去3年中,大部分省份的能耗降低加快趋势明显,如图9所示。很多在之前1年或2年能耗降低任务完成不好的省份,在第2年或第3年能耗下降明显加快,例如宁夏、青海、山西等。当然,也有个别的在前2年任务完成较好的省份,到了第3年能耗降低有所放慢,例如上海和四川。

上述情况表明,中国节能降耗任务的实施情况喜忧参半,促使我们有兴趣对中国刚刚建立的节能降耗政策体系做出客观的评价。近2年来已有学者开始从公共管理视角研究中国节能降耗政策体系,如张焕波、齐晔等

---

① 国务院办公厅:《关于印发2009年节能减排工作安排的通知》,国办发〔2009〕48号,2009年7月19日。

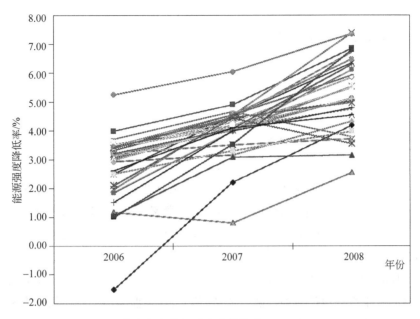

图 9　各省每年能源强度降低情况(2006—2008)

(2009)从行为及机制分析角度研究了中国地方政府在应对气候变化以及节能减排过程中的行为模式;王浩、于永达(2009)从中央和地方关系视角探讨地方发展低碳经济的利益驱动。但是对中国刚刚建立的节能降耗政策体系,至今还缺乏系统的评估,制约了人们对"中国式"节能降耗政策体系的深层次理解。本研究试图弥补这一缺憾,我们关注的主要问题是,中国业已建立的以降低能源强度(energy intensity)为中心的温室气体减排的政策体系是否是有效的?由于中国作为具有行政集权传统的大国,结合自身国情采取了自上而下、层层分解落实责任的独特模式,从中央政府到省政府的能耗指标分解是目前政策体系中的关键。我们进一步关心,在这样一套政策体系中,各省级政府是否积极响应了中央政府的政策指令?面对中央政府的指令,为何各省减排绩效差异甚大?哪些因素决定省级单元的减排绩效?现有政策体系能否保障国家减排目标的如期实现?现有政策体系未来应如何调整?对上述问题的研究,将有助于客观评价中国的节能降耗政策,揭示这套初步建立的政策体系的特征,从而启发节能降耗政策如何进一步实施和改进。

二、分析框架和研究方法

（一）制度分析与发展框架

IAD框架是奥斯特罗姆夫妇为首的印第安纳大学政治理论与政策分析研究所（Workshop in Political Theory and Policy Analysis at Indiana University）的学者群体在过去几十年间发展起来的，其目的在于通过一个普遍性的框架，将政治学家、经济学家、人类学家、社会心理学家和其他对制度如何影响个人面临的诸多激励及其相应的行为感兴趣的学者所做的工作结合为一体（Ostrom,2007a）。

IAD框架经过了逐步发展的过程，最早提出是在1982年，用于研究南加州的地下水盆地的治理。随后的20年间，这一框架被广泛应用于各种实际情景的分析。通过大量实际应用检验，框架趋向于不断完善。IAD框架可以识别出不同制度安排中关键的结构性变量。它包括有行动、互动和产出三个部分（见前图2），每一部分的特征或表现形式又受一系列外部变量的影响。对于IAD框架的介绍详见奥斯特罗姆2005年及2007年发表的文章。

本文引入制度分析与发展框架，对中国的节能降耗政策实施体系进行实证分析。IAD框架是理解社会行为的精致框架，是制度和公共政策分析的有力工具。对于本研究对象，IAD框架的突出优点是，能够将复杂的制度体系分解为可独立分析的部分，进而将这些部分再累加性地结合起来分析；能够阐明在任一决策层次上用于分析结果及其影响因素（Ostrom,2007a）。本研究关于的节能降耗政策体系是一个十分复杂的主题。运用IAD框架，可以为这一复杂的政策体系提供整体性的诊断。同时，本文关注的各省节能降耗任务实施的表现，是受众多因素影响的，而且这些因素又可能相互影响。通过引入IAD框架，可以将各省能耗降低结果的潜在影响因素，在该框架中给予富有逻辑的组织；在该框架的指导下，通过定量模型分析识别出有效的影响变量。

（二）中国省级节能降耗政策实施的 IAD 框架

根据 IAD 框架,本文构建了中国省级层面节能减排政策实施的分析框架,如图 10 所示。在该框架中,中心构件是行动舞台(Action Arena),它包括一个行动情景(Action Situation)和该情景下的参与者(Participants)。行动舞台所要研究的问题主要是在背景变量(Contextual Variables)给定的情形下,参与者如何根据内部的互动和各自对结果的预期来选择行动。在本研究中,参与者被设定为中国各省级政府。至于行动情景(Action Situation),由于各省政府之间在节能降耗任务实施中缺乏信息沟通和互动,各省政府均在中央政府的政策指令和影响下做出行为选择,我们可以将其简化为各省政府行为选择的内在激励和自身能力。所谓内在激励是各省政府在节能降耗任务实施中,落实节能降耗指标的政治意愿及开展相关工作的积极性。所谓自身能力,是各省政府在开展节能降耗行动中所具备的能力,这既包括客观条件如减排的实际难度、拥有的财力,也包括主观能力如决策能力、政策实施能力等。内在激励和自身能力将联合决定节能降耗政策的实施效果。无论是内在激励强、自身能力弱,还是自身能力强、内在激励弱,均不能导致良好的政策实施效果。

影响行动舞台的是一系列的影响变量。在标准的 IAD 框架中,影响变量通常包括三类:自然物理条件、社会属性和应用规则。本文根据研究对象的特点,将前 2 类变量归并为省区特征,即可能影响各省节能降耗任务实施的一系列物质基础和限制条件,这可能包括一省的各种特征因素,例如能耗水平,经济发展水平、产业结构等。至于哪些因素对行动舞台真正产生显著影响,还需要经由实证分析识别。至于应用规则,指影响各省政府在节能降耗任务实施中行为选择的外部规则。在中国现行自上而下的政治结构中,这些规则通常来自中央政府的法令和政策。在本研究中,主要是中央政府为各省政府设定的节能减排指令和政策要求,例如,2006 年国家"十一五"规划给各省分配的节能减排目标及相关配套要求,2007 年 6 月国务院印发的《节能减排综合性工作方案》,以及 2007 年 6 月发布的《中国应对气候变化国家方案》等。当然,由于节能降耗只是各省政府工作的一部分,其他一些与地方政府考核、升迁相关的规则也可能成为影响参与者行为选择的应用规则。

在外部变量的影响下,行动舞台中的参与者对各自的行为策略进行选择,包括选择行动的激励和动员行动的能力。所有参与者的行为选择将形成一定的相互作用模式,进而导致相应的产出。对该相互作用模式和产出,可以引入一定的评价准则加以评价。本研究关注的产出主要是各省的能耗降低结果,包括能源强度的下降率及分配节能降耗指标相对完成率,前者为绝对绩效指标,而后者为相对绩效指标。本文的定量分析中,产出的度量主要采用绝对绩效指标。对于评估准则,标准的 IAD 框架提供了多种可供选择的准则。本文对此做简化处理,仅将各省及全国的能源强度实际下降幅度,作为对产出评价的主要标准。

基于上述几个构件,本文形成了各省节能减降耗政策实施的简明图景:各省受自身省区特征的约束,形成潜在的实施能耗降低任务的能力;而一省实际在多大程度上发挥出各自的潜在能力,在很大程度上还取决于各自的激励;各省的行动选择,将联合形成相互作用模式,进而导致能耗降低的实际产出。

以上认识还只是一副静态图景。实际上,如果政策实施是多期实施的,每一期的产出都会反作用于行动情境和外部变量,促使其中的某些变量发生变化。在图 10 中,上一期的产出反馈于行动舞台,通过改变参与者的内在激励,而对下一期的相互作用模式和产出产生影响。同时,相互作用模式也可能对行动舞台产生反馈,对下一期的行动情境造成影响。当然,外部变量也可能会随着时间变化,进而对行动舞台产生影响。如此,各种变量的时间变化和动态反馈,可以联合解释产出随时间的变化。这就构成了一副动态图景。

需要特别说明的是本文分析框架中对反馈机制的处理(见图 10)。本文研究的节能降耗政策的实施是按年度进行的。该政策是从 2006 年开始实施,已经实施 3 年,也就是已经进行 3 期;正在进行第 4 年,即第 4 期。在已经实施的 3 期中,由于时间相对较短,可以认为各省的省区特征是相对稳定的。这几年中,中央政府的应用规则也是相对稳定的。例如,分配给各省的节能降耗指标并没有因各省的能耗降低指标的完成结果而进行调整。因此,图 10 中的实线反馈箭头只是作用于行动舞台,而没有作用于外部变量

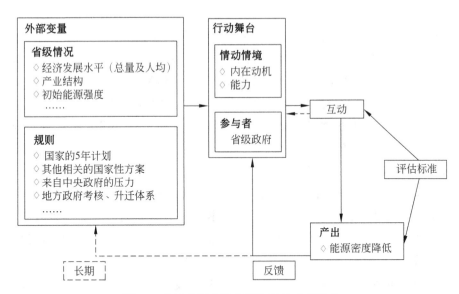

图 10　省级节能减排政策的 IAD 分析框架

框。当然,可以预见,即将开始的"十二五"规划,很可能会根据"十一五"规划节能减降耗政策实施情况,对应用规则做出调整。如果是在这样更长时段的分析,就需要将反馈箭头同时作用于外部变量框,如图 10 下端的虚线箭头示意。

(三) 研究方法和建模思路

IAD 框架为本文的政策分析提供了清晰思路。我们将在该框架的指引下,对中国各省节能降耗政策实施进行系统的分析。本文分析将从静态分析和动态分析两个方面展开。静态分析关注的主要问题是,为何各省的节能降耗绩效差异甚大,哪些因素在影响各省的能耗降低产出;动态分析关注的主要问题是,如何解释各省能耗降低产出的年际变化,各省是否会根据之前的能耗降低产出动态调整自身行为。以上两个方面的分析,将联合揭示省级政府实施节能降耗政策的内在机制,进而可以对中国实施的节能降耗政策做出客观评价。

本文在 IAD 框架指导下,主要采用基于统计数据的实证研究方法。具体而言,我们主要是应用计量经济模型方法,根据研究对象建立适当的计量经济模型,对统计数据进行回归分析,检验本文 IAD 框架中各要件之间的因果联系,遴选具有解释力的自变量,并验证关键变量的解释力。

在接下来第三部分的静态分析部分,我们建立了多元线性回归模型,以各省的能耗下降率作为因变量,以各种外部变量作为可能的自变量,通过回归分析,从中识别出对能耗降低产出具有解释力的自变量。由于外部变量很多,而且这些变量之间大量存在多元共线性问题,为此我们引入了因子分析技术,对多组可能的自变量进行了处理,以提取出主要因子,作为可能的自变量纳入多元线性回归模型进行分析。由于解释能耗下降率用到的外部变量,在 2006—2008 年的变化很小,可以采用这些变量的平均值。考虑到 2008 年的省际统计数据尚未正式发布,本文采用 2007 年即中期年的数据,作为自变量来解释 3 年间各省的能耗下降率。在此分析过程中,没有考虑变量的年际变化,我们因此称这部分为"静态分析"。

本文的第四部分将考虑一些变量的年际变化,特别是各省能耗下降率的年际变化,我们称之为"动态分析"。在"十一五"期间,中央政府按年度对全国及各省的能耗降低情况进行统计和公布,这很可能会对各省下一年的行为选择产生影响,这部分将对此进行计量模型检验。为此,我们建立了面板数据模型。考虑到 2006—2008 三年全国 30 个省的能耗变化有一个整体趋势,我们选择了个体时间固定效应面板数据模型(Time and Entity Fixed Effects Model)。该模型的因变量(Independant Variable)是 2006—2008 年各省的能耗下降率,自变量(Dependant Variable)我们重点检查上年度能耗下降率这个变量的影响,同时也尝试了其他可能的变量,如各省当年的 GDP 增长率、第二产业增加值增长率。由于研究对象的时段较短,为了增强分析结果的可靠性,我们还利用该模型,实证检验了 2000—2005 年的全国面板数据,将其结果与 2006—2008 年的计量结果进行了对比。

三、省际节能减排政策实施的静态分析

(一) 模型

我们用 I 表示各省能耗降低产出,具体用能耗下降率指标;F 是 I 的影

响函数,如式(1):

$$I = F(y_i) \tag{1}$$

其中,y_i 是可能对 I 产生影响的外部变量(Contextual Variables)。考虑到各种外部变量的影响是相互作用的,我们对 F 的形式做出假设,认为各种影响因素 y_i 是相乘函数,从而式(1)可以进一步表示为式(2):

$$I = A \prod_i y_i^{\alpha_i} \tag{2}$$

其中,A 为常数项,α_i 为变量 y_i 的幂值,是待回归的系数。对式(2)两边取对数,得到式(3):

$$\text{Ln}(I) = \text{Ln}(A) + \sum_i \alpha_i \text{Ln}(y_i) \tag{3}$$

我们接下来将对外部变量进行初步的识别,以筛选出对 I 的可能影响变量 y_i,然后将各变量的数据带入式(3),应用最小二乘法进行回归分析。

(二) 数据说明

为了寻找对 I 具有影响的自变量 y_i,我们搜集了尽可能多的外部变量的数据。经过反复试算,对于省区特征,我们选择了 5 组数据作为备选自变量,包括各省的如下数据:GDP 总量、人均 GDP、第二产业增加值占 GDP 比重、重工业增加值占 GDP 比重以及初始能源强度。对于应用规则,我们选取中央下达给各省的能耗降低指标作为备选自变量。因变量为各省 2006—2008 年的能耗累计实际降低率。

以上共计 7 组变量数据。其中,中央下达给各省的"十一五"能耗降低指标数据来自于《国务院关于"十一五"期间各地区单位生产总值能源消耗降低指标计划的批复》(国函〔2006〕94 号)[①];初始能源强度使用的是国务院所公布的"十一五"开始前一年即 2005 年的数据[②];反映省区特征的其余 4 组数据,采用 2007 年的数据,数据来源为《中国统计年鉴 2008》。作为因变量的各省 2006—2008 年的能源强度累计实际降低率,则根据国家统计局公

[①] 中国中央政府,《国务院关于"十一五"期间各地区单位生产总值能源消耗降低指标计划的批复》,2006 年 9 月 17 日,http://www.gov.cn/gongbao/content/2006/content_443285.htm。

[②] 同上 Ibid。

布的各省 2008 年能源强度①计算得到。

由于式(3)中采用的是对数数据,因此首先把以上变量数据取对数后建立 SPSS 数据文件,通过分析发现备选自变量可能存在多组高度相关的情况,无法直接利用式(3)进行回归分析。为了避免多重共线性对回归分析的影响,在回归分析前我们对备选自变量进行因子分析。

(三) 因子分析

我们采用因子分析方法,对 6 组备选自变量进行因子提取。测试表明样本的 KMO 指标为 0.502,基本适合进行因子分析。根据"最小特征值大于 1""碎石图"(Scree Plot)以及方差累计解释比例等判别方法综合考虑后,提取出其中的 3 个因子,这 3 个因子对方差的累计解释比例为 84.87%。为了更好地理解这些因子的含义,在数据处理中采用 Varimax 正交旋转,对初始因子载荷阵进行了"方差最大化"旋转,得到的结果见表 3。Varimax 旋转的主要目的是使得每个变量在且只在一个因子上的载荷较大,而在其他因子上的载荷较小。

表 3 方差最大化旋转后的因子载荷表

指标	因子		
	1	2	3
地区生产总值	0.828	0.424	0.006
人均地区生产总值	0.821	−0.123	0.347
初始能源强度	−0.871	0.220	0.327
中央下达的能耗降低指标	−0.041	0.854	0.362
第二产业比重	0.005	0.329	0.777
重工业比重	0.019	0.145	0.953

注:通过最大方差法(Varimax with Kaiser Normalization)进行数据运算,采用主成分法(Principal Component Analysis)抽取因子。

---

① 中国中央政府,《2008 年各省、区、市单位 GDP 能耗指标》,2009 年 6 月 30 日 http://www.gov.cn/gzdt/2009-06/30/content_1353938.htm.

表 4 各个维度(因子)的划分及解释

维 度		指 标	解 释
能力特征	因子 1	地区生产总值	反映各省在能耗降低任务中的潜在能力,包括经济和财政能力、克服资源依赖的难易程度等
		人均地区生产总值	
		初始能源强度	
应用规则	因子 2	中央下达的能耗降低指标	反映中央政府为各省能耗降低任务设定的应用规则
结构特征	因子 3	第二产业比重	反映各省产业结构特征
		重工业比重	

表 4 对因子提取的结果做了进一步归纳。因子 1 包含 3 个变量——GDP 总量、人均 GDP 及初始能源强度。我们称因子 1 为"能力特征因子",它反映的是该省在降低能耗方面的潜在能力。一方面,它与地区经济总量、经济发展水平(人均 GDP)正相关,经济总量越大、发展水平越高的地区,越能投入更多的资源,及在更大范围内配置资源实现能耗降低任务;另一方面,该因子与初始能源强度负相关,因为能源强度高的省份往往也是对高耗能产业高度依赖,并且能源利用效率低的地区,从而降低能耗的阻力比较大。[①] 因子 2 包含一个变量,即中央下达给各省的能耗降低指标,该变量反映了中央政府对各省能耗降低任务设定的约束目标,我们称之为"应用规则因子"。因子 3 包含 2 个变量,即第二产业比重和重工业比重,反映各省的经济结构,我们称之为"结构特征因子"。

(四)多元回归模型分析

以 30 个省"十一五"2006—2008 年能源强度降低率(取对数)作为因变量,以因子分解得到的 3 个因子[②]作为自变量,进行多元线性回归分析,结果发现,"结构特征因子"在 5% 的水平下不显著,我们将其剔除。利用另外 2 个显著的因子"能力特征因子"和"应用规则因子"作为自变量,对能耗降低

[①] 从长期来看,能耗越高的省份降低能耗的潜力越大,但是在短期,能耗高的地区降低能耗的难度大。

[②] 由 SPSS 软件,可以用回归法计算出 3 个因子的得分代替其观测值。

因变量利用最小二乘法进行线性拟合,得到结果如表 5 所示。

表 5　两因子回归分析结果

	β	标准差	t 统计量	显著性水平
常数	2.409	0.035	69.206	0.000
能力特征因子	0.115	0.035	3.258	0.003
应用规则因子	0.188	0.035	5.299	0.000

注:$R^2=0.589, adj-R^2=0.559, F=19.346$。

该回归模型的 F 值为 19.347,是高度显著的。由回归系数看出,"能力特征因子"与"应用规则因子"的回归系数显著为正,说明从"十一五"节能降耗 3 年以来整个时间段上来看,各省的能力特征与应用规则两方面的因素对于能耗降低结果有显著的正向影响。该回归方程的拟合优度接近 0.6,说明这两个因子对能耗降低有相当的解释力。

四、省际节能减排政策实施的动态分析

(一)模型

本节作为动态分析,主要研究"十一五"前 3 年各省每年的能耗降低情况,为何在年际间发生变化。由图 8 所示的全国 30 个省份 2006—2008 年的能耗降低情况可以发现,各省的能耗降低率在年际间有一个整体的上升趋势。为此,我们建立个体时间固定效应面板数据模型如下:

$$I_{it} = C + \alpha_i + \gamma_t + X_{it} \cdot \beta + u_{it} \tag{4}$$

其中,I_{it} 表示第 i 个省份第 t 年的能耗降低率;α_i 为第 i 个省的截距项;γ_t 为第 t 年的时间趋势项;X_{it} 为第 i 个省第 t 年的一系列自变量构成的向量,我们选择了 3 个备选变量:各省当年的 GDP 增长率、当年的第二产业增加值增长率,以及之前所完成的能耗下降占分配指标的比例(具体来说是用第 t 年之前该省能耗累计降低率除以该省"十一五"所分配的应该在该时期内完成的降耗指标);u_{it} 为残差项。

面板数据分析中模型设定的正确性决定了参数估计的有效性,因此首

先要对式(4)设定的正误进行检验(白仲林,2008)。对于式(4)的个体时间固定效应模型,我们采用Chow检验的F统计量来检验如下假设:

$$H_0^3: \beta = 0 \text{ 和 } \gamma_{2007} = \gamma_{2008} = 0$$

显然,假如拒绝了假设H_0^3,则说明式(4)设定的模型是正确的。检验是通过如下F检验进行:

$$F_3 = \frac{(RRSS - URSS)/(N + T - 2)}{URSS/[(N-1)(T-1) - K + 1]}$$
$$\sim F[N + T - 2, (N-1)(T-1) - K + 1] \quad (5)$$

式(5)中$RRSS$是通过混合回归模型得到的残差平方和,$URSS$是式(4)回归得到的残差平方和。

(二)数据说明及回归结果

本文采用"十一五"前3年大陆30个省(西藏除外)共90组数据进行回归分析。各省每年的能耗降低数据来自历年《中国统计年鉴》,并且x_{it}是根据第t年之前i省能耗累计降低率除以该省"十一五"所分配的应该在该时期内完成的降耗指标得到。其中第1年(即2006年)由于无法计算之前1年的任务完成情况,因而对所有省份设定为100%。另外,各省的当年GDP增长率和第二产业增加值增长率来自各年的《中国统计年鉴》。

利用这些数据通过式(5)的F检验以及式(4)的回归结果可以得出各个自变量的回归系数及显著性程度。我们逐次从那些在5%水平下不显著的自变量中剔除t值最小的变量,以此找出式(4)中对因变量有显著影响的自变量。按照该原则,第二产业增加值增长率和GDP增长率2个备选自变量依次被剔除,最后剩下"降耗任务累计完成率"变量是显著的。这说明各省当年的第二产业增加值增长率和GDP增长率2个变量对本省当年能源强度降低没有显著影响。基于上述结果,式(4)可以进一步表示为:

$$I_{it} = C + \alpha_i + \gamma_t + \beta r_{it} + u_{it} \quad (6)$$

其中,r_{it}为第i个省在第t年之前的降耗任务累计完成率。对式(6)回归模型的显著性检验仍通过式(5)进行。带入数据计算得到$F_3 = 12.23$,大于显著性水平为0.5%的临界值,因此拒绝零假设H_0^3,从而确认式(6)的模型设定是正确的。由式(6)回归分析得到的结果被归纳为表6。

表6　2006—2008年面板数据拟合结果（参数估计及时间固定效应部分）

参数	估计值	标准差	T统计量	显著性水平
常数C	5.801 645	0.464 527	12.48 936	0.000 0
β	−0.021 515	0.005 454	−3.945 06	0.000 2
时间固定效应 γ_t				
2006—C	−0.917 51			
2007—C	−0.319 57			
2008—C	1.237 08			

注：$R^2=0.867\ 5$，$adj-R^2=0.793\ 1$，$D.W.=2.107\ 8$，$F=11.659\ 2$。

表6中参数β的估计结果为负值，表示在"十一五"前3年间，各省降低能耗的任务完成情况，对接下来一年节能降耗产出有显著的负反馈作用。即之前降低能耗任务完成率越低的省份，往往会受到更大的压力加强本年度的节能降耗工作的力度，从而提高本年度的能耗降低率。另一方面，从各年的时间固定效应估计结果γ_t发现，各省的能耗降低产出在2007年和2008年较前1年均有明显的提高。由于时间序列较短（"十一五"目前只进行3年），我们尚无法从更长的时间段上确认这一时间固定效应。但从过去几年中国节能降耗的政策实践来看，我们推测这一趋势在很大程度上是由全国性的政治环境引起的。2007—2008年，中央政府受到的节能降耗方面的压力越来越大，这既包括"十一五"初期节能降耗工作进展缓慢、能源短缺威胁等国内因素，同时也包括国际能源形势、减少温室气体排放的国际压力等国际因素。这些因素都可能形成政治压力，促使中央政府推出更多的政策和措施，从而推动全国各省降耗结果的整体性变化。

（三）对比分析：2000—2005年的全国面板数据

上文利用30个省2006—2008年的数据，进行面板模型回归分析，有两点重要的发现：一是各省降耗任务的历史完成情况会对本年度的降耗结果产生反馈影响，之前完成情况较差的省份趋向于在接下来的年份中取得更好的降耗结果；二是各省能耗降低产出存在一个逐年增加并且是全国一致性的变化趋势。我们由此进一步关心，这两个特征是否是"十一五"所特有的？之前的时期是否存在类似的趋势？因此，我们利用中国大陆除西藏之外的 30 个省份,2000—2005 年(包括"十五"规划及"九五"规划的一部分)的能源强度数据,同样利用式(6)进行回归分析。

2000—2005 年各省的能源消耗总量数据来自历年《中国能源统计》,GDP 可比数据(Comparable GDP Statistics)来自历年《中国统计年鉴》,并通过这 2 组数据计算出各省的能源强度及其年度变化率 I_{it}(依然规定正值表示降低)。但由于 2000—2005 年各省并不像"十一五"期间那样有约束性的降低能耗的任务,式(6)中的历史任务完成率 r_{it} 无法直接计算得到。为此,我们把每年 30 个省的能耗变化率数据做正态标准化处理,并以该数据来代替式(6)中的 r_{it},以反映各省当年的能耗变化情况在全国各省所处的相对位置。

根据这些数据利用式(5)计算得到的 $F_3=2.38$,大于显著性水平为 1%的临界值,因此说明模型设定是合理的。根据式(6)利用各省 2000—2005 年的数据回归得到的结果归纳如表 7 所示。

表 7 2000—2005 年面板数据拟合结果(参数估计及时间固定效应部分)

参数	估计值	标准差	T 统计量	显著性水平
常数 C	0.468 644	0.415 665	1.127 455	0.261 4
β	−0.485 898	0.461 890	−1.051 979	0.294 6
时间固定效应 γ_t				
2000—C	3.935 255			
2001—C	2.670 023			
2002—C	0.472 739			
2003—C	−3.686 094			
2004—C	−2.459 744			
2005—C	−0.932 178			

注:$R^2=0.361\ 5$,$adj-R^2\ 0.206\ 3$,$D.W.=2.232\ 2$,$F=2.329\ 0$。

由以上回归结果可以看出,r_{it} 的回归系数 β 在回归中并不显著,即 2000—2005 年各省每年相对于全国其他各省的能耗降低情况并不会对接下来一年的能耗变化造成显著影响。也就是说,上文揭示的 2006—2008 年各省在能耗降低上的"反馈机制",在之前的 2000—2005 年并不存在。因此可以判断,该"反馈机制"是"十一五"期间建立的节能降耗政策体系所特有的。另一方面,从表 7 的时间固定效应 γ_t 的值也可以看出,该时期内各省的能耗降低情况也并不存在像 2006—2008 年那样逐年增加的一致性趋势。由此可以进一步推断,动态分析的实证结果是可信的。

五、模型分析的讨论

(一) 静态分析与动态分析的联系

本文第三部分的静态分析揭示了各省能源强度下降的主要影响因素,主要来自于能力特征和应用规则两个方面。其中前者包含各省 GDP、人均 GDP、初始能源强度等变量,这些变量在很大程度上决定了一省节能降耗的潜在能力。应用规则反映的是中央政府为各省设定的减排目标约束。由于中央政府高度重视节能降耗工作,将其作为各省行政长官的重要责任纳入政绩考核,这为各省政府实施节能降耗工作提供了强有力的激励。上述因果联系与第二部分的 IAD 框架是相吻合的。

静态分析能够解释为何各省的节能降耗产出差异甚大,但是不能解释为何各省节能降耗产出发生年际变化,本文第四部分的动态分析弥补了这一缺憾。在动态分析中,我们发现,各省节能降耗指标完成的历史情况,会对当期的节能降耗任务实施产生显著影响,这验证了第二部分 IAD 框架中的反馈机制。说明前期的产出会对行动舞台形成影响,通过影响参与者的激励,对当期的产出发生影响。这一机制可以部分解释各省节能降耗结果的年际变化。

我们进一步观察动态模型式(6),除了自变量 r_{it}(第 i 个省在第 t 年之前的降耗任务累计完成率),还有一个重要的自变量 α_i,这是反映各省个体固定效应的截距项。我们以 α_i 为因变量,以第二部分因子分析提取的"能力特征因子"和"应用规则因子"作为自变量,进行回归分析,发现得到的结果,与第三部分的多元线性回归结果表 3 是基本一致的。[①] 这意味着,动态分析的结果支持静态分析的结论。也说明模型式(6)对各省能耗下降给出了更综合的解释,同时揭示了自身能力、应用规则和历史产出三个方面,对行动舞

---

① 限于篇幅,该回归分析的结果这里不再赘述。

台、进而产出的影响。至此,本文的静态分析和动态分析已经联为一体,联合给出了"十一五"期间中国节能降耗政策实施的完整机制。

(二)关于动态分析模型的进一步讨论

在第四部分的动态分析中,模型式(6)中还有一个对各省年际节能降耗完成情况有显著影响的变量 γ_t,这是第 t 年的时间趋势项,我们认为它反映的是当期全国性政策环境的影响。实际上,由于节能降耗任务实施的艰巨性,2006 年该政策实施以来,中央政府高度重视节能降耗政策的实施,利用多种途径在全国范围内营造了一种浓厚氛围,促使各省政府确信中央政府实施该政策的"可信承诺",同时也向各省施加了强大的政治压力。其结果就是在各省逐年提高节能降低耗任务的实施力度,导致全国整体能耗降低指标逐年提高。

此外值得关注的是,在前文"四(二)"的计量分析中,我们还尝试了 GDP 增长率、第二产业增加值增长率这两个反映经济增长的变量,它们在模型式(6)中被证实是不显著的。其含义在于,推动经济增长与实施节能降耗是不矛盾的,这对于地方行政长官是一个好消息。这是因为,中国在单一制的政体下,形成了一套中央政府对地方官员的绩效考核和升迁体系。在过去 20 多年中,经济增长被认为是绩效考核和升迁体系的核心指标,这驱使地方行政长官在晋升的强激励下,展开了激烈的地区经济增长竞争(周黎安,2007;方红生、张军等,2009)。这一机制在很大程度上可以解释改革以来中国的"经济奇迹",但同时也伴随着重复建设、市场分割、忽视环境等负面后果。从 2003 年开始,中央政府决心改革这一体系,提出了"科学发展观"的新发展战略。"十一五"规划中,包括节能减排在内的一系列约束性指标的提出,实际上就是改变地方官员"政绩观"的努力,也是落实"科学发展观"的具体举措。根据近两年来笔者与中国部分地方官员的接触,他们观念中的最新政绩观,最重要的是发展经济和保护环境,前者体现在经济增长率,而后者主要体现为节能减排。从本文的实证分析结果来看,发展经济和提高能效这两项重要的政绩指标并无冲突。

(三) 关于静态分析模型的进一步讨论

本文的静态分析中,揭示了应用规则对各省能耗降低的影响。其中的应用规则,我们采用了中央政府分配给各省的能耗降低指标,也就是目标约束。实际上,目标约束只是应用规则之一,中央政府还有很多与节能降耗相关的配套政策和相关措施,也会对省政府的内在激励形成影响。例如,在过去几年中,中央政府通过营造政治氛围,不断增强各省实施节能减排任务的激励,诚如上文所提到的。也就是说,本文对各省能耗降低影响因素的探究,仍然是不全面的。特别是影响各省政府内在激励的因素是复杂的,可能还存在一些重要的影响变量需要进一步研究来识别。

静态分析中也揭示了省区特征对能耗降低的影响,一省的 GDP 总量、人均 GDP 水平、初始能源强度等变量都被证实是重要的。说明各省节能降耗任务的实施,不仅取决于自身的努力水平,也在很大程度上受制于经济发展水平、资源动员能力、能耗基准等客观因素。例如,2006—2008 年,没有完成中央政府分配指标的 16 个省份中,有 13 个是中西部省份。这些没有按进度完成中央分配任务的省份可能并非是自身不重视节能减排工作,有可能是受制于各种客观条件,确实难以达到中央分配的指标。这也启示我们,中央政府合理分配能耗降低指标的重要性。在"十一五"规划能耗降低指标的地区分解过程中,中央政府虽然意识到需要考虑各省的客观条件,但是从"十一五"能耗降低指标实际分配方案(见表 8)来看,各省的指标差异是很小的,很难反映中国省份之间的巨大差异性。因此,中央政府向各省能耗降低指标的分配,还可以进一步提高科学性和合理性。

(四) 互动模式

上文分析中没有专门讨论 IAD 框架中所有参与者行为选择形成的"互动模式"。根据上文的分析,我们可以将这一模式概括为以下相互联系的两个方面。

第一,各省响应和执行中央政府的指令。事实上,在中央集权制的架构下,中央政府对节能减排的重视和号召,相应会带来地方政府对此项工作的重视。从 2006 年开始,中央政府建立了落实节能减排指标的"目标责任制",为各省政府创造了"晋升-惩罚"激励。实践中表现为各省普遍结合自身情况,积极采取多种措施开展节能减排工作,特别是在 2007 年中期之后。例如,在中央成立节能减排工作领导小组之后不久,各省级和地市级政府也成立了相应级别的节能减排工作领导小组。省级政府纷纷将绩效考核结果与政府官员或国有企业管理者的升迁挂钩,签订目标责任书等。各省级政府还出台相关的法律法规,加大节能减排科技的研发力度,并实施节能减排工程项目和 CDM 项目等(张波焕等,2009)。

第二,各省在节能降耗任务实施方面展开相互竞争。中央政府设定的"目标责任制"政策框架,能够激励地方官员履行节能减排职责,同时也激励各省之间相互竞争。这是因为,地方官员在晋升博弈中,出于政治竞争的考虑,将不仅仅满足上级政府设定的目标,而且在地区之间的相互比较中追求更高的目标,以赢得更为显著的政绩。过去 20 多年中,地方政府被认为是围绕"GDP 增长"展开激烈的竞争。当中央政府设定国家年度的经济增长率目标,各省设定的经济增长目标会无一例外高于国家目标,而省以下各级政府设定的目标又会层层加码(周黎安,2007)。这种在地区竞争中目标追求的"水涨船高"效应,在中国宏观经济领域已经为学者所熟知。本文的研究揭示,同样的效应在中国的"节能降耗"领域已现端倪。

上述两个"互动模式"特征,为本文的实证分析所证实。在静态分析中,中央政府设定的目标约束对各省的能耗下降产生显著影响,表明各省积极响应了中央政府的政策指令。在动态分析中,计量模型证实各省能耗降低率有一个随时间提高的显著趋势,暗示各省为"节能降耗"任务更出色完成,已经形成相互竞争的格局。图 10 的 IAD 框架中,上述模式的第一个特征,更主要体现为产出对行动舞台的反馈;而第二个特征,则主要通过"互动模式"对行动舞台产生反馈。综合来看,过去几年中,中央政府为各省营造的节能减排的政治范围,实质是为各省政府带来双重压力,一方面是完成中央政府指令的压力,另一方面则是地区竞争的压力。实际上,正如张焕波等的研究所指出的,政治升迁动机是促使地方政府对气候变化做出反应的主要因素之一(周黎安,2007)。中国地方政府对节能降耗工作的重视和努力,其本质是对中央政府重视和号召的行政反应,而不是美国加利福尼亚州和东北各州那样来自地方政府对气候变化的认识和觉悟的提升(Lutsey 和

Sperling,2008)。

(五) 本文分析的局限性

本文将 2006—2008 年各省的能耗降低作为研究对象,由此决定了数据样本的有限性。本文的静态分析的样本为 30 个,动态分析的样本为 3×30 个。尽管这个样本量能够满足计量模型最小样本的要求,但是样本量仍显有限,可能会对计量分析结果的信度造成影响。而且动态分析的时段较短,其结论有待更长时段的检验。一种可能的解决方案,是等"十一五"规划全部实施完毕,中国省际节能减排的数据样本进一步增多,再利用本文的模型做进一步的验证,将有助于本文分析结论的验证或修正。此外,本文通过模型分析识别出的有效解释变量是有限的,可能还存在其他一些有效变量有待进一步尝试。这一点上文已经指出。

六、结论和政策含义

中国政府从 2006 年开始推行的节能减降耗政策,是应对气候变化挑战的重大战略,具有全球性重要意义。本文从省际视角,基于实证分析,客观评价中国初步建立的节能降耗政策体系,在 2006—2008 年的运行状况。本文在 IAD 框架指引下,应用计量经济模型分别从静态分析和动态分析两个方面进行分析,揭示了中国省级政府实施节能降耗政策的内在机制。本文研究的主要结论可以归纳为以下几个方面。

第一,中国初步建立的节能降耗政策体系显示出有效性。中国从自身国情出发,建立了一套自上而下、层层分解落实责任的节能降耗政策框架。本文对省级层面执行节能降耗政策的实证分析表明,各省政府对中央政府的指令做出了积极响应。尽管我们尚不能识别各个省份努力程度的差别,但是计量分析显示,中央政府设定的目标约束对于各省的能耗下降具有显著的影响力,且各省执行节能降耗政策的力度在逐年加大。

第二,各省节能降耗产出受到地区特征的影响。本文的计量分析显示,一省的 GDP 总量、人均 GDP 水平、初始能源强度等特征变量,对能耗下降有着显著影响,在很大程度上能够解释为何各省能耗降低产出差异甚大。这表明,各地区的节能降耗政策执行状况,不仅取决于各自的主观努力,还受制于自身潜在的能力,特别是经济发展水平、能够调配的资源及能耗水平等客观因素。经济增长率和产业结构等特征变量在本文计量结果中对能耗下降率影响并不显著。

第三,中央政府指令和号召、地方政府响应和竞争,是中国节能降耗政策实施的内在机制。本文的计量分析发现,各省能耗降低指标完成的历史情况,对之后的节能降耗任务实施产生显著影响,并且各省能耗降低率有一个随时间提高的一致性趋势。这暗示着,各地区在节能降耗政策执行中面临双重压力,一方面是完成中央政府指令的压力,另一方面则是地区竞争的压力。中国地方政府对节能降耗工作的重视和努力,其本质是对中央政府重视和号召的行政反应。中国各地区过去被认为围绕 GDP 增长率展开竞争,而过去几年一种新的地区竞争——为提高能耗、保护环境而竞争——已经初露端倪。

基于本文的分析,如果对中国"十一五"规划提出的能耗目标作一展望的话,我们将持较为乐观的态度。"十一五"规划的能耗目标提出之初,曾被认为是实现难度最大的约束性指标,很多学者对该目标能否完成持悲观态度。该目标的执行在前几年也的确滞后于规划预期,"十一五"的前 3 年完成能耗目标的 50.4%。但是如果动态来看,能耗目标完成情况逐年好转,能耗下降率 2006 年为 1.79%,2007 年为 4.04%,2008 年为 4.59%。本文分析揭示的节能降耗政策实施的内在机制,证实这种趋势并非偶然,并且支持这种能耗下降率递增的趋势,会在"十一五"后 2 年中继续的观点。因此,我们预言,中国"十一五"规划提出的能耗目标,将很可能出人意料地实现。

中国过去几年间建立的以自上而下的目标责任制为主要特征的节能降耗政策框架,在未来一段时期内仍将是一套行之有效的战略。但为了可持续地推进能效提高和温室气体的减排,这套政策框架需要在实践中加以改进和完善。本文研究对中央政府的政策制定者具有启发意义,具体体现在以下三个方面。

第一,继续推进地方官员政绩考核体系的转变。中国"科学发展观"的新战略 2003 年提出之后,转变以 GDP 为中心的地方官员绩效考核体系被认为是落实新战略的关键之一。以节能减排为代表的更多的政府责任指标被纳入地方官员的绩效考核体系,已经开始改变地方官员的激励结构,正在创造地方为保护环境、提供公共服务而竞争的新局面。为了使这种积极的转变具有可持续性,中央政府需要一以贯之地重视政府责任指标的实施,并在地方官员的考核和升迁中得到切实体现。当然,作为地方官员"指挥棒"的绩效考核体系本身,也需要得到更为科学合理地设计。

第二,重点加强对经济欠发发达及高能耗省份的扶持。一省的经济发展水平、财政能力和能耗水平等客观因素,会对节能降耗任务的执行产生显著影响。中央政府通过强调对各省的目标约束,可以提高地方政府执行任务的激励,但是并不能改变一省的行动能力。为了推进能耗降低任务的更好执行,中央政府还需要对各省份提供相应的支持,特别是对于能耗水平较高、经济发展水平相对较低的省份,更需要从财政、金融、人才、技术等多方面提供扶持,以提高这些省份执行节能减排和应对气候变化的能力。

第三,为各地区制定更为科学和公平的能耗降低指标。中国在"十一五"规划中首次引入定量的节能降耗国家目标。虽然中央政府意识到节能减排指标应当对不同的区域区别对待,但由于决策时间短、研究支撑不足等原因,实际分配的节能减排指标对各省的省情考虑并不充分。这也是导致过去几年一些省份任务完成状况不佳的重要原因。在即将开展的"十二五"规划制定中,建议中央政府在系统、科学的研究论证基础上,提出更为科学和合理的节能减排指标分配方案,特别是要重点考虑各省的经济发展水平、财政能力和能耗降低潜力等因素。

附录

表8 "十一五"期间中国各地区单位生产总值 能源消耗降低指标计划表

地　区	2005年基数/ （吨标煤/万元）	2010年目标/ （吨标煤/万元）	下降幅度/%
全国	1.22	0.98	20
北京	0.80	0.64	20
天津	1.11	0.89	20
河北	1.96	1.57	20
山西	2.95	2.21	25
内蒙古	2.48	1.86	25
辽宁	1.83	1.46	20
吉林	1.65	1.16	30
黑龙江	1.46	1.17	20
上海	0.88	0.70	20
江苏	0.92	0.74	20
浙江	0.90	0.72	20
安徽	1.21	0.97	20
福建	0.94	0.79	16
江西	1.06	0.85	20
山东	1.28	1.00	22
河南	1.38	1.10	20
湖北	1.51	1.21	20
湖南	1.40	1.12	20
广东	0.79	0.66	16
广西	1.22	1.04	15
海南	0.92	0.81	12
重庆	1.42	1.14	20
四川	1.53	1.22	20
贵州	3.25	2.60	20
云南	1.73	1.44	17
西藏	1.45	1.28	12
陕西	1.48	1.18	20
甘肃	2.26	1.81	20
青海	3.07	2.55	17
宁夏	4.14	3.31	20
新疆	2.11	1.69	20

中国渠系灌溉管理绩效及其影响因素：一项运用 IAD 框架的研究[①]

摘要：本文以中国渠系灌溉的管理绩效为研究对象，基于 15 省、96 村、1 021 个农户的问卷数据，从供给绩效和占有绩效 2 个维度，运用基础设施、维护成本、用水满足、用水纠纷和私自挖渠 5 个指标，评价渠系灌溉的管理绩效。运用 IAD 框架组织设计，研究了灌溉管理绩效的相关影响因素。定量评价发现，目前渠系灌溉管理绩效整体处于中等偏上的水平，但不同省份的绩效差异较大，大体呈现低供给低占有、高供给低占有、高供给高占有 3 种类型。计量分析表明，灌溉管理制度是影响管理绩效的最重要因素，经济社会属性主要影响基础设施状况和设施维护成本，而自然地理条件则主要影响灌溉用水的分配和用水秩序的维护。中国相当多的省份特别是中西部地区的水利基础设施薄弱，是制约灌溉管理绩效提高的重要原因，这就要求继续加大对农田水利设施建设的投入，同时积极改革和完善灌溉管理制度，探索适合本地的管理体制机制。

关键词：灌溉管理　公共池塘资源　集体行动　制度　绩效

[①] 原文刊载于《公共管理评论》2014 年第 16 卷第 47～68 页，与汪训佑合作完成。

中国渠系灌溉管理绩效及其影响因素：一项运用 IAD 框架的研究

一、引言

　　农业灌溉关系农业增产、农民增收，更关乎国家粮食安全与社会稳定，占中国耕地面积 49% 的有效灌溉面积，生产了占全国总量 75% 的粮食和 90% 以上的经济作物（王亚华，2013）。渠系灌溉是中国最典型的灌溉形式。在集体公社时期，渠系灌溉的管理主要由政府负责，采取专业管理和群众管理相结合、分级管理的模式。在实施农村家庭联产承包责任制以后，由于政府管理的缺位，导致中小型水利工程和大中型灌溉工程末级渠系不断老化失修、渗漏堵塞严重，全国每年因渠系渗漏损失的水量接近农业灌溉用水总量的一半。加之中国水资源分配不均，灌溉方式较为粗放，水资源利用效率低下，进一步加剧了农业灌溉用水的紧张。此外，近些年来随着城镇化进程的加快，城市居民生活用水和工业用水不断增加，地方政府偏重工业增长而忽视农业基础设施的建设维护，注重大型水利工程维护投入而轻视末级渠系管理等原因，使得中国农业灌溉管理面临严峻挑战。

　　20 世纪 80 年代，中国各地开始推行灌溉管理体制改革，引入了诸如承包、租赁、拍卖等多种方式以提高灌溉管理绩效，取得了一定的成效，但并未从根本上改变灌溉管理面临的困境。90 年代中期以来受国外理论和试点经验的影响，参与式灌溉管理日益受到重视，主要通过组建用水户协会调动农民参与灌溉管理的积极性和提高用水效率。经过十余年的发展，用水户协会的数量出现了快速增长。据官方统计，用水户协会数量从 1995 年的几家增长到 2010 年的 5.2 万多家。[①] 一些学者对用水户协会运行绩效的研究表明，用水户协会在一些地区发挥了一定作用，而在另一些地区则运行低效甚至流于形式。近年来对大中型灌区的调查也表明，虽然灌溉管理改革在改善基础设施、提高用水效率、推进管理体制改革等方面取得明显成效。但灌溉基础设施薄弱的情况并未好转，渠道损毁比较严重、灌溉水利用系数低（王亚华，2013）。特别是最近几年，中国多个地区频发特大旱灾，灌溉管理

---

① 根据《全国水利发展统计公报》。

的重要性更加凸显。

从全国范围整体看,中国灌溉管理的绩效如何？哪些因素在影响灌溉管理的绩效？本文利用清华大学中国农村研究院2012年暑期"百村千户"农村调查成果,选择中国当前最为典型的灌溉系统——"渠系灌溉"为研究对象,对中国灌溉系统的管理绩效及其影响因素进行分析。此项工作有助于客观全面地看待中国灌溉管理的现状,为科学制定水利管理政策、推进灌溉管理改革提供依据。

二、文献综述

在过去的几十年间,不同学者运用多种方法对灌溉绩效进行过研究,在评价的指标和方法上存在较大差异。1978年美国土木工程师学会从灌溉效率、配置均匀、应用效率3个维度对灌溉绩效进行定义（American Society of Civil Engineers,1978）。后来,Burt(1983)尝试对这3个维度进行操作化和指标化。但对绩效的衡量仅停留在"用水量"的测量上。之后学者逐渐意识到衡量绩效的关键在于"如何充分满足作物的用水需要",即确保输水系统的及时和可靠。大多文献的评价指标集中在改善输水能力,提高输水效率方面(Burt,1997)。Oad和Levine(1985)设计了"相对用水供给率"[①]指标来评估不同供水条件下灌溉系统的绩效。随后,水资源配置的公平性和独立性也被纳入考量。Mohamed(1987)从充足性、独立性和公平性3个角度对灌溉绩效进行评价,在此基础上,Molden和Gates(1990)增加了"管理效率"的维度,以斯里兰卡为案例进行定量评价。此后,学者陆续提炼了灌溉绩效评价的一般框架,如Small和Svendsen(1990)从灌溉绩效评价的原因、数据的要求、使用的方法、评价的指标等方面进行了总结。在综合前人经验的基础上,Bos等(2005)提出实现最大化农业产出、确保用水公平和水分配的最大效率三大标准,并且认为不同地区应采用不同指标。

国内对于如何科学评价灌溉系统（灌区）的绩效,目前主要集中在对用

[①] 相对用水供给率＝(灌溉用水＋降雨)－(蒸发＋渗漏＋深层渗漏损失)。

水户协会和农业灌溉项目的评价上。在具体的评价方法上，主要可分为3类：①纯定量指标的方法，如李树明（2008）利用英国农村水利改革项目的评价指标，构建了经济、社会、生态和协会运作4个维度12个定量指标；②定量和定性相结合的方法，如周侃（2010）引入了组织建设、工程状况与维护、用水管理与维护、经济效益4个维度的15个定量指标和7个定性指标，陈琛等（2011）从组织系统、经济系统、灌溉系统3个方面8个混合指标对用水户协会进行绩效评价；③定性分析方法，如王瑞（2009）从财务运行状况、工程建设状况、经济效益、社会效益、生态效益5个维度进行的项目完成度分析，张陆彪等（2003）从水资源利用率、渠道维护、水事纠纷、弱势群体获取能力等7个定性指标对用水户协会进行评估。综合来看，无论是基于定量指标还是基于定性指标，其评价的维度主要集中在以下4个方面：①灌溉用水的分配；②工程设施的维护；③灌溉的经济效率；④灌溉的社会效益。这些研究主要针对的是用水户协会或者灌溉项目，真正对灌区或者灌溉系统的研究甚少（潘护林，2009）。

总体来看，在已有的研究中，国外学者关于灌溉系统绩效的研究文献较多，从理论建构到实际评价演变，评价的指标由单一变得综合，由基础设施层面进入制度文化层面，在较深层次上揭示了灌溉系统的管理现状和绩效。当然，这些研究主要是基于西方发达国家的经验，聚焦中国灌溉管理实践的研究还很稀有。国内对灌溉系统绩效的研究相对较少，有限的一些研究主要集中在"参与式灌溉管理改革"和"用水户协会"的做法、取得的经验、存在的不足等。对于绩效评估的研究，主要集中在项目绩效和协会绩效这两个方面，评估指标的选取和数据收集具有随意性和单一性，并且以定性研究为主，基于用水户的定量研究并不多，更欠缺全国范围内的大样本定量研究。有鉴于此，本文试图在借鉴国外灌溉绩效理论的基础上，结合中国国情构建灌溉管理绩效的评价方法，并运用清华大学中国农村研究院2012年的"百村千户"农户调查数据，对全国范围内的灌溉管理绩效进行定量研究。

三、绩效测度：指标与数据

（一）绩效评价指标体系

事实上，无论采取何种绩效评价指标体系，首先必须回到绩效评价对象本身，本文关注的是中国渠系灌溉的管理绩效。所谓管理绩效，其核心要义是指通过某些手段或方式来克服事物本身的缺陷或问题，从而得到某些理想化的目标或要求(Lam,1999)。因此，对于渠系灌溉的管理绩效实质上关注的是渠系灌溉所面临的主要问题。要厘清渠系灌溉所存在的核心问题，追根溯源在于认识渠系灌溉的特征和物品属性。

按照经济学的基本理论，排他性和竞用性是划分产品属性的两个重要标准。如果照此划分，渠系灌溉可以视为典型的共有资源。由于渠系灌溉具有使用的非排他性和资源获取的竞用性两大特征，埃莉诺·奥斯特罗姆称之为公共池塘资源(Ostrom,1990)。正是这两大特征决定了渠系灌溉面临两大集体行动问题：①供给问题，即如何克服设施建设和维护的"搭便车"行为；②占有问题，即如何克服个人对资源的过度利用行为保证资源系统的可持续(Ostrom等,1994b)。如果能够克服供给和占有这两大问题，灌溉系统的管理就是成功的。因此，对渠系灌溉的管理绩效进行度量，核心是评价公共池塘资源的两大集体行动问题的解决程度。

据此，本文对于渠系灌溉管理绩效的评价，从供给和占有两个维度来展开，采用的评价指标体系具体如表9所示。对于供给维度，一方面需要考察当地的灌溉基础设施的状况如何；另一方面也要考察灌溉基础设施的维护成本包括农户的负担情况。具体引入两个指标：①灌溉基础设施的整体维护情况，由于一个灌溉系统的整体状况相对客观，采用村级数据来度量[①]；②灌溉系统的维护成本，指农户每年投入到灌溉设施的负担，由于农户的主观评价因人而异，采用农户级数据来度量。对于占有维度，主要考察农户的用水需求是否得到了满足，输水的过程是否有序进行，以及灌溉水资源的分

---

① 对于村级指标，是在实地调研中通过对村两委两名以上主要干部的访谈中获得。

配是否合理,具体引入三个指标:①农户的用水需求满足程度,以过去几年农户是否得到充足的供水来评价,采用农户级数据来度量;②私自偷水的情况,对于渠系灌溉,输水过程是否有序对灌溉绩效影响较大,如果说用水满足更多是从结果层面衡量灌溉绩效,私自挖渠更多是从过程角度进行度量,采用村级数据来度量;③用水纠纷的状况,这是从另一个侧面反映用水秩序的指标,同样采用村级数据来度量。

表 9　灌溉管理绩效指标体系

维　度	指　标	指标含义
供给维度	基础设施	目前你们村的灌溉基础设施整体维护情况如何
	维护成本	您觉得每年投入到维护灌溉设施的负担大吗
占有维度	用水满足	过去几年中您家耕地是否有浇不上水的情况
	私自偷水	你们村村民私自挖渠取水的情况多吗
	用水纠纷	你们村发生过用水纠纷吗

(二) 数据来源与样本特征

本文的数据来源于清华大学中国农村研究院 2012 年暑期进行的"百村千户"农村调查项目。① 该项目以农户级和村级两级问卷方式进行,农户级问卷针对农户个体,村级问卷针对村庄的整体情况。在具体的调查方法上,本次调查基本采用分层随机抽样的方式,按照省—县市—乡镇—村组四级依次抽样,以村组为基本单位,平均每个村组抽样 15 份,共回收农户样本 5 165 份,剔除缺失值后的有效样本 3 126 份,回收村级问卷 196 份,有效样本量 176 份。

中国幅员辽阔,各个地区的农业灌溉存在较大差异,国内主要有 4 种灌溉方式:①渠系灌溉,其中包括水库、湖泊、塘坝、管道、人工蓄水池等多种类型;②机井灌溉,包括自己打井、集体打井和滴管;③抽水灌溉,主要利用

---

① 此次调研活动组织首都高校学生近千人参与,于 2012 年暑期奔赴各地调研,足迹遍及全国 24 个省(自治区、直辖市),走访了 205 个村庄,对 5 165 个农户进行了问卷调查,对部分村干部、村民进行了深入访谈。

水泵抽取河水、小溪水、山沟水、池塘水,也包括提灌、喷灌等;④天然雨水,主要指靠天吃饭、不需要灌水的田地。此外,还有少量其他特殊灌溉类型,如用车拉水、山上自流水。在此次调查中,各种灌溉方式均不同程度存在,对于本文研究的渠系灌溉,经过筛选后的样本共有 15 省、46 县市、96 村、1021 个农户。

从样本分布看,以中国南方地区为主,除了宁夏和山东,其余 13 个省份均位于南方。其中,样本量在 50 份以内的有 5 个省份,包括福建、河南、宁夏、山东、浙江;51~100 份的共有 7 个省份,分别是安徽、贵州、湖北、江苏、江西、四川、云南;超过 100 份的有 3 个省份,分别是广西、湖南、重庆。

从被调查农户的基本情况看,在被调查的 1 021 个农户中,69.2% 为男性,30.8% 为女性;平均年龄 48.1 岁;平均每户家庭人口 4.57 人,其中常年外出务工 1.11 个,家庭劳动力人数 2.83 个。从文化程度上看,受调查农户平均受教育程度介于小学水平和初中水平之间,其中,39.7% 的农民文化程度为初中,35.3% 的农民只上过小学,还有 9.6% 的农民从未上过学,读过高中或中专的有 13.4%,拥有大专及以上水平的仅占 2%。从被调查农村情况看,在被调查农户所属村中,69.8% 是行政村,30.2% 是自然村;城郊型村庄占比 13.5%,非城郊型村庄占 86.5%。

四、灌溉管理绩效的实证分析

(一)供给维度的管理绩效

良好的基础设施和工程维护是保障灌溉用水能够通达农户耕地的前提。对于"目前你们村灌溉基础设施(如水渠)整体维护情况如何",在调查中,36.5% 的村庄认为整体上"比较好",设施维护基本能够满足用水需求,所占比例最大;其次是认为"一般,基本能维持运转",占比 32.3%;反映问题比较严重,设施维护状况"非常差"或者"比较差"的分别为 13.5% 和 10.4%。具体如图 11 所示。因此,整体来看,中国目前农村灌溉基础设施维护基本呈现"好、中、差"各占 1/3 的局面,均值为 3.14。

灌溉管理绩效的高低,除了设施维护的现状,同样需要考察达到当前状

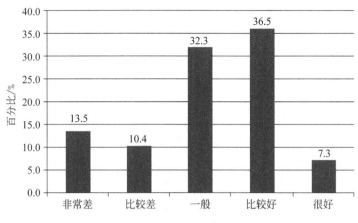

图 11 灌溉基础设施整体维护状况

况所付出的成本。通过对农户关于"灌溉设施的维护负担"的调查发现,日常维护灌溉基础设施的负担对农民而言并不大,接近 1/3 的农民认为负担比较小,认为很小的也占到 25.5%,认为负担很大或者比较大的仅有 19.6%,而平均值为 3.54,表明目前农民维护灌溉设施的负担并不高。究其原因,可能主要有两个:①农民的收入水平逐渐提高,加之近年来国家对农村水利投入力度的加大,农民对设施维护的投入(资金或劳力)在总收入中的比重下降;②随着"两工"制度的取消,农民主动参与维护灌溉设施的积极性下降。对于"最近几年,您家是否参与过集体水利工程设施的维护工作",超过 1/3 的农民回答"没有"参加过,52%的农民反映"很少"或者"有时"参加设施维护,"比较多"参加或者"经常"参加的比重累计不到 15%。具体如图 12 所示。

综上,在渠系灌溉地区,农业灌溉基础设施整体维护情况处于中等偏上水平,农民的设施维护负担并不为重。由此可见,从供给维度而言,中国的渠系灌溉总体上基本能够维持运转,并没有陷入部分学者所言的"瘫痪"状态(胡靖,2010)。但管理绩效不高也是事实,还有较大的改善空间。

(二)占有维度的管理绩效

从占有维度看,"用水满足程度"是最直接也是最关键的指标。对于"过去几年中你家耕地是否有用不上水的情况",共有 67.5% 的农民回答"很

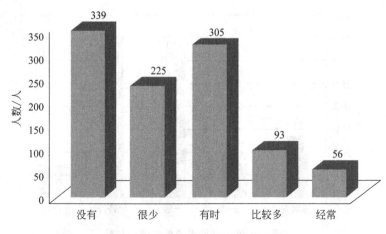

图 12 农民参加水利设施维修状况

少"或者"没有"出现用水不足情况;但仍有 24.8% 的农民回答"有时"会出现供水不足,还有 7.7% 的农民回答"比较多"或"经常"用不上水,如表 10 所示。这可能与此次调查的渠系灌溉区域多数位于南方有关,这些地区属于亚热带季风性气候,夏季雨水整体相对充足,这时期正值水稻等作物用水季节,用水需求较为容易得到满足。从耕地位于水源的相对位置进行分类会发现,位于上游的农民用水满意度(均值为 4.09)比中游(均值为 3.97)要略高,而中游的又明显比下游(均值为 3.65)的高。通过单因素方差分析可知,耕地的相对位置对于农民用水满足程度具有重要影响。

表 10 农户耕地浇水满足状况

相对位置		经常	比较多	有时	很少	没有	合计	均值
上游	人数/人	7	18	94	116	188	423	4.09
	百分比/%	1.7	4.3	22.2	27.4	44.4	100.0	
中游	人数/人	12	16	107	119	161	415	3.97
	百分比/%	2.9	3.9	25.8	28.7	38.8	100.0	
下游	人数/人	7	18	51	57	45	178	3.65
	百分比/%	3.9	10.1	28.7	32.0	25.3	100.%	
合计	人数/人	26	52	252	292	394	1 016	3.96
	百分比/%	2.6	5.1	24.8	28.7	38.8	100.0	

灌溉管理的水平,不仅体现在农民的用水需求是否满足,还表现在村庄的用水是否有序。在渠系灌溉中,比较典型的问题是"私自挖渠"和"用水纠纷"。对"用水纠纷"的调查发现,40%的被调查村认为"偶尔发生"用水纠纷,19%的被调查村认为"有时发生",还有7%的认为"经常发生",认为"没有发生"仅为34%。该项指标的均值为3.01,说明还是存在一些农民抢水截留的现象,特别是在用水旺季。其中,存在用水纠纷的地区,对于造成用水纠纷的原因,主要有:上下游的用水纷争,占比49.4%;水渠维修问题,占比18.4%;私自挖渠取水造成纠纷的占比14.9%;水费收缴问题占比6.9%。此外,还有其他一些原因,比如水源紧张,浇水不平均等,占到10%左右。

私自挖渠取水是导致渠系灌溉用水无序的重要原因。通过调查发现,接近一半的村庄反映没有出现私自挖渠现象,很多人表示当地不缺水不需要采取这种方式,或者认为有村规禁止该种行为。但仍有超过一半的村民表示发生过,认为比较少或者很少的共占36.7%,认为很多或者比较多的占到17%左右,如图13所示。对于私自挖渠,29.4%的村庄采取了禁止措施,但大多数(70.6%)村庄并没有采取措施制止该行为。

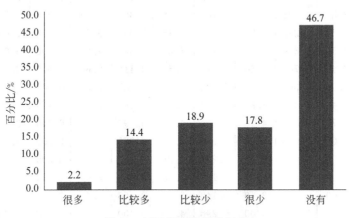

图13 村民私自挖渠的频率

根据上述调查结果,总体而言,目前渠系灌溉的管理绩效大体呈现为灌溉基础设施"一般"、维护基础设施负担"较小"、农民用水需求"很少"得不到满足、用水纠纷"偶尔发生",私自挖渠"较少"发生。如果以无量纲化的数字来表示,5 项指标的均值分别为 3.14、3.73、3.96、3.76、3.94,换算为百分比表示则为 62.8%、74.6%、79.2%、75.2%、78.4%。如果以各项指标做算术平均,则渠系灌溉的管理绩效整体估计值为 74.1%,与之前的一些实证研究结果比较接近(王学渊,2010)。

(三)不同省份的管理绩效

调查结果表明,各个省份之间的灌溉管理绩效存在明显差异。分别利用 5 个指标的算术平均值度量各个省份的灌溉管理绩效均值,结果如表 11 所示。通过对各项绩效指标的单因素方差分析,发现各省份在基础设施、维护成本、用水满足和私自挖渠 4 个指标均存在显著差异,而在用水纠纷方面的差异相对较小。

表 11 不同省份渠系灌溉管理绩效均值

省份	基础设施		维护成本		用水满足		用水纠纷		私自挖渠	
	M	S.E.	M	S.E.	M	S.E.	M	S.E.	M	S.E.
安徽	3.20	0.490	3.14	0.120	3.89	0.090	2.60	0.245	4.00	0.316
福建	4.00	0.000	4.32	0.092	3.18	0.130	3.50	0.500	5.00	0.000
广西	2.88	0.308	3.24	0.108	3.78	0.088	2.82	0.231	3.56	0.329
贵州	3.57	0.202	3.56	0.127	4.16	0.098	3.43	0.202	2.00	0.000
河南	4.50	0.500	3.00	0.280	3.67	0.343	4.00	0.000	5.00	0.000
湖北	2.40	0.748	3.60	0.136	3.57	0.118	2.60	0.600	3.20	0.663
湖南	2.30	0.367	3.57	0.100	3.98	0.085	2.50	0.401	3.78	0.401
江苏	3.44	0.412	3.84	0.088	4.68	0.061	3.44	0.176	4.75	0.164
江西	2.71	0.360	4.30	0.121	4.33	0.097	3.14	0.340	3.71	0.606
宁夏	3.00	0.000	5.00	0.000	4.59	0.228	2.00	0.000	5.00	0.000
山东	3.00	0.000	3.69	0.231	4.28	0.157	3.50	0.500	5.00	0.000
四川	4.17	0.307	3.31	0.157	3.58	0.166	3.00	0.516	4.17	0.543
云南	4.00	0.000	3.49	0.149	3.85	0.160	3.40	0.306	4.56	0.176
浙江	3.50	0.500	4.00	0.298	4.40	0.400	3.00	0.000	4.00	1.000
重庆	2.56	0.242	3.01	0.103	3.80	0.094	2.78	0.147	4.11	0.261
全国	3.14	0.116	3.54	0.037	3.96	0.032	3.01	0.095	3.92	0.128
F	2.543		10.672		9.415		1.202		2.878	
P	0.005		0.000		0.000		0.291		0.002	

在此基础上,利用系统聚类分析方法,对 15 个省份的数据进行分析,以

识别灌溉管理绩效的差异类型。根据聚类结果可以分为3大类型,如表12所示。第Ⅰ类型有6个省份,主要集中在中西部地区,并且均是农业大省,经济发展水平在全国处于中下游。第Ⅱ类型四个省份分布较为分散,但除了河南,四川、云南和福建3个省份均是多山、多丘陵地区。第Ⅲ类型共有5个省份,主要集中在东部沿海经济发达地区,如江苏、山东和浙江3省,此外还有江西和宁夏2个经济相对落后的地区。

表12 灌溉管理绩效的聚类分析

类型	省　　份
Ⅰ型	安徽、广西、湖南、重庆、湖北、贵州
Ⅱ型	四川、云南、河南、福建
Ⅲ型	江苏、山东、江西、浙江、宁夏

注:依照5个指标进行Ward法聚类分析得到。

对比3类省份的绩效均值,如表13所示,可以发现,Ⅰ型省份供给维度绩效较低,基础设施和维护成本2项指标值均低于全国平均水平,而占有维度绩效也不高,3项指标均不同程度低于全国平均水平。相对而言,用水满足程度较为接近全国平均水平,可能与这些地区地处南方、夏季降水充沛有很大关系。因此,总体上来看,Ⅰ型地区属于低供给绩效、低占有绩效的"双低"区域。

表13 各类型灌溉管理绩效均值比较

类　型	基础设施	维护成本	用水满足	用水纠纷	私自挖渠
Ⅰ型	2.78	3.35	3.86	2.73	3.37
Ⅱ型	4.17	3.53	3.57	3.48	4.68
Ⅲ型	3.13	4.17	4.46	3.02	4.49
全国均值	3.14	3.54	3.96	3.01	3.92

从Ⅱ型省份的绩效值来看,基础设施状况在全国属于较高水平,而维护成本大体相当于全国平均水平。因此,总体上可以说,该类型的供给绩效要高于全国平均水平。从占有维度看,作为最核心指标的用水满足程度,该类型是最低的,表明农户经常无法得到灌溉用水。用水纠纷和私自挖渠问题并不突出,说明该类型的用水管理秩序尚可。总体来看,该类型的占有绩效不高,灌溉管理绩效呈现高供给、低占有的"一高一低"状态。

对于Ⅲ型省份的绩效,基础设施水平相当于全国平均水平,而农民的维护成本最低,可能与该类型区域的经济发展水平相对较高有较大关系,如江苏、山东、浙江都属于沿海经济较为发达的地区,灌溉投入负担对于农民而言相对较轻。与此同时,当地的用水满足程度最高,用水纠纷与全国平均水平持平,在私自挖渠方面也明显高于全国平均水平,说明占有绩效总体上较高。因此,可以将此类型称为高供给、高占有的"双高"型。

如果按照供给绩效和占有绩效的高低作为划分的2个维度,可以将上述3种类型大致置于一张二维图中,如图14所示。在理论上,可以有图14中左上角"低供给、高占有"的Ⅳ型。但实际上,如果当地的灌溉基础设施维护不到位、农民负担又大,农民的用水需求也就难以得到满足,农民彼此之间发生纠纷的可能性越高,农民通过私自挖渠获取灌溉用水的动机也就越大,因而占有绩效也就不会很高。由此可见,灌溉基础设施是保证灌溉管理绩效的前提和基础。

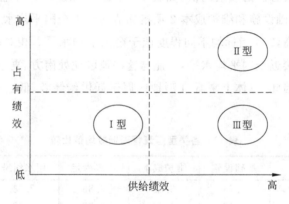

图14　不同类型绩效分布示意图

五、影响灌溉管理绩效的因素分析

通过聚类分析发现,灌溉管理绩效在不同省份表现各异。本文运用IAD框架,从自然地理条件、经济社会属性和具体制度规则3个维度解释管理绩效的差异。

（一）变量选取与描述

IAD 框架是由埃莉诺·奥斯特罗姆等学者提出的一个综合性分析框架，后来经过不断修正，已经发展成为一个分析人类行为的普遍性分析框架。IAD 框架所要解决的核心问题是外部环境如何相互结合型塑成个人在实际行动中所面临的行动空间和舞台，而行动者又如何根据行动舞台所限定的激励结构采取行动最终产生特定结果。该框架如图 2 所示。

过去 20 年之中，国际上已经有一批基于该框架对于公共池塘资源的研究。其中，较早的工作是 20 世纪 90 年代的"尼泊尔灌溉制度和系统（NIIS）数据库"项目，旨在回答制度如何与不同的物质和社会经济变量相结合，共同影响尼泊尔灌溉系统的绩效问题。此后，基于 IAD 框架对灌溉、森林资源、渔场等公共资源管理的研究不断涌现，包括 Ostrom（1992a）、Tang（1992）、Araral（2005）等。这些研究丰富和扩展了 IAD 框架的内涵，尤其是 IAD 框架被用来研究"公共池塘"资源已经成为一种常用范式。

本文基于 IAD 框架对中国渠系灌溉的管理绩效进行原因探析。因变量选择上述供给维度和占有维度的 5 个变量，作为灌溉管理绩效的度量；自变量选择自然地理条件、经济社会属性和具体制度规则 3 个维度的 12 个变量，分析其各自对灌溉管理绩效的影响。具体变量的分类和定义如表 14 所示。

表 14 各变量的分类和定义

维度	变量名	变量类型	变量赋值	预期影响
供给维度	基础设施	有序分类变量	1＝非常差，2＝比较差 3＝一般，4＝比较好，5＝很好	（因变量）
供给维度	维护成本	有序分类变量	1＝很大，2＝比较大，3＝一般，4＝比较小，5＝很小	（因变量）
占有维度	用水满足	有序分类变量	1＝经常，2＝比较多，3＝有时，4＝很少，5＝没有	（因变量）
占有维度	用水纠纷	有序分类变量	1＝经常发生，2＝有时发生，3＝偶尔发生，4＝没有发生	（因变量）
占有维度	私自挖渠	有序分类变量	1＝很多，2＝比较多，3＝比较少，4＝很少，5＝没有	（因变量）

续表

维度	变量名	变量类型	变量赋值	预期影响
自然地理条件	村庄地势	无序分类变量（以山区为参照组）	山区(是=1,否=0) 平原(是=1,否=0) 丘陵(是=1,否=0)	
	耕地的相对位置	有序分类变量	1=上游,2=中游,3=下游	+
	主干渠的长度	连续变量		
	与出水口的距离	连续变量		
经济社会属性	村庄所辖人口	连续变量		
	农业收入重要性	有序分类变量	1=很大,2=比较大,3=一般,4=比较小,5=很小	+
	村庄经济相对水平	有序分类变量	1=较高,2=中等,3=较低	+
	地区经济发展水平	有序分类变量（按2011年人均GDP由高到低排名）	1=江苏,15=贵州	
具体制度规则	参加灌渠维修的频率	有序分类变量	1=经常,2=比较多,3=有时,4=很少,5=没有	+
	私自挖渠的惩罚力度	无序分类变量	有=1,无=0	+
	水渠的管理方式	无序分类变量（以无人管理为参照组）	1=灌区管理 2=村委会管理 3=用水户协会 4=农民自己 5=无人管理	
	用水户协会	无序分类变量	有=1,无=0	

在自然地理条件方面，选择村庄地势、主干渠的长度、耕地的相对位置、与出水口的距离4个自变量。

（1）村庄地势。村庄地势分为山区、平原和丘陵三种类型，通常而言，平原地区建设和维护灌溉基础设施的成本相比山区和丘陵要低,也更容易。

(2) 主干渠的长度。在渠系灌溉中,主干渠是输水的主干道,虽然建设维护较好,但如果延伸距离过长,也会影响下游耕地灌溉。

(3) 耕地的相对位置。如果耕地位于水源的上游,取水方便,灌溉的满足程度也较高;相反,如果位于中游或者下游,则很有可能出现供水不足的情况。

(4) 与出水口的距离。直线距离越短,越容易获得灌溉用水,如果距离过远,即使位于水渠上游,也可能因为流经耕地太多而大量损耗,最终导致无水可灌。

在经济社会属性方面,共选择农业收入重要性、村庄所辖人口、村庄经济收入水平和地区经济发展水平4个自变量。

(1) 农业收入重要性,主要是指农业收入在农户收入中的比重。如果农业收入对于农户非常重要,其投入维护的积极性也就越高;反之,会影响农民参与灌溉维护的热情。

(2) 村庄所辖人口多寡对灌溉集体行动可能产生影响,按照奥尔森的集体行动理论,如果集团规模过大,由于搭便车等问题,集体行动的可能性会下降(Olson,1965)。

(3) 村庄经济收入水平,采用相对指标,即该村的经济水平在当地的相对位置。如果村庄经济较为发达,对灌溉基础设施建设和维护的投入也会相对较多。

(4) 地区经济发展水平,这里采用人均GDP作为衡量指标,选取该指标既可以作为省级控制变量,又用来反映地区宏观经济发展与灌溉管理绩效之间的关系。

在具体制度规则方面,主要有农户参加灌渠维修的频率、私自挖渠的惩罚力度、水渠的管理方式、用水户协会4个自变量。

(1) 农户参加灌渠维修的频率,对灌溉绩效影响可能较大,中国目前使用的渠系大多兴建于20世纪六七十年代,老化损坏比较严重,必须经常维护才能有效运行。

(2) 私自挖渠惩罚力度,从反面观察影响灌溉绩效的因素,集体行动的有效推进需要以严格的制度规则来约束成员,如果对于违反规则的人缺乏惩罚措施,会助长更多的违反规则的行为。

(3) 水渠的管理方式,实践中存在各种管理制度,对于灌溉管理绩效应该有一定影响。

(4) 用水户协会是参与式灌溉管理的重要形式,在过去十几年中被大力提倡,但是其具体成效有待实证检验。

(二) Logistic 回归结果与讨论

对于灌溉系统的管理绩效,采用定序主观评价的方法,按照管理绩效由低到高依次分为 5 个等级,1="很差",2="比较差",3="一般",4="比较好",5="很好",为有序选择变量,数值越大表明绩效水平越高。考虑到自变量多为分类变量,计量模型采用有序概率模型,建立的有序 Logistic 模型具体如下:

$$\mathrm{logit}(P) = \mathrm{Ln}\left[\frac{p(y\leqslant j)}{1-p(y\leqslant j)}\right] = \alpha_j + \sum_{i=1}^{n}\beta_i x_i \quad j=1,2$$

或

$$p(y\leqslant j\mid x_i) = \exp(\alpha_i + \sum_{i=1}^{n}\beta_i x_i)/[1+\exp(\alpha_i + \sum_{i=1}^{n}\beta_i x_i)]$$

式中,y 为因变量,即灌溉管理绩效;$j=1,2,3,4,5$,表示 5 个不同的选项,x_i 为影响绩效评价的因变量和控制变量;α_j 为截距;β_i 为回归系数,即自变量对因变量的影响程度,表征 x_i 每增加一个单位 Logistic 函数发生的变化(王济川,2005),在下文中以发生比对数的形式呈现。在分类自变量中,回归系数代表了该类别与参照类在因变量上发生比的差别,拟采用标准化回归系数 Beta[①],即自变量一个标准差的变化所引起的因变量的标准差的变化程度。$\mathrm{Exp}(\beta)$ 为事件发生的比率/事件不发生的比率。在进行回归分析之前,先进行多重共线性检验,剔除部分变量后,回归方程中主要的自变量有 12 个。运用 SPSS 软件对模型进行回归,由于 Logistic 模型是非线性模型,采用最大似然估计方法,得到回归结果如下。

---

① $\mathrm{Beta} = \frac{B_i * s_i}{\pi/\sqrt{3}} \approx \frac{B_i * s_i}{1.813\,8}$,其中 Beta 为标准化回归系数,$B$ 为非标准化回归系数,S 为自变量对应的标准差,为 Logistic 分布的标准差,约为 1.813 8。

1. 供给维度

供给维度利用灌溉基础设施和投入维护的成本负担两个指标进行绩效评价，在回归分析中分别以这两项指标为因变量。维护成本的回归分析，由于采用农户级数据，共有 12 个自变量；而基础设施的回归分析，由于采用村级数据，剔除只有农户级数据的变量后，共有 8 个自变量。为了研究每个维度自变量的贡献度，本文通过逐步回归的方法，分别对这 2 个绩效指标建立回归模型，具体回归结果如表 15 所示。

表 15　供给维度的 Logistic 回归结果

	基础设施	维护成本				
	模型 1	模型 2	模型 3	模型 4	模型 5	模型 6
自然 1：村庄地势						
平原	0.014 (0.485)	0.508 (0.571)	0.511 (0.585)	−0.329** (0.154)	−0.224 (0.166)	−0.293* (0.170)
丘陵	−0.288 (0.442)	0.044 (0.462)	0.368 (0.506)	0.577*** (0.137)	0.606** (0.147)	0.109 (0.165)
自然 2：主干渠的长度	0.002 (0.178)	0.035 (0.198)	0.095 (0.209)	−0.185*** (0.054)	−0.350*** (0.064)	−0.243*** (0.069)
自然 3：耕地的相对位置	—	—	—	−0.012 (0.083)	−0.042 (0.088)	−0.031 (0.090)
自然 4：与出水口距离	—	—	—	−0.086* (0.032)	−0.025 (0.040)	−0.007 0.041
经济 1：农业收入重要性	—	—	—	—	0.171*** (0.050)	0.224*** (0.052)
经济 2：村庄所辖人口	—	−0.155 (0.214)	−0.163 (0.233)	—	−0.060 (0.067)	−0.088 (0.072)
经济 3：村庄经济相对水平	—	−0.714*** (0.297)	−0.598** (0.317)	—	−0.036 (0.097)	−0.003 (0.101)
经济 4：地区经济发展水平	—	0.103** (0.053)	0.124*** (0.055)	—	−0.067*** (0.017)	−0.067*** (0.017)
制度 1：参加灌渠维修的频率	—	—	—	—	—	−0.191*** (0.058)
制度 2：用水户协会	—	—	0.728 (0.559)	—	—	0.441 (0.194)

续表

	基础设施			维护成本		
	模型1	模型2	模型3	模型4	模型5	模型6
制度3：私自挖渠惩罚力度			0.093 (0.503)			−0.308** (0.157)
制度4：水渠管理方式						
灌区管理			3.204** (1.342)			−1.631** (0.455)
村委会			2.198** (1.238)			−2.347** (0.433)
用水者协会			1.559 (1.545)			−1.662** 0.629
农民自己			2.869** (1.270)			−2.258** (0.431)
N	96	96	96	1 021	1 021	1 021
−2对数似然值	110	248***	258***	2 134***	2 477***	2 489***
拟合度Pearson	48.75	346.59	329.51	1 723	2 353	2 418.54
伪R^2	0.005	0.107	0.212	0.047	0.087	0.155

注：***、**、* 分别代表1%、5%、10%的显著性水平。
村庄地势以"山区"为参照类，水渠管理方式以"无人管理"为参照类。

总体而言，回归方程的整体拟合度较好，回归系数的似然比检验值也非常显著。从贡献度伪R^2的值可以看出，在基础设施状况的3个模型中，自然地理条件的贡献度仅为0.5%，增加经济社会属性维度后，其影响系数增加到10.7%，引入具体制度规则变量后则达到21.2%，这意味着具体制度规则和经济社会属性是影响基础设施状况的主要变量。与此相对应，在维护成本的3个模型中，三者各自的贡献度约为4.7%，4%和6.8%，具体制度规则影响最大，自然地理条件和经济社会属性相差不大。

对于每个回归方程，在基础设施的回归方程中，作为自然地理条件的村庄地势和主干渠的长度对灌溉基础设施的影响并不显著，且在3个模型中作用均不明显。通过单因素方差分析（One-Way ANOVA）也发现，虽然平原地区的基础设施状况要稍微好于山区和丘陵地区，均值分别为3.24、

3.19、3.04，但这种差异并不显著。在经济社会维度，村庄的经济收入水平对灌溉基础设施的维护有正向作用。也就是说，那些经济相对发达的村庄，其基础设施状况要好于经济相对落后的村庄，可能是因为经济条件好的村庄对灌溉设施的投入力度较大。与此相反的是，从地区经济发展水平的回归结果却发现，经济发展水平越高的省份其整体基础设施状况越落后。在具体制度规则方面，水渠的管理方式差异影响基础设施的好坏，灌区管理、农民自己管理和村委会管理水渠的效果要依次高于无人管理的状况，用水户协会的影响并不显著。

在维护成本的回归方程中，模型4表明自然地理条件对维护成本影响比较大，平原地区的设施维护成本要低于山区，而山区的维护成本则低于丘陵地区。而且，主干渠越长，其维护成本越高。出水口的距离和耕地的位置影响基本不显著。在经济社会变量中，农业收入倚重越大的农户，投入到灌溉设施维护的成本越高、负担越大，经济发展水平较高的地区基础设施的维护成本较低，农户的成本负担较小。从制度维度的结果看，对于私自挖渠有惩罚措施的地区维护成本更高，说明惩罚措施对降低维护成本的作用并不明显；经常参加渠道维护的农户付出的维护成本越小；有无用水户协会影响并不显著。从水渠管理方式看，4种管理方式的绩效均好于无人管理，相对而言，成本最低的是村委会管理和农民自己管理，成本相对较高的是灌区管理和用水户协会。

综上所述，影响灌溉基础设施状况好坏的主要是当地经济发展水平和村庄经济状况、水渠管理方式，自然条件影响不显著。从各个维度的贡献度可以看出，大体上管理制度影响最大，经济属性其次，自然条件影响最小。决定设施维护成本高低的因素依次是具体制度规则（私自挖渠的惩罚、水渠的管理方式等）和经济社会属性（地区经济发展水平、农业收入重要性），自然地理条件变量影响较小。整体来看，在这些影响变量中，灌溉管理制度和经济发展水平是影响供给绩效的主要原因。管理制度对供给绩效有显著影响，其中用水户协会并没有显示出优势。经济因素的影响则呈现某种"悖论"。在微观层面，那些经济发展水平相对较好的村庄，其灌溉基础设施状况也相对越好；反之，则越差。在宏观层面，那些经济发展水平越高的省份，其灌溉基础设施反而越差。这一看似"悖论"的结果，其原因可能在于：经济发展水平不高的省份,通常都是农业大省,农户收入低,灌渠维护的重要性越高,因而对农业基础设施更为重视,基础设施状况相对较好;相反,经济发展程度高的省份,对农业基础设施的重视可能相对不足,农户付出的维护成本相对较少,导致渠系维护状况不佳。

2. 占有维度

与供给维度类似,占有维度利用农户的用水满足程度、村庄的用水纠纷情况以及私自挖渠情况这3个因变量。同样利用 Logistic 回归分析,得到9个回归方程,如表16所示,其中除模型10外,其他回归模型的整体拟合度较好,而且显著通过似然比检验。从模型的伪 R^2 值可以看出,在用水满足指标方面,自然地理条件的影响(7.2%)依次大于具体制度规则(4.6%)和经济社会属性(4.5%);在用水纠纷指标方面,具体制度规则的影响(4.8%)依次大于经济社会属性(4.6%)和自然地理条件(1.8%);在私自挖渠方面,自然地理条件的贡献(12.7%)高于具体制度规则(6.4%)和经济社会属性(5.6%)。

从用水满足方面看,自然、经济和制度3组变量的影响都非常显著。首先,村庄位于平原地区的用水满足程度要高于山区和丘陵;主干渠越长,则用水满足程度越低;耕地位于水源上游的农户其用水满足程度要明显高于中游和下游。其次,农业收入相对更为重要的地区,农户的用水满足程度更低;经济发展水平相对较低的村庄,或者经济发展水平较高的省份,农户的用水满足程度相对越高。最后,私自挖渠有惩罚措施的村庄,用水满足程度更高;是否有用水户协会的对用水满足无显著影响;在水渠管理方式上,村委会和农民自己管理的灌渠,用水满足程度要高于灌区管理和用水户协会。

在用水纠纷方面,3个维度中各有一个变量对用水纠纷的频率高低影响显著。主干渠的长度与用水纠纷显著负相关,即主干渠越长,用水纠纷越多,应当是由于主干渠延伸越远,所涉及的村庄和农户越多,彼此产生用水纠纷的可能性也就越高。一个有些意外的结果是,村庄所辖人口越多,用水纠纷越少。此外,不同水渠管理方式的绩效存在差异,灌区管理和农民自己管理的绩效更好。

在私自挖渠方面,影响最为显著的是自然地理条件和具体制度规则,经济社会属性的影响不显著。平原地区私自挖渠的可能性依次比丘陵和山区

中国渠系灌溉管理绩效及其影响因素：一项运用 IAD 框架的研究

表 16 占有维度的 Logistic 回归结果

	用水满足			用水纠纷				私自挖渠	
	模型 7	模型 8	模型 9	模型 10	模型 11	模型 12	模型 13	模型 14	模型 15
自然 1: 村庄地势									
平原	0.336** (0.149)	0.387** (0.171)	0.359** (0.174)	-0.115 (0.491)	-0.381 (0.573)	-0.459 (0.589)	1.603*** (0.565)	1.226** (0.631)	1.151** (0.647)
丘陵	0.493*** (0.139)	0.520*** (0.151)	0.241 (0.170)	-0.420 (0.447)	-0.519 (0.470)	-0.332 (0.505)	1.191*** (0.475)	1.134** (0.504)	1.237** (0.54)
自然 2: 主干渠的长度	-0.349*** (0.057)	-0.446*** (0.066)	-0.419*** (0.073)	-0.115 (0.180)	-0.265* (0.200)	-0.308* (0.211)	-0.084 (0.191)	-0.144 (0.212)	-0.181 (0.224)
自然 3: 耕地的相对位置	-0.406*** (0.085)	-0.372*** (0.091)	-0.397*** (0.093)	—	—	—	—	—	—
自然 4: 与出水口的距离	0.101 (0.034)	0.046 (0.041)	0.048 (0.042)	—	—	—	—	—	—
经济 1: 农业收入重要性		0.214*** (0.053)	0.272*** (0.054)						
经济 2: 村庄所辖人口		0.056 (0.069)	-0.041 (0.074)		0.454** (0.221)	0.536** (0.242)		0.425* (0.236)	0.275 (0.251)
经济 3: 村庄经济相对水平		0.175* (0.100)	0.169* (0.104)		0.005 (0.291)	0.118 (0.314)		-0.121 (0.331)	0.055 (0.365)
经济 4: 地区经济发展水平		-0.062*** (0.017)	-0.062*** (0.018)		-0.013 (0.053)	0.003 (0.054)		-0.066 (0.058)	-0.079 (0.060)
制度 1: 参加灌渠维修的频率			-0.057 (0.059)			—			—

续表

	用水满足			用水纠纷				私自挖渠	
	模型7	模型8	模型9	模型10	模型11	模型12	模型13	模型14	模型15
制度2: 用水户协会			-0.042 (0.199)			-0.090 (0.559)			0.915* (0.647)
制度3: 私自挖渠的惩罚力度			0.291* (0.162)			0.488 (0.511)			0.616* (0.548)
制度4: 水渠的管理方式									
灌区管理			-2.329*** (0.569)			2.049** (1.242)			-0.270 (1.346)
村委会			-2.681*** (0.549)			1.427 (1.128)			-0.688 (1.224)
用水者协会			-1.923*** (0.719)			0.765 (1.456)			-0.715 (1.573)
农民自己			-2.693*** (0.548)			1.767* (1.155)			-1.247 (1.242)
N	1 021	1 021	1 021	96	96	96	96	96	96
-2对数似然值	1 851***	2 149***	2 174***	90	213**	227**	108**	226***	236***
拟合度Pearson	1 498.25	2 036.45	2 113.66	37.39	234.17	262.71	84.84	363.73	425.39
伪 R^2	0.072	0.117	0.163	0.018	0.064	0.112	0.127	0.183	0.247

注:***、**、*分别代表1%、5%、10%的显著性水平。
村庄地势以"山区"为参照类,水渠管理方式以"无人管理"为参照类。

小。虽然主干渠长度的影响并不显著,但可以看出,主干渠的长度越长的地区,私自挖渠的可能性越高。在具体的制度规则上,有用水户协会的村庄,私自挖渠的可能性要小;对私自挖渠有惩罚措施的村庄,私自挖渠的可能性也越小。这与奥斯特罗姆基于"公共池塘"资源理论所提出的自主治理框架契合。她认为,制度供给、可信承诺和相互监督(Ostrom,1992a)是自主治理的3大关键问题。公共池塘资源的治理,首先需要一套制度和行为准则,以解决"搭便车"等问题。由此可见,用水户协会和惩罚制度在解决"搭便车"问题上具有一定效果。

综合以上回归结果,影响用水满足的自变量主要是自然地理条件(主干渠的长度、耕地的相对位置、村庄地势等)、具体制度规则(水渠的管理方式、私自挖渠的惩罚力度)和经济发展程度(农业收入重要性和村庄经济相对水平)。从贡献度看,自然条件的影响最大,其次是管理制度,经济属性最小,这也从一个侧面反映了目前灌溉管理制度还比较薄弱。对用水纠纷有显著影响的是水渠管理方式、村庄所辖人口状况、主干渠的长度。对私自挖渠影响最大的是具体制度规则和自然地理条件,经济属性较小。由此可见,占有绩效的高低很大程度上依赖于自然地理条件,与此同时,具体制度规则的作用也比较明显。

综上所述,自然地理条件、经济社会属性和具体制度规则3个维度的变量对灌溉管理绩效均存在不同程度的影响。其中,在供给维度方面,管理制度和经济属性影响更为显著,自然条件影响相对较小。在占有维度方面,自然条件和管理制度对管理绩效都有显著影响,经济属性的影响相对较小。因此,整体来看,管理制度对供给和占有绩效的影响均十分显著,经济属性的影响侧重于供给绩效方面,而自然条件的影响侧重于占有绩效方面。换言之,基础设施状况和维护成本的高低受制于经济发展水平,而灌溉用水的分配和用水秩序的维护则与自然地理条件密切相关。

六、结论

围绕灌溉管理绩效的研究,由于以往很欠缺全国范围内的大样本定量分析,很难对中国灌溉管理绩效及其影响因素形成准确的认识。本文以当前中国最典型的灌溉系统——"渠系灌溉"为研究对象,通过"百村千户"农村调查,搜集了大样本的问卷数据,利用这些数据对渠系灌溉的管理绩效进行评价,并在 IAD 框架的指引下对灌溉管理绩效的影响因素进行计量分析,得出一些有意义的发现。

从评价结果来看,中国目前渠系灌溉系统的管理绩效处于中等偏上的水平,总体绩效估计值为 74.1%。目前的灌溉基础设施好、中、差各占 1/3,农民负担的基础设施维护成本较小,农民的灌溉用水基本能得到满足,用水纠纷或私自挖渠等破坏管理秩序的问题较少发生。这样的灌溉管理绩效状况,一方面比之前很多主观的判断要好;另一方面也说明还有较大的改善空间。与此同时,不同省份的灌溉管理绩效差异明显,大体呈现低供给低占有、高供给低占有、高供给高占有 3 种类型。计量分析发现,具体制度规则是影响灌溉管理绩效高低的最重要因素,而经济社会属性侧重影响供给绩效,即基础设施状况的维护和维护成本的高低,而自然地理条件对占有维度的绩效影响更为显著,即灌溉用水的分配和用水秩序的维护。

本项研究表明,灌溉基础设施是保证灌溉管理绩效的前提和基础。农田水利建设滞后是影响中国农业稳定发展和国家粮食安全的最大硬伤,水利基础设施薄弱是中国经济社会发展的突出制约因素(中央一号文件 2010)。中国相当多的省份特别是中西部地区的水利基础设施薄弱,这是制约灌溉管理绩效提高的重要原因。这就要求继续加大对农田水利设施建设的投入,不断增加对水利设施运营和维护的补贴。研究还表明,管理制度是灌溉管理绩效的最重要影响因素,这就要求积极改革和完善灌溉管理体制,在构建农村水利建设新机制上寻求新突破。研究发现各种灌溉管理方式对于灌溉管理绩效均有正面的意义,但并没有哪一种管理方式有压倒性的优势,包括近年来被大力倡导的用水户协会,相对于其他灌溉管理方式,在改善管理绩效方面的作用并不明显。这说明各地的灌溉管理改革不应片面追求建立某种所谓"先进"的制度,而应当着重探索适合本地的管理体制机制。当然,限于本研究抽样的有限性和样本数据的局限性,有些结论还有待进一步的研究来验证。

中国古代灌溉事物自主治理的涌现：基于 SES 框架的透视[①]

摘要：如何提炼研究社会生态系统的逻辑框架，对于治理科学来说是一项长期的挑战。近年来，奥斯特罗姆(2007)用于分析社会生态系统的一般性分析框架，采用多层次嵌套分析，尝试回应了这项挑战，本文为这一尝试提供了一个简单而有力的检验。本文将 SES 框架应用于解决一个长期存在的历史性难题——在中国历史上，适应性强的自主治理灌溉制度为何恰好在古代中国的晚期(清朝中后期)大量涌现。此项研究表明，SES 框架提供了一种有力的解释来理解这个问题的复杂性。此项关于清朝的案例研究揭示，稀缺性、资源利用历史、领导力以及社会资本是良好的自主治理的关键性因素。同时发现，人口趋势、经济发展、政府政策和全球化等背景变

[①] 此文于 2009 年 12 月完稿于美国印第安纳大学政治理论与政策分析研究所，曾在印第安纳大学政治理论与政策分析研究所的小型研讨会上报告(2009 年 12 月 15 日至 16 日)，并曾作为第 13 届国际公共事物研究会(IASC)双年会的会议论文(2011 年 1 月 10 日至 14 日)。作者十分感谢埃莉诺·奥斯特罗姆(Elinor Ostrom)、迈克尔·麦金尼斯(Michael McGinnis)、詹姆斯·沃克(James Walker)、迈克尔·考克斯(Michael Cox)和布赖恩布伦斯(Bryan Bruns)，他们对此文的早期版本提出了宝贵意见。此为该英文论文的中译版。

量也是非常重要的促进自主治理发展的因素。

关键词：社会生态系统　复杂性　自主治理　灌溉　中国

一、引言

公共池塘资源例如森林、渔业以及灌溉系统，作为社会生态系统在实践中呈现出高度的复杂性。一段时间以来流行的观点是，公共池塘资源的用户不能够自主治理去管理资源，采用政府管理或者市场管理，是防止资源过度使用恶化的必要途径（Gordon,1954；Demsetz,1967；Hardin,1968）。但是20世纪80年代，学者开始认识到，需要进一步研究公共池塘资源治理中多样性的制度（NRC,1986）；直到90年代，在《公共事物的治理之道》（1990）一书中，奥斯特罗姆令人信服地证明了，对于公共池塘资源，用户可以实现成功的自主治理。然而，这又我们进一步理解用户的自主治理：为什么一些团体通过自主治理成功管理当地资源，而有些却失败？在实证研究中可以观察到，许多变量对会对用户的集体行动选择产生影响。阿格拉沃尔总结了超过30个变量，认为它们都可能影响公共池塘资源的自主治理与集体行动（Agrawal,2001b）。另外，奥斯特罗姆则认为8项设计原是公共池塘资源实现持续良好自主治理的关键（Ostrom,1990）。

然而，奥斯特罗姆提出这些原则都只是或然性的而非确定性的（Cox et al.,2009）。尽管设计原则显示了自主治理成功运作的主要条件，但还难以成为研究复杂社会生态系统问题的诊断工具。诊断复杂社会生态问题，需要引入新的方法论。为此奥斯特罗姆（2007b）发展出一套新的系统诊断方法——多层次嵌套性框架，即社会生态系统（SES）框架，如图6所示。在该框架中，资源系统、资源单位、用户和治理系统属于第一层级变量。它们共同影响着在一个特定行动情境的交互作用和互动结果，并且也受这些交互作用和互动结果的直接影响。上述变量还被更为广泛的社会经济、政治和生态环境背景变量影响。图6作为概念框架所显示的一级变量，其任何部分都可以分解为二级变量，并且可以往下依次分解（Ostrom,2007b）。

在综合之前研究成果的基础上，奥斯特罗姆用这个框架识别出影响公共池塘资源自主治理可能性的 10 个具体变量,它们是资源系统的规模、系统的生产率、系统动态变化的可预见性、单位资源的可流动性、用户数量、领导力、社会资本、知识、资源对用户的重要性和集体选择的规则(Ostrom,2009)。波蒂特、詹森和奥斯特罗姆提供了一个升级版本,包含在实证研究中识别出的 12 个影响用户自主治理的最常见变量(Poteete Janssen 和 Ostrom,2010)。同样在这个框架指引下,梅森-迪克针对灌溉系统的专门研究,还揭示了影响农民参与灌溉管理的重要变量,包括水资源稀缺性,用水户协会的规模、用户的社会经济异质性、领导力、社会资本、与市场的距离及政府政策(Meinzen-Dick,2007)。

本文采用 SES 框架提供的诊断方法,解释为什么灌溉管理的自主治理形式会在古代中国的晚期,特别是清朝大量出现,而非中国历史上更早的朝代。泊提特、詹森和奥斯特罗姆的研究为解释这该问题提供了方法论基础:

在分析实证案例时,研究者或政策分析者必须努力去诊断,如果用户们继续旧规则或者尝试去改变它们,上述的因素如何影响用户们在一个特定情境下所面对的预期的潜在的收益和成本。可以从列出的变量开始,看它们可能怎样去影响这些用户们的成本与收益。在特定案例中,其他一些变量可能进入诊断分析(Poteete Janssen 和 Ostrom,2010)。

本文根据现存文献以及历史档案资料,在 SES 框架指引下识别影响灌溉系统自主治理的潜在变量,以探索解释灌溉管理制度演进的关键因素和机制。表 17 是本研究用到的 SES 框架的第二层级变量列表。

表 17 SES 框架第二层级变量列表

社会、经济、政治背景(S)
S1-经济发展;S2-人口趋势;S3-政策稳定性;S4-政府政策;S5-市场化;S6-专家团队;S7-技术

资源系统(RS)	治理系统(GS)
RS1-水资源	GS1-政府组织
RS2-系统边界是否清晰	GS2-非政府组织
RS3-灌溉系统规模*	GS3-网络结构
RS4-水利设施	GS4-产权体系
RS5-稀缺性*	GS5-运行规则
RS6-自我保持平衡的能力	GS6-集体选择的规则
RS7-设施供给可预测性*	GS6a-当地的自治程度*
RS8-水储蓄状况	GS7-制度性规则
RS9-位置分布	GS8-监督和制裁过程

续表

资源单位(RU)	使用者(U)
RU1-资源单位流动性*	U1-使用者的数量*
RU2-水资源的可及性(植被灌溉期)	U2-使用者的社会经济属性
RU3-资源单位互动性	U3-使用历史
RU4-资源单位经济价值	U4-地理位置
RU7-资源时空分布	U5-领导力*
	U6-社会规范/社会资本*
	U7-社会生态系统的知识*
	U8-对灌溉的依赖*
	U9-所使用的技术
互动(I)→结果(O)	
I1-使用者之间的差异化	O1-社会绩效
I2-使用者间的信息共享	O2-生态绩效
I3-商议过程	O3-外部性(对其他系统的影响)
I4-使用者间的矛盾冲突	
I5-对设备维护的投资行动	
I6-游说行动	
I7-自我组织的行动	
I8-网络化行动	
其他生态系统(ECO)	
ECO1-气候条件;ECO2-污染模式;ECO3-社会生态系统的其他流入与流出	

资料来源：根据 Ostrom(2007)、Meinzen-Dick(2007)、Poteete Janssen 和 Ostrom(2010)等文献整理。其中标注＊号的变量系笔者识别的关键变量。

二、中国历史上灌溉治理的演进

由于中国的农业生产高度依赖灌溉，灌溉事物在中国具有十分重要的地位。中国从两千多年的先秦时代就开始发展大规模的灌溉事物。经过千百年的发展，形成了悠久的灌溉传统和精细的灌溉制度。1400 年和 1820 年中国的灌溉面积大约占耕地面积的 30％，而 1850 年的印度这一比例只有 3.5％。可以说，没有哪个国家像中国那样投入大量的资金和动员大量的劳动力进行大规模的水利设施建设。

秦汉时期(公元前 221 年至公元 220 年)是中国古代社会建立和发展的

时期,也是灌溉管理制度开始建立的时期。这一时期的水利工程的兴建高度依赖官府。国家动用大量财力用于开渠屯垦,中央政府有时直接建设重要水利工程。水利工程和灌溉事物也是地方政府的重要职责,地方官员往往直接主持兴修水利工程。同时,灌溉管理高度依赖官方管理,重要水利工程设专职官员管理。

唐宋时期(618—1279年)是中国古代社会发展的鼎盛时期,也是灌溉制度大发展的时期。相对于秦汉时期,以国家法律为主导的正式制度不断发展,国家力量对灌溉事物的控制达到了古代社会的高峰。唐代颁布了中国历史上第一部系统的水利法典《水部式》,对灌溉用水制度有详细规定。唐宋两朝都设有专门的水利部门来管理和监督灌溉工程,由中央政府派遣专任官员去管理灌区。灌区管理组织有着十分明确的人员设置规定,甚至连基层管理人员都是专任官员指派的。官方在灌溉管理中处于主导地位,唐代无论是分水设施斗门的安装,还是渠系内分水制度的制定,都由官方直接实施。

唐代以后,国家用于水利建设的拨款开始减少。兴修水利工程的资金需要由利户分摊,并且利户还有出工纳粮分摊灌区运营费用的义务,即要交纳"水粮"以获取用水的权利,这成为后世的惯例。在宋代,政府鼓励民间投资兴建灌溉工程。随着民间力量兴建小型水利工程的不断增长,当地民众开始更多地参与到灌溉管理事务中(姚汉源,2005)。

宋代以后,在国家保持对灌溉事物控制力的同时,民间力量获得很大的发展,并与国家的力量有机结合,使灌溉管理水平进一步提高。元代(1206—1368年)以后,灌区的基层管理人员通常不再由政府直接任命,改而实行民主选举或推举。至明代(1368—1662年)和清代(1644—1911年),基层灌溉管理与乡里制度相结合,使灌溉事物的自治管理水平达到了历史上的高峰。明清时期国家很少颁布关于灌溉方面的法律,而是在继承前代正式管理制度的基础上,逐步形成用水惯例,以渠例或水册的形式固定化,借助乡里制度和道德力量来实施。这使得乡规民约为代表的非正式制度,在明清时期的灌溉管理中发挥了巨大作用(王亚华,2005)。

考察中国古代从秦汉至明清的灌溉管理演变,实际上揭示出灌溉管理模式的变迁趋势,从中央集权到地方分权,从官方力量主导到地方自治兴起,这一过程伴随着非正式制度的发展和灌溉管理绩效的提高。经过千年的不断演化,至古代中国的晚期,灌溉自主治理大规模涌现。特别是在清代的中后期(18~19世纪),在中国的很多地区灌溉自主治理已经发展成为一种普遍的模式。

考虑到中国历史上中央集权的大一统政治体制,不禁产生这样的疑问:为何自主治理的灌溉组织在古代中国的晚期特别是清朝大量涌现呢?是什么因素导致灌溉管理中的这一重大变革?本文试图通过奥斯特罗姆提出的SES框架来做诊断和回答。

笔者发现,清朝中后期(18~19世纪)自主治理是大规模涌现,并非是一个偶然现象,而是漫长时间演化的结果。通过考察中国古代灌溉管理制度变迁,可以发现自主治理的发展是社会生态系统演化的产物。笔者利用表18,概括了在2000年的时间尺度上,对几个代表时期一些重要变量的相对变化。关于时代的选择,选取了4个有典型性的王朝——西汉、唐、明和清。每一个王朝选择其有代表性的时期,例如清代主要是其中后期。

关于地域的选择。当然中国地域很广,制度安排有多样性。即使清代,灌溉管理在各地也是各式各样的。本文主要选择山西和陕西地区,并主要以山西省作为主要分析对象和阐述背景,因为古代自主治理发展水平在中国北方最高,而山西省尤其典型。但这并不意味着山西是一个特殊的例子,自主治理作为一种模式,在清朝时期的很多地区有一定普遍性,其他地区与山西相比,也许是自主治理的程度或具体样式上的不同,而不是本质上的差别。

下面我们主要检查那些对自主治理有显著影响的变量,循着SES框架的变量列表,我们将大致梳理这些变量在历史中的演变,特别是在清代的具体情况。限于篇幅,本文不再一一介绍SES框架中其他变量的情况,但这并不意味着这些变量没有变化。再次强调,系统中的各个变量是一个连续的变迁过程,它们的变化是漫长时间演化累积的结果,表18中不同时期的评分值更清楚地表明了这一点。

表18 SES框架第二级变量在古代中国的4个时期表现

	变量		汉	唐	明	清
资源系统(RS)	灌溉系统规模*	RS3 ♯	1	2	3	5
	稀缺性*	RS5 ♯	1	1	3	4
治理系统(GS)	政府组织	GS1 &	1	2	4	4
	非政府组织	GS2 &	1	1	3	5
	网络结构	GS3 &	1	1	3	4
	水权稳定性	GS4a ♯	1	1	3	5
	运行规则	GS5 ♯	1	1	3	5
	当地的自治程度*	GS6a ♯,&	1	2	4	5
	监督和制裁过程	GS8 &	1	2	3	5
使用者(U)	使用者的数量*	U1 ♯	1	1	2	5
	使用者的社会经济属性*	U2 ♯	1	1	3	4
	使用历史	U3 ♯	1	2	4	5
	领导力*	U5 ♯	1	2	3	4
	社会规范/社会资本*	U6 ♯	1	1	3	5
	灌溉知识*	U7 ♯	1	2	4	5
	对灌溉的依赖*	U8 ♯	1	1	3	5
	所使用的技术*	U9 ♯	1	2	4	4
	平均分		1	1.5	3.2	4.7

注：(1)本表以山西省作为评分对象，通过已有的文献和笔者经验判断给出的分数。(2)第1行所列出的4个时期是我国的灌溉管理最具有代表性的时期。(3)将汉代所有变量的评分值赋以1，其他3列中的数值都是相对于汉代的1所给出的。(4)表格中带♯的是相对强度和深度；&是指自主治理的发展水平；该行的数值表示支持自主治理的程度。

同时，鉴于唐以后，宋、元、明至清，经历了连续的制度变迁过程，本文的研究时段为清朝(特别是中后期18~19世纪)，相对于之前，特别是唐朝时期；选取山、陕地区，并主要以山西为例，该地域在这两个时期的差别不是本质上而是程度上的。

三、考察第二级变量

如上所述,自主治理在清代中后期已经非常盛行,可以将其视为19世纪中国灌溉管理的一种普遍类型,而山西省可以视为当时的一个典型代表。这一部分将结合中国的历史资料,逐一考察SES框架中与自主治理可能相关的第二级变量(Ostrom,2009)。

(一)灌溉系统规模(RS3)

在许多研究中,规模被视为自主治理的非常重要的变量(Araral,2005;Meinzen-Dick,2007)。出于界定边界、监测使用类型和获得生态系统知识的高成本,非常大的地域不太可能进行自主治理(Ostrom,2007b)。因此,较小的灌溉系统更有可能产生出自主治理。

清朝时期,灌溉自主治理范围的扩张伴随着地方百姓所建设的小型水利工程的急剧增长。与之前的朝代相比,中央政府在水利工程建设与灌溉制度供给两方面的重要性大为下降。根据Chi(1936)的研究,在山西省,明朝时建设的水渠有97条,清朝时156条,而在明朝之前,记录在册的水渠数量总共累积只有136条。在这一时期,民间投资兴建的小型水利工程显著的增长,部分原因出于该省的商业繁荣。

在清朝中晚期,绝大部分小型水利工程由民间管理。这里所说的小型水利工程一般具有不超出县、在村以内或者跨村的规模。大型水利工程,特别是跨县工程,仍然属于国家管理。在这些系统中,水闸之下的灌区都受到当地民众的管理。因此大型水利工程其实是官民合作治理的。

(二)稀缺性(RS5)

水稀缺激励利户投资自主治理,并且对农民参与的可能性有重大的影响(Wade,1994;Araral,2005)。山西省位于中国西北干旱半干旱地区。在明清时期,生态系统随着人口的增长急剧恶化,从而加剧了干旱的影响。

山西的一个例子是,在明朝前期,森林覆盖率大约有30%,到了明朝中期下降到 15%,而到清朝末年,则仅仅只剩 10%。这种森林锐减主要是由大规模土地开垦所造成的土地侵蚀和径流减少引起的。生态系统退化带来更频繁的干旱灾害和饥荒。

根据山西省汾河灌区的数据,从公元前 142 年至公元 618 年,有 8 个旱年,平均 97 年 1 次;从公元 618 年—1260 年,有 19 个旱年,平均 34 年 1 次;而到明清两朝,干旱灾害更加频发,从公元 1368—1911 年,有 40 个旱年,平均 14 年就有 1 次(行龙,2000)。这种境况使水稀缺问题变得更加糟糕,迫使农民更多地关注水利工程的发展和效率。

(三) 当地自治程度(GS6a)

许多实证研究表明,拥有制定规则的自主权对自主治理非常重要(Ostrom,1990;Haller 和 Merten,2008)。同时这也是自主治理本身重要的一部分。从秦朝(公元前 221—前 206 年)开始,中国建立起中央集权的政治体制,从中央到地方采用科层制管理体制。唐朝时,中央政府实行了一系列管理制度来管理利户申请用水许可证,并且规定所有灌溉土地必须每年进行注册。

在唐朝以后,为追求更低成本,中央政权减弱控制并允许更多的当地百姓经营民间组织。基层的民间组织仍然需要政府的支持,但一些包括灌溉治理在内的自治体已经在地方治理中出现。在明清时期,地方自治体得到进一步发展,并且有大量的地方灌溉组织出现,这些组织受当地选举出的人员所组成的地方团体管理。国家不再插手灌溉事物的日常管理。国家的职责在于地方的宏观管理,并在基层产生冲突时扮演调解人的角色。

在明清时期,渠册被广泛使用并且在小型灌溉管理中发挥重要作用(郑肇经,1984)。渠册中的规章为具体的水渠和灌区制定了详细的规定,如水权、水资源分配原则、利户义务和责任、维护水利设施的办法以及冲突解决办法。这些由民间发展出来的规章源于地方传统和习俗,使国家规定可以更好地适用于当地条件。在山西,一些渠册有超过 500 年的历史。

(四) 使用者数量(U1)

虽然组织规模通常与自主治理的可能性相关,但奥斯特罗姆认为它的影响依赖于其他 SES 变量以及相应的管理类型(Ostrom,2009)。

在清朝之前的古代中国,各个朝代的总人口罕有查过 1 个亿的时期。在主要朝代的繁盛阶段,人口通常也只在 4 000 万～6 000 万人。清朝时,人口显著地增长,从 1700 年的 1 亿左右人口猛增了 4 倍多,到 1850 年达到 43 000 万人。这种急剧的人口增长导致了人地关系的迅速恶化,并在 18 世纪末期陷入马尔萨斯陷阱(Ho,1959)。

山西是整个中国在这段时期人口增长的典型代表(见表 19)。从唐朝中期(713—741 年)到明朝中期(1542 年),山西的人口从 233 万人增长到 507 万人,而到清朝晚期(1875 年)增长到 1 640 万人。人口的迅速增长使得人均耕地减少(王尚义、张慧芝,2006)以及由水资源利用引起冲突的增加。一种较普遍的观点是人类与自然资源关系的恶化是推动清朝灌溉管理中更精细制度产生的主要因素之一。

表 19　山西人口登记数量

年　份	人口数量/万人
西汉,2 公元年	164
东汉,157 公元年	77
隋,606 公元年	63
唐,755 公元年	205
宋,1109 公元年	233
元,1209 公元年	40
明,1393 公元年	407
清,1741 公元年	507
清,1820 公元年	1 460
清,1851 公元年	1 640

数据来源:王尚义和张慧芝,2006;Ho,1959。

(五) 使用者的社会经济属性(U2)

一些实地调查研究已经证明用户多样的社会经济特征影响自主治理的出现与否,在这些社会经济特征中特别强调异质性这个变量。异质性与集体行动之间的关联是复杂的(Heckathorn,1993)。泊提特和奥斯特罗姆(2004b)认为,异质性与集体行动的关系是非线性的,并且视许多其他因素而定。在异质性的许多表现形式中,财产和权力的异质性在自主治理的场合下是最重要的,政治精英和领导者如果比一般的团体成员更富有的话通常会增加集体行动(Vedeld,2000)。一些不均等的资源赋予意味着一些行动者会更乐意承担担任领导者产生的成本(Baland 和 Platteau,1995)。富有而有知识的参与者在集体行动过程早期的出现可以激发集体成员之间的信任(Ostrom,2007b)。

在古代中国,土地所有权以及通常附属其上的水权是当时农村居民的主要财富。通常在一个主要朝代的开始阶段,国家会对土地所有权进行平均的分配。随着时间推移到这个朝代的中后期,会出现财团或者权力集团进行的土地兼并导致土地所有权的集中。财富的不平等不断增加,并且成为王朝灭亡的重要原因之一。这种趋势到了明清时期变得更加明显,部分是由于在这个时期,农村社会受到了市场因素和商业发展的影响(傅筑夫,1981)。

结果是,出现了乡绅和地主的社会阶层,他们在农村社会的自主治理中起着多重作用,筹资、组织、解决冲突以及决策。乡绅和地主可以被视为自主治理中的领导者。

(六) 领导力(U5)

任何类型的资源系统中,当一些用户具有组织管理才能并且被尊为当地的领导者时,自主治理更有可能实现(Wade,1994;Ostrom,2009)。

清朝中晚期,在治理地方事物上,地方精英发挥了越来越重要的作用,这使得政府从基层管理中抽身成为可能,这其中之一是宗族势力;二是士绅阶层。在许多地方,宗族里的长者拥有宗族里广泛的权力,并且可以将其权力延展到由政府授权的当地团体(傅筑夫,1981)。

清朝时,士绅阶层似乎更为重要,他们通常包括两类人群:在科举中拿到功名但还没有得到一官半职的当地知识分子和告老还乡的官员。乡绅有权是由于他们相对较高的知识水平以及他们与政府结下的密切关系。费尔班克(1983)观察到任何由皇帝任命的郡守都不可能脱离与当地乡绅的合作而单独进行治理。特别是在水渠管理方面,水渠管理者(渠长)在灌溉管理中起着类似企业家的作用,并且通常由利户选举产生。当一些水渠灌溉面积较大时,推举产生的水渠管理者会得到正式的政府任命。图15展示了清朝时山西省洪洞县灌溉组织的一个典型例子。日常管理机构由1名水渠主管与3位副主管协助工作,并下属3位水渠管理专员和一些挖渠员。权力机构是由一些委员会委员组成的水渠领导小组,它的作用相当于水渠事物的决策委员会。

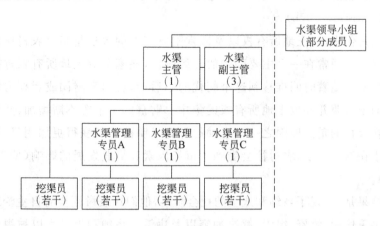

图15 洪洞县灌溉组织架构

资料来源:周亚和张俊峰,2005。

(七) 社会规范/社会资本(U6)

遵守共同的伦理道德规范的用户将面临较低的集体行动成本(Ostrom,2005;Araral,2005)。一项关于印度48个灌溉系统的研究结果表明庙宇数量增加了灌溉组织的可能性,并且因宗教而产生的社会资本比由合作社创造的社会资本似乎对组织有更强的影响力(Meinzen-Dick,2007)。

在明清时期,灌溉的治理系统主要由多种多样的乡规民约构成,而这些规则和协议的维持主要是基于道德和宗教的力量。在传统的农业社会,村委会面临着来自正式规定和惩罚的强大制度约束。为了保持在自然资源管理中社会信任以及互惠互利的共同准则,他们同样面临来自传统习俗、公共舆论和个人名誉的道德约束。在许多地方这种道德力量被宗教进一步加强。虽然儒家思想在帝制中国的大部分时期都被作为官方意识形态,但在不同地域实际上存在着许多多样的宗教形式。在山西省的许多地方,产生了水神崇拜以及特别的献祭仪式,因为水资源对于当地百姓来说太重要了。

行龙(2005)研究了一个山西省晋河流域36个村落水神崇拜的案例。晋祠是这个流域百姓的主要祭拜场所。有趣的是,晋祠供奉的神像在过去的2500年间不断演化。开始时,晋祠是古金郡的第一任诸侯唐叔虞。后来到了11世纪的宋朝,一位女性神——圣母开始被敬奉并且逐渐取代唐叔虞成为晋祠的祠神。在16世纪的明朝时,36个村落的百姓开始信奉另一位神——水母娘娘,并且从这时起每年会举行祭奠水神的重大献祭仪式。水神崇拜的兴起可以归因于明清时期由于人口剧烈增长而引起的不断加剧的水资源短缺。水神崇拜对维持流域内的公共价值观、支持用水规则以及缓解社会冲突起到了重要的作用。

(八) 社会生态系统的知识(U7)

当用户分享关于相关的SES特征、他们的行动如何互相影响和在其他SES中适用什么样的规则的共同知识时,他们将更容易组织起来(Berkes和Folke,1998;Ostrom,2009)。这同样适用于中国的灌溉管理。

山西省的许多地方有着超过千年的灌溉传统,而渠册持续使用了数百年。清朝时期,农民对自然地理的知识和相关规则已经非常熟悉。例如,在山西省的洪洞县,清朝晚期当地流传的一句俗语说到人人都将渠册尊为黄金准则和重要信条(行龙,2000)。水渠管理如此经常与持久,以至于渠册几乎可以被视为水渠利户共同体的"宪法"。

作为渠册的补充,水利碑刻在山西省许多村非常常见。石碑有多种内容,例如水渠修建的历史,对捐赠者的纪念,水渠事物的规章和过往的司法判例。一些重要石碑的篆刻常常得到政府的支持或者直接由政府制作,这样提高了这些碑文的权威。当地百姓非常熟知这些水利碑刻并且碑文在他们心中占有非常重要的地位。

(九) 对灌溉的依赖性(U8)

在成功的自主治理案例中,用户要么非常依赖资源系统,是其维持生活的重要部分,要么非常重视资源的持续(NRC,2002;Ostrom,2009)。因此这个变量对自主治理的影响是显而易见的,资源的重要程度越高,用户则会更多地为其付出。

作为农业生产的重要地区之一,山西省对灌溉有着更高的依赖度。例如,在山西的洪洞县,县府将灌溉视为最重要的地方事物。清朝时期,水资源稀缺随着显著的人口增长变得更加严重。这个变化意味着灌溉变得更加重要,而这一点从灌溉水源经济价值的变化可以看出。

四、相互作用和把情境设定与关键变量之间的相互联系

(一)对灌溉自主治理的深入解释

现在,我们尝试把这些变量联系在一起来理解中国清朝灌溉自主治理模式的出现。图 16 是一幅因果联系示意图,它揭示了关键变量间主要的相互作用。

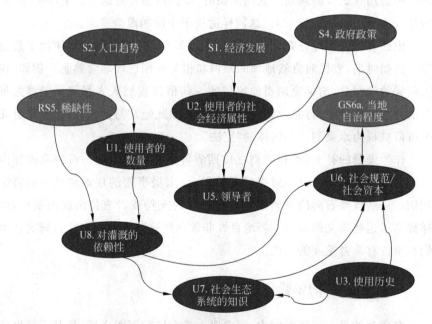

图 16　清朝时期自组织灌溉示意图

第一,让我们来看看当地自治程度(GS6a)变量,这是使得灌溉自主治

理成为可能的关键变量之一,在中央集权的政治体制之下尤其如此。从10世纪的唐朝开始,中央政府已经允许地方政府拥有一定程度的自治权。到明清时期,这种乡村层面的自治权得到进一步的扩展。特别是在清朝,政府推行措施,通过赋予宗族和乡绅合法权力来支持他们的权威。另外,清朝政府支持乡规民约,即由宗族长老和乡绅根据当地情况在官方意识形态的指导下制定的民间规则。所有的这些政策塑造了乡村自治并推动民间灌溉组织的发展。

第二,领导者(U5)变量,它为当地自治程度提供了重要的支持。如上所言,在清朝,宗族权力和乡绅的出现是引人瞩目的,这可以归因于利户社会经济属性的变化(U5)。村民异质性的增强可以进一步归因于经济的发展,而经济的发展是背景设定中的一个变量。

第三,变量之社会规范/社会资本(U6)和当地自治程度(GS6a)相互作用并构成清朝灌溉自主治理模式的核心部分。清朝时,社会规范和社会资本的影响力开始变得强大,不仅是因为政府政策支持民间规则推动当地自治程度的发展,而且因为其他变量的变化。其中之一就是知识变量(U7)。清朝时,当地百姓对灌区的物理知识和规则体系已经拥有丰富的知识。另一个变量利用历史(U3)能够增强社会资本和巩固集体社会规范。在清朝晚期,中国北部的很多灌溉系统已拥有几百年甚至上千年的悠久历史,这有助于当地民众积累知识并塑造稳定的社会规范。同时,对灌溉的依赖性(U8)变量也是很重要的。清朝时,灌溉水源重要性的增长与有关灌溉管理的规范和规则之间有一种紧密的因果联系,灌溉水源重要性的增长为当地民众去发展有关灌溉的知识提供了更多的激励。

我们可以进一步鉴别出一些影响因素,以理解在复杂的关系链中对灌溉依赖性(U8)变量的变化。一个因素是利户人数(U1)的剧烈增长,这可以进一步归因于人口趋势这一背景变量(U2),另外一个因素是稀缺性(RS5)的增加,这也增强了水资源的重要性。

最后,从图16来看,很明显,情境设定和资源系统(RS)子系统中变量的变化提供了驱动力。在社会、经济、政治的设定中,经济发展(S1)、人口趋势(S2)和政府政策(S4)的变量可以看作影响治理系统子系统和用户子系统中的变量的外生变量。对于资源子系统来说,稀缺性变量是对其他子系统有影响的外生变量。

（二）解释资源系统的改变

如上分析，资源系统的变化可能会冲击治理系统和用户系统。然而，资源系统的变化可能不可以被简单地视为自然现象，而应理解为与其他组成部分的变量相互作用的结果。图17展示了从更宽广的视角对资源系统变化的进一步的认识。

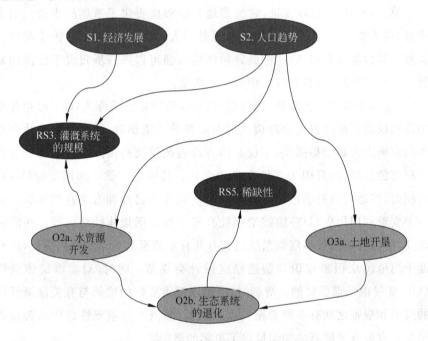

图17 引起清朝资源系统变化的示意图

一个初始变量是情境设定中的人口趋势（S2）。清朝人口的剧烈增长导致结果的变化，包括土地开垦（O3a）和水资源开发（O2a），它们共同导致生态系统的退化（O2b）。水资源稀缺（RS5）是由生态系统的退化（O2b）造成的系统生产力下降的结果。

在清朝，人口增长所诱发的水资源开发（O2a）使对水利基础设施的需求有了极大增长。这种需求催生了许多小型水利工程和小型灌溉系统（RS3）。经济发展这一背景变量（S1）为新工程建设提供了资金。

（三）解释人口趋势

根据以上分析，人口趋势（S2）变量似乎是导致清朝社会生态系统发生巨大改变的最显著的因素。正如之前引用的数据，清朝时期人口增长了 4 倍，这也是中国整个帝制时期最显著的人口增长。于是这引出了另一个有趣的问题：为什么在清朝时期出现了如此剧烈的人口增长？

情境设定中变量的相互作用（见图 18）为这个问题提供了一种解释。从 17 世纪中叶清朝初期开始，出现了长达 200 年的政治稳定（S3）。这自然地直接促进了人口增长，同时经济发展（S1）也间接影响了人口增长。尽管这样的情况在每个主要朝代都发生过，并非清朝特例，但清朝保持稳定的时间要长很多。

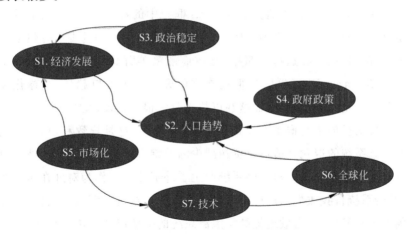

图 18　引起清朝人口趋势的示意图

更重要的为历史学家（Ho，1959）所熟知的因素则是政府政策（S4）和农业技术（S6）的改进。1724 年，清朝第二位皇帝康熙推行了"摊丁入亩"财政改革，取消了根据人口征收的人头税，改为根据丈量的土地面积征税。在随后的 2 个世纪里，这项政策刺激了人口的增长。另一个重要的因素是新农作物品种的引进，包括 17 世纪前明末引进的甘薯、玉米和土豆。由于这些从美洲引进的农作物产量很大，并适合在旱地和山地种植，因此在清朝时期被广泛种植。因此，如图 18 所示，另一个背景变量全球化（S7）进一步引起了农业技术（S6）的变化。Young 等（2006）做的一项研究中，将"全球化"定义为就信息、人、商品和服务的流动而言,全球化将空间和时间不断压缩,在这个案例中显示了对社会生态系统的深远影响。

五、结论

本文展现了奥斯特罗姆所提出的框架,对古代中国晚期灌溉自主治理的产生提供了一种很好的解释。SES框架在理解社会生态系统的复杂性方面是十分有力的工具,奥斯特罗姆所识别出的关键变量对于自主治理的可能性有显著影响(Ostrom,2009)。其他一些变量比如利用历史,也被这项研究证实与灌溉自主治理的发展是相关的。

然而与此同时,这项研究表明,SES框架中的经济、社会和政治的背景设定可能比我们已知的更为重要。它们可以为自主治理的发展提供初始力量或支持性环境。在这些变量中,如政府政策等背景情境,已经由梅森-迪克提出(Meinzen-Dick,2007),但是本项研究发现了人口趋势、全球化和技术变革等变量也非常重要,而这在以往文献中很少提及。

人口增长似乎是推动变化最为重要的因素。它是导致利户数量增长,引起生态系统的退化并造成水资源减少的关键因素。不断变化的情景设定和日益退化的生态系统对社会系统产生了外部冲击。作为对外在压力的回应,社会系统自我改变以适应不断变化的境况。在这一背景下,自主治理在清朝大规模发展,并有效地提高了灌溉系统的绩效以适应不断增长的人口。因此,自主治理提供了一种适应性变化来支持社会生态系统的可持续发展。

在社会系统中,对外部变化的回应是多层次和多途径的。在该个案例中,治理子系统沿着一些维度进行调整,这些维度包括民间组织和社会网络的发展、产权制度的变革和更精细操作准则的形成。就用户子系统而言,共同的社会规范和社会资本得到了强化,以应对外部挑战。

与此同时,当人口增长和经济发展为支持自主治理提供物质和人力资本时,政治体制和政府政策为当地自治程度的发展创造了宏观环境。从这个角度看,灌溉自主治理更可能是长期不断调整适应的结果,并且对社会生态系统的稳定性起着至关重要的作用。

这项研究还展示了社会生态系统中复杂的相互作用以及情境设定中的变量可以发生的复杂相互作用。鉴别 SES 框架中变量间的这些相互作用并揭示变量间的因果关系,将是未来一项重要的工作。展望来看,在 SES 框架指引下,可以发展出更好的理论促进社会生态系统治理知识的有效积累。

附录：奥斯特罗姆的学术自传

漫长的多中心之旅[①]

埃莉诺·奥斯特罗姆

摘要：在本文中,我主要讨论自己个人的学术历程,以及我们为了更好分析"制度如何影响行为及其结果"所做出的研究努力,这些研究是我们与印第安纳大学政治理论与政策分析研究所一同进行的。首先,我讲述了我的经历,包括我在学生时期和早期工作的经历,希望可以鼓舞那些正遇到困

[①] 本文英文原文为埃莉诺·奥斯特罗姆(Ostrom)教授 2010 年发表在《政治学年度评论》(*Annual Review of Political Science*)期刊上的学术自传(Ostrom. A Long Polycentric Journey. Annual Review of Political Science,2010b,13：1~23)。本文由王亚华教授团队译校,译文刊出已获授权(版权号：2970230190436)。原文致谢："在这漫长的旅程中,我很幸运地得到多方的研究支持,包括福特基金会(the Ford Foundation)、联合国粮农组织(FAO)、麦克阿瑟基金会(MacArthur Foundation)和美国国家科学基金会(National Science Foundation)。我要感谢布莱恩·布鲁斯(Bryan Bruns)、迈克·库克(Michael Cook)、克里斯汀·殷杰尔布莱特森(Christine Ingelbritsen)、马可·詹森(Marco Janssen)、玛格丽特·李维(Margaret Levi)、迈克·迈克金尼斯(Mike McGinnis)、罗杰·帕克斯(Roger Parks)和王亚华(Yahua Wang),谢谢他们对本文初稿所提出的深刻评论;感谢帕蒂·赖若特(Patty Lezotte)深思熟虑而卓越的编辑。我也感谢《政治学年度评论》(*Annual Review of Political Science*)的编辑委员会邀请我讲述我的学术自传。这对我来说是莫大的荣幸。"

境的年轻人。其次,我讨论了我们所开展的制度分析和我们对城市治理与公共池塘资源的研究,这都帮助我发展了一套更一般的复杂系统动态分析框架。我们已能用这个框架挖掘与分析系统结构、行为和其结果,以做出和检验预测是否与假设一致,并建立更好的理论。最后,我将分享一些与未来学术方向有关的想法。

关键词：制度分析　集体行动　公共物品　公共池塘资源

一、引言

对于一个旁观者,我的职业生涯从当前看起来相当成功。它是否一直如此呢?坦白地说,答案是否定的。我在进入本科时选择主修政治学是非常偶然的。幸运的是,好在我开始研究生学习之前有一小段商业生涯,不然我可能已经因为申请研究生院时收到的意见而气馁了。我的研究兴趣带我走上了一条面向复杂社会生态系统的漫长而跨学科的研究道路——也是一条广受政治科学同人批判的道路。

我对于最初制度如何产生,以及制度如何从各个方面影响人在互动行为中的积极性和结果抱有强烈的兴趣。虽然我参与发展的理论是具有普遍意义的,但大部分从实证研究中获得的成果都被同行们视为与政治科学毫无关系。为什么我会去研究地方治理和政策、尼泊尔的灌溉系统以及农民或者是森林?一个政治科学学者本应去研究议会、国家官僚机构或全球体制,而非去研究基层规则系统的设计、操作和适应性。

我还参加过在20世纪80年代一个广泛实验研究计划,而在那时这种实验室实验的方法还不被视为政治科学家可以接受的方法。然后,随着我逐渐深入到制度研究之中,开始认识其复杂性,一些自称"正统"的同行甚至认为我分析规则系统(指包含多样规则形式的系统)是"愚蠢"的。他们认为,在这个水平没有必要如此复杂,这只会使对制度结构和结果的分析变得十分困难。

因此,我作为一个致力于研究多种制度相关问题的学者,运用多样化和分层次的实证方法和理论方法进行研究,我的确没有遵循任何传统而简单的道路,但我希望能描述我所选择的这条漫长而曲折的多中心研究旅程,并分享我从中看到的未来。

二、我的个人历程和早期职业生活

中学时代

同事曾问我:是什么促使我成为政治学家?一个答案是:我之所以成为政治学家是因为我在中学时有说话口吃的毛病。我在初中时,一个老师很关心我的口吃问题并告诉我参加演讲俱乐部。我的第一个任务是背诵诗歌,但在第一次参与演讲类的比赛时,其他成员却笑话我背诗歌只是"娘娘腔",他们认为只有辩论才是"真正"的演讲。于是我就坐下来观看他们的辩论赛,感到那样非常有趣——随后我加入了辩论队。之后的 2 年里,我作为辩论队的成员与来自加州的诸多高中辩论队交过手。学习如何进行辩论是对学术生涯十分有帮助的经历——作为一个辩论者,你必须学会去观察一个问题的两面,因为在大赛中,你可能会被分配站在相反的立场就一个辩论主题进行辩论,于是你必须在两方面都准备好有效的论点。

大学时代

当我进入加州大学洛杉矶分校(UCLA)时,我首先问是否可以修读与辩论有关的专业,可别人告诉我没有这样的专业。当时我还不知道自己毕业后到底想要做什么,于是新生顾问建议我学习教育学,因为那可能是最适合女生的专业——可以在毕业后成为一名教师。因此,我最初被分配到教育专业。在第一个学期,我选修了政治科学概论课,一位助教把课程讲授得十分精彩。我很快就把自己的专业改成了政治学。我同时也选修了很多经济学和商学课程。幸运的是,我在经济学课上表现很好,从大三开始被邀请为大一学生批阅经济学考试试卷,并持续了一年半的时间。

判试卷只是我在大学期间获得学费的众多来源之一。作为家庭中第一个上大学的孩子,我的父母都从未接受过高中以上的教育,这使我母亲认为大学只是一笔"无用的投资",因为她自己就是在高中后开始工作养活自己的。因此,我必须通过自己的努力拿到本科学位。在夏天我曾经教过游泳,在那些学年中,我需要每周在学校图书馆、本地一元店和其他一些地方工作25~30小时。

1954年,我从 UCLA 毕业,匆匆前往马萨诸塞州剑桥市帮助我的第一任丈夫通过哈佛法学院的申请。

第一份全职工作

20世纪50年代,作为一名刚刚毕业的女性,找工作是一次"有益的"经历。每一次面试被问到的第一个问题必然是:你是否会打字和速记?经过1年在剑桥电力公司做出口业务员的工作后,我终于在一家著名的波士顿公司获得了人事经理助理的职位,而这家公司之前从未雇用过女性担任秘书以上的任何职务。为了获得这个职位,我自愿无薪工作数个月来向他们证明我完全可以胜任这份工作。尽管结果证明这并非必要,但我不得不一次一次反复证明自己。当1957年我回到洛杉矶申请 UCLA 人事办公室的专业职位时,我无比欣慰地获知我在波士顿公司的上司给予了我大力的推荐。更令我欣慰的是,我的努力促进了这家公司在雇工选择时的多样化,在这个原先只有白人、清教徒或者天主教徒的公司里,开始引进一些身为黑人和犹太人的新员工。

研究生时代

当我在 UCLA 校园中的公共人事部门工作时,我开始想应该获得一个公共管理的硕士学位。在参加了1年每学期例行的研究生研讨会后,我发现自己非常喜欢研究生的研究工作,并开始希望可以获得博士学位。

批准一位非全日制的学生攻读应用硕士学位是非常平常的事情,但要获得允许攻读博士课程并相应给予助教职位以保证全日制学习的批准则绝非易事。在经济学系,那里的导师极力劝我打消攻读经济学博士课程的想法,因为我只有很少的数学背景(由于在本科时,我并没有获得过类似的建议)。但他同时也同意,如果我可以获得攻读政治学的博士的许可,就可以辅修一些经济学课程。在政治学系,那里的导师则极力劝我打消读博士的念头,他认为我当时已经有了属于自己的"专业"职位,而对于我来讲,读完博士可能最好的工作就是去某个城市的大学教授繁重的课业。基于我在剑桥市找到属于自己的专业职位的经历,我直接无视他们的这些警告,并申请了助教的岗位——因为这是保证我可以攻读全日制博士学位的必备条件。很幸运,我获得了助教的岗位。

令人惊喜的是,那年政治学系的金融救助委员会决定资助4名女性获得助教职位,因为这个院系当时已经有40年没有过女性学生。当我们4个女学生开始学习半个学期后,在一次系里的会议上,教师们就这个问题展开了激烈的争论,一部分教师认为,从40个助教岗位中拿出4个岗位给女性学生是完全的浪费,他们恐怕我们之中没有人能有良好的学术成果,而这将危机该系的声誉。幸运的是,与我们一起学习的研究生不断鼓励我们无视这些质疑,甚至建议我们在修读课程时尽量远离那些反对者。

政治科学的学科被划分为(并且将一直如此)政府学和政治哲学。在政治哲学课程里,一个学生将被教授关于生活、爱以及其他一些来自伟大思想家的思想学说,而非理解这个学科核心理论的发展。学生只能分别学习霍布斯、卢梭、马基雅维利和卢梭的作品,而不探讨他们之间如何借鉴他人的知识或选择与他人不同的见解。[①] 托克维尔和《联邦党人文集》中所做的开创性工作很少被政治科学课程提及,因为政治学家普遍认为这些作品从严格意义上讲不过是对特殊时期的描述性叙述,或者说属于旨在说服公众接受新宪法的新闻舆论罢了(Dahl,1956;Ostrom,1991,1997)

政府学的研究课程则被分为地区政府学和国内政府学。学生需要研究美国政府,比较政府学或者国际关系学。在比较政府学课程里,学生必须关注位于一个大陆上的国家。地理学上的区域也因此要比理论对学科分类产生更显著的影响。[②] 如果一个学生研究国际关系,他必须关注国家间的关系。实际上众多政治学家所持的超国家的观点使他们认为:他们研究的就是"国家",尽管也有很少一些关于如何定义这个概念的学术讨论存在。比

---

① 直到我读了迈尔(Mayr)在1982年出版的《生物学思考的成长》,我才开始发现存在于"历史中的思想"是如何包含核心的概念,又如何将这些概念的定义连接在一起形成理论,从而挑战他人的理论,或者实现理论的发展。

② 按地理学的划分来组织政治学院系的部门和学生考试还是主流的方式,除了一些院系作了另外的划分——方法论和政策分析。

如,提图斯(Titus,1931)定义了不少于 145 种关于国家的不同定义。埃克斯坦(Eckstein,1973)在 40 年后发表观点认为,"当代政治学研究中最为特殊的现象"就是"政治学家们那些众多而迥异的定义国家的尝试"。

研究比较政府学则要求学生学习在欧洲所有主要的国家、拉美一些国家、也许还有亚洲的部分国家中如何比较上议院和下议院的结构。非洲对于大多数美国政治学家依然是一块黑暗的大陆——至少是直到美国和平部队(the Peace Corps)从非洲带回了一大批未来的政治科学家,非洲学课程才逐渐开始出现在美国一些主要大学的课程之中。政党总是专业研究的核心议题。我还记得我综合考试的一道题目是:"请比较英国、法国和任意两个拉美国家的近代史和两个主要政党的地位和作用。"另一个题目是:"比较加拿大、德国和日本的上议院。"就是这样,政治学研究生总被要求去比较、罗列和描述而非去检验从一个理论到另一个理论的实证性证据。

博士论文

非常幸运的是,我所做的第一份助教工作是参与政府官僚系统的研究。这项研究使我可以参与老师和师兄师姐的开会讨论,他们正开始应用政治经济学的方法来研究城市政府。文森特·奥斯特罗姆(Vincent Ostrom)等在 1961 年发表了一篇开创性的论文,名为《论大城市地区的政府组织:一项理论性的调查》。这篇文章很快就在学术界引起了强烈的反响。在我刚上博士时,我参加了一个有关地方公共经济组织的研讨会,并在那里有幸见到了文森特[①](这是我和文森特一起学习的最后一个学期,因为我和他开始约会,并最终结为夫妻)。文森特让每个研究生在南加州都选取一个地下水流域。我们的任务就是在每个流域中检验由于人口增长和水可获取量降低问题的处理(或者不能处理)程序,而行政管辖边界与地下水流域边界是不一样的(V. Ostrom,1962)。

我的任务是考察地下水西部流域(West Basin),这流域位于洛杉矶城市和 11 个其他城市的一部分区域的地下。20 世纪前 50 年,自来水供应商

---

① 我非常高兴能够见到他,不仅仅是因为他智慧的洞见和多年如一日地对我鼓励与支持,还因为这也是我遇到楼·韦斯勒(Lou Weschler)、埃利斯·帕尔曼(Ellis Perlman)和其他一些和我们志同道合的学者,并展开令人兴奋的学术发现之旅的开始。

一直忽略了一个事实：洛杉矶所在流域的地下水的水位一直在下降，这导致海水开始倒灌进来。在第二次世界大战结束时，一些市政供水部门要求美国地理调查局（U.S. Geological Survey）对该问题展开研究，并同意给予这个研究项目1/3的资助。研究报告细致展开了一幅悲观的图景：大量过度透支地下水将导致盐水的入侵，流域不再适宜人类居住。

我参加了西部流域水务协会（West Basin Water Association）的常规会议。这个私人协会向所有流域自来水供应商开放。在这里我开始围绕我的研究撰写一篇会议论文，这也成为我博士论文研究的一个组成部分。非常有幸我只需要开车半小时便可以到自己的"调研地点"。这样的便利性使我可以对当地相关人员进行深入访谈，包括访谈当地政府官员和加州相关机构的官员。我还可以整天泡在水务协会的档案室里，根据丰富的材料反复研究多样行动舞台中尝试解决复杂政治问题的方法。

在我研究独立的案例时，我会与一群老师和研究生讨论案例，这些案例在选择其他策略时可能产生的不同结果。因此，我作为一个研究生开始明白那些影响地方层面集体行动问题的核心要素。经过了更多年的研究后，我目前认识到，西部流域问题的关键包括以下几点：

（1）涉及人群庞大。在该流域中有超过500家以上的水生产商，这个庞大的群体涵盖了从个体使用井水的农民到提供多样用水服务给庞大人群的供应商。

（2）法治不明确。这里有三套共存的规则都有成为实际被运用的规则的潜在可能性，从而左右水在不同用途之间的分配。

（3）利益不对称。那些水井接近太冰洋沿岸的水生产商受到的威胁最大，而依靠地下水丰富地区的水生产商受到的威胁较少，按照法律规程的安排很可能仅满足一部分人的利益，由此产生赢家和输家。

（4）缺少一个合适解决这一问题的政府部门。所有现存的政府部门都要么小于要么大于该流域的范围，因此没有任何一个机构有足够的权威来实施解决这一问题的措施。

这些问题的本质是公共池塘资源普遍遇到的社会两难困境的直接体现（Baland和Plantteau，2000；Berkes，1989）。因为我已经学了这样一个案例，并且分析了问题的特征，目睹了解决问题的方法一次一次有所发展，我对那时最新的关于这方面问题的理论主张产生了怀疑,这些理论认为这样的集体行动问题似乎无法解决(Dawes 等,1986;Hardin,1971;Olson,1965)。

到我博士论文答辩时,参与解决西部流域问题的地方行动者已经设计了一套复杂的多中心系统,这其中包含不少积极的方面。首先,经过 80% 水生产商代表的同意,加利福尼亚高等法院依法要求全体水供应商共同减少地下水使用,水生产商通过年报形式协商达成按需调节水资源分配的协议(Blomquist 和 Ostrom,2008)。其次,水利工程师开发了一套先进的系统,通过对沿海地区和周边依赖循环水的内陆地区的水井里注入淡水,来补充地下水资源。最后,水生产商设计了一种新的特别分区办法,并要求他们的地方的代表向加州立法会推荐这种分区办法。

这个系统是真正的多中心而非单个中心的设计,在学科领域内,多中心已成为政治系统的主流思维方式。在这里,美国地理调查局作为国家机构及对地方要求进行了反馈,并且部分资助了围绕这方面的开创性研究。加州州政府、洛杉矶洪水控制区(the Los Angeles County Flood Control District)以及城市水务区(the Metropolitan Water District)都发挥了重要的作用。但在这其中没有哪个机构是具有核心权威的。11 个城市的政府都被包括其中,其中之一还曾在早期围绕水权反复讨价还价。一些大型私人公司参与其中,包括标准石油公司(Standard Oil)曾经要求其他水生产商同意减少用水量,以保证可以继续共享流域水源。

西部流域水务协会的例行会议将各方的行动者聚拢在讨论该问题的开放论坛中。这样外向型的系统虽然不是完美的解决办法,但却提供了许多比其他流域用水区和相邻州更好的解决之道(Blomquist 和 Ostrom,1985;Weschler,1968)。在布洛姆奎斯特(Blomquist)1992 年完成的博士论文中,他回归到对西部流域以及其他 7 个加州地区流域的 20 世纪 80 年代的绩效研究,重新评估这个管理系统的效率。关于这个复杂治理系统的持续性研究展示了,尽管与上游的邻居有些冲突,有一个政府官员公财私用,这些事情给这个系统带来挑战,但这个治理系统仍是一套相当稳健的制度集合(Steed 和 Blomquist,2006)。

这项研究帮助我对基于密集田野调查的个体案例研究产生深深的敬

漫长的多中心之旅

意。如果一个人在一个研究地点停留足够长的实践,他就会开始通过运用多样的资料针对相同的事件进行研究,可以反复检验各种文件材料相互间的关系,分析历史数据,询问相关者一些相互冲突细节中匪夷所思的联系,获得对复杂过程的深入理解。就像我的同事和我在后来的著作(Poteete等,2010)中强调的那样:个案研究是对于社会科学非常重要的方法,它包括大量的田野调查,荟萃分析(Meta-analysis),形式模型分析和实验研究——没有哪样可以单独成为最好的研究路径,而个案研究就是这些方法的综合应用。

当我在 20 世纪 60 年代早期对西部流域进行研究时,奥尔森(Olson,1965)的《集体行动的逻辑》和哈丁(Hardin,1968)的《公地悲剧》都还没有问世。我将自己的案例视作对复杂冲突在一个地区发展的个案,这个地区不由单一的政府部门管辖,因此问题的解决实际需要一种公共企业式的关系,包括差异性很大的私人以及公共舞台,在其中各私人及公共的参与者能够得到解决的办法。我很大程度上吸收了布坎南(Buchanan)和图洛克(Tulock)1962 年发表的《同意的计算》和斯蒂格勒(Stigler)1952 年关于地方政府功能的研究和对熊彼特(Schumpeter)1942 年著作的诠释成果。

1968 年,奥尔森和哈丁的研究开始被广为关注。哈丁确实定义了一种潜在的可能性,就是当每个人都可以从公共池塘资源(就像他文中描述的牧场和我们之前研究的流域地下水资源一样的资源)中获取利益时,他们都将尽量争取获得更多,以使自己在短期内成为赢家,而这种集体选择却将导致所有人最终都成为输家。这种冲突在最初的西部流域也曾经出现过。但是在这个案例中(而如今我了解到更多其他案例),水制造商并没有像哈丁的描述那样陷入困境。他们拥有来自加州法院、加州水资源部和美国地理调查局的法律工具,这些部门可以为他们提供精确的信息,并为他们提供能够互相沟通和较量以最终找到解决问题方法的平台(行动舞台)。这确实是场较量,就像很多关于公共事物的集体行动问题一样(Dietz 等,2003)。但是,我很早就开始理解:这些个体面临如此复杂的问题并不常常需要一个外在的权威来将他们从悲剧中解脱出来。当他们拥有一个可以相互沟通的舞台时,当他们可以信任他人时,当他们可以清楚地知道现有资源的准确数据时,当他们可以确定监督他们自身的决定时,当新的技术产生时,当可以反复适应时,他们很可能可以将自己从众多两难的挑战出解救出来。

成为一名助理教授

当文森特被印第安纳大学(IU)录用后,我却并没有得到布鲁明顿(Bloomington)的邀请,不过好在印第安纳大学那时没有像很多学校(包括加州大学洛杉矶分校 UCLA)对类似裙带关系的问题有严格的规定,以阻止我得到任何在校园内的职位。文森特所获得的职位非常适合他,我也热切地鼓励他接受那个职位。

布鲁明顿是个美丽的地方,当我们在 1965 年 1 月第一次来到这里时,我们很幸运地找到了环绕着大学的树林间一片空地。我们用整个第一学期的时间设计了一座房子,并用一个夏天建造了它。文森特随后开始编纂《公共管理评论》,他因此需要大量的辅助工作和评审工作。当时,印第安纳大学并没有提供给他合适的研究助理和秘书以支持他的工作,因此我一直忙碌于辅助他的工作之中。

1965 年夏天,政治学院的同事问我是否愿意在秋季学期每周二、周四和周六 7:30 给大一新生教授美国政府概论课程。因为我的其中一门实践考试是在美国政府里进行的,我就很高兴地以访问助理教授的身份接受了这个邀请,并在此授课 1 年。在系里的研究生顾问升职为系主任后,学校人事负责人问我要不要担任研究生顾问的职务。他很清楚我的年龄比较大,有丰富的人事管理经验,因此相信我可以胜任。我非常想接受,但却得知系里并不希望我以访问助理教授的身份来担任这个职位。在这时,他们任命我为正式助理教授。因此我第 1 年的助理教授生涯是在越战时期做研究生顾问。在那时我们每个班级会在秋季招收近 90 名学生。毫无疑问,我根本没有时间在这样的情况下开展自己雄心勃勃的研究计划。

我作为助理教授的早期生涯是在 20 世纪 60—70 年代,那时女性的社会科学工作者并不多见。所以被接纳进入研究生院学习是非常幸运的事情;即使博士论文获了学术大奖,女性也很难找到一份助理教授的职位。一些积极行动政策创造了新的机遇,也改变了学术专业环境。当男性同事开始习惯于与女性同事交流学术,并开始关注和认可她们的学术研究和授课能力时,更多的机遇已经向女性敞开。如今,我很得安慰地见证到了这个在学术机会上的巨大改变。尽管歧视还没有完全消失,但是部分女性得以加入研究生培养计划,得以受聘成为助理教授,之后得到终身教职的事情已经不断发生。自从很多院系开始开放而平等地对待女性和少数族裔学生后,官方的积极干预政策就逐步减少了。

三、我的研究

第一项政策研究

当我将研究生顾问的工作交接给同事之后,我被允许开设1969—1970学年的城市政府理论,以及公共物品与服务评估理论的研究生课程。包括威廉·鲍格(William Baugh)、理查德·格雷西(Richard Guarasci)、罗杰·帕克斯(Roger Parks)、丹尼斯·史密斯(Dennis Smith)和戈登·惠特克(Gordon Whitaker)在内的博士研究生都参与了这门研讨课。这个秋季学期,我们有机会回顾了大量关于城市治理和服务提供的文献(Fresema,1966;Lineberry 和 Fowler,1967;V. Ostrom 等,1961;Stigler,1962)。那时有两条主流研究路径——城市改革说和公共经济学(V. Ostrom 和 Ostrom,1965)。当我们开始解构以这两条路径为基础的理论时,我们发现它们的假定都是城市地区政府规模会影响城市治理的结果、效率、收益分配、公民参与和公共部门的责任,但是这两条路径对于从假设出发的学术推论却截然不同。

城市改革说的支持者认为,强势的政府参与将消灭城市服务的"碎片化"。在地方政府中存在的多样的提供服务的机构只会带来管理的混乱和无效率。然而,他们并没有对此进行严格的研究以检验他们的假设和预测(Bollen 和 Schmandt,1970,Committee for Economic Development,1966)。当选民一再拒绝他们的建议时,他们的回应是批评公众的无知(Hawley 和 Zimmer,1970;Zimmerman,1970)。

城市改革说的拥护者认为,对于所有种类的产品和服务,政府单位规模的影响总是正面的。但使用政治经济学方法的学者认为,政府规模可能是正面的也可能是负面的,这取决于公共物品或服务的种类(Ostrom,1972)。

像诸如像教育、治安以及社会福利这样的与民众生活息息相关的公共物品或服务,政府规模的影响是负向的;而像诸如高速公路、公共设施系统等涉及规模经济的公共物品或服务,政府规模的影响是正向的(Hirsch,1964;V. Ostrom 和 Ostrom,1971;Stigler,1962)。

城市改革说的支持学者认为,减小城市地区政府部门的数量对所有的因变量都有积极作用。考虑到公众参与和政府责任,政治经济学方法则预期减少政府部门的数量会产生副作用,并且依据公共物品或服务的种类对其政策结果、效率和成本分配有不同的影响。

我们当时做了一个案例研究来理解这些相关的不同方法。理查德·卢格(Richard Lugar)作为印第安纳波利斯市(Indianapolis)的市长主持了该市1969年的政府机构改革。事如其名,"一统政府"(Unigov)增强了市长的权力也削弱了其下一些小镇政府的权力。卢格市长原本打算像第一步一样将所有地方政府作进一步整合,但是我们那个学期里他的计划并没有得到进一步推进。

罗杰·帕克斯(Roger Parks)对印第安纳波利斯市的政策制定的研究有一个很棒的设计。他指出当地有3个独立的小警察局,直接为几个社区提供服务,正好隔壁是社会经济状况非常相似的社区,为一个稍大的印第安纳波利市警察局所管辖。这使得我们可以进行天然的实验。我们的研究通过调查的方法,并基于近代严谨的方法论构建了该研究(Wilson,1966;Wolfgang,1963),测算了警察在6个城市社区的绩效。非常幸运的是,在研究生之后,我又承担了春季学期本科生荣誉研讨课的教学任务,我在这课程中贯穿了大量的地方公共经济学和公共服务评估的文献。这些荣誉班的学生希望能够做一些和常规课程不一样的事,因此我建议他们同研究生的讨论会一起工作,开发一个严格的研究警察局规模及其效应的方法。这些荣誉班的学生非常热情并且十分努力地同研究生一起工作,在其他学者的研究基础上开发自己的调查工具并且做了大量的预调研。根据罗杰对于印第安纳波利斯市的了解和很好的人口统计地图,我们可以画一幅很好的关于6个社区的抽样概率图。我没有外部的研究基金,但学校的城市事务中心支持了我们的研究,帮我们租下了学校的卡车送我们往返印第安纳波利斯市和学校。

因而,我们得以第一次通过开发一致严谨的实证研究来检验关于政府规模效应的政府治理理论的争论。我们的研究得出了一些令人惊讶的结论——至少对那些认为更大的政府总是能够提供更好的公共服务的学者而言是这样的。与印第安纳波利斯市警察局所管辖的社区相比,在另外3个由更小的警察局提供服务的毗邻的居民区内的犯罪率更低,在这3个社区内,居民如果遭遇犯罪行为,总是能更容易地报警,并能得到更高水准的政策跟进服务,并且对负责他们社区的警察局给予更积极的评价(Ostrom和Whitaker,1973a;Ostrom等,1973b。如需要更精确的数据,见Blomquist和Parks,1995a,b,里面包括20年之后的一个回访)。

在期中时,几个黑人学生找到我问我为什么我只在白人社区研究"社区控制",而在城市中的黑人社区这个问题十分重要。我就问他们是不是知道一些拥有他们自己警察局的黑人社区,并且临近一个很大的拥有一个城市警察局的社区。他们说在芝加哥南部有这样的社区。我建议他们去那里看看并和当地的官员聊聊,看看他们是否愿意支持这样一个研究。如果他们愿意的话,我就会去芝加哥警察局并且看看我能不能在秋季学期在学校的非裔美国人研究项目中教授一门本科生课程。这些问题的答案都得到积极的答复。

1970年夏天,我撰写了我的第一份国家科学基金的申请计划,希望开展在"相类似的系统中"进行的研究设计的系列研究(Przeworski和Teune,1970),这些类似的系统中都会有不同规模的地方政府来提供服务。我提出要依靠更多的研究方法,包括调查研究、市政内部档案分析以及警车作业的随机抽样,通过这些研究方法我们可以得到警察和居民的互动的第一手资料。尽管我是一个年轻的没有很多公开发表量的非终身教授(Ostrom,1968;V. Ostrom和E. Ostrom,1965),我在印第安纳波利斯的严谨研究中展现出了很强的研究设计和执行能力,这也许是我在第一次尝试就获得基金资助并且取得系列发表的重要影响因素,这些成绩使我在1974年获得终身教职。

1970年秋天,我同一批非常出色的黑人学生一起在2个贫穷的独立黑人社区中开展研究,并将它们同3个由芝加哥警察局提供服务的3个相似的社区进行了对比。在我们进行研究时,这2个社区仅有几个警员;他们的工资很低,并且因为经费紧张警车经常不能使用。芝加哥警察局有 1 支多于 12 500 名工资较高的警员队伍。我们估计在这 3 个芝加哥市内的社区中治安服务的花费是那 2 个小社区中的 14 倍(Ostrom 和 Whitaker,1974)。尽管花费相差巨大,我们却发现从整体上看相对于芝加哥市内的居民而言,在那 2 个小社区中的人们得到了同等甚至更高的治安保障。尽管两地的犯罪率比较接近,在小社区的人们更倾向于不会因为害怕犯罪的原因待在家里,并且他们也认可当地警察根据法律平等地对待所有居民,并且满足普通公众需求,而且不会收受贿赂的说法。这些发现同之前的研究以及政治经济学的理论保持一致。

深入的案例研究就内部效度而言是很强的,但其发现可能仅仅反映了研究处境中的有限的几个方面。为了检验外部效度,我们采用了一个在 1966 年由美国民意研究所(the National Opinion Research Center)组织进行的大样本调查的数据集,这个数据集包括居住人口超过 1 万人的 109 个城市中的 2 000 多居民的相关数据(Ostrom 和 Parks,1973c、d)。我们从城市年鉴中查阅了城市规模和支出水平的数据,加入到我们的数据集中。我们发现了城市规模和支出之间存在一致地正相关,但支出水平与居民对政府提供的公共服务的评价之间并不存在关系。比如,居民对遭到袭击和入室犯罪的恐惧随着城市规模的扩大而增加。

我们随后在圣路易斯市(St. Louis)地区进行了涉及更多方面的实地调研,该研究主要针对 2 个部门(拥有 2 200 名警员的圣路易斯市城市警察局和拥有 436 名警员的圣路易斯市县域警察局)。在该市的 93 个单独分布的社区中,2/3 的社区拥有自己的警察局,其全职警员数为 10~76 人。我们进行了"相似系统"的研究设计,对 45 个社区进行了抽样调查,这 45 个样本社区都包括在财富情况和居民年龄结构方面类似的 3 个不同阶层,且由不同大小规模的警察局提供服务(Ostrom,1976a、b;Parks,1976)。我们发现了在警察局规模和社区的人均治安服务费用以及人们遭遇犯罪的比例之间存在很强的正相关。警察局规模与居民对求助时警察的反应速度、警察出色工作的评价以及警察诚实度的评价之间存在负相关(Ostrom 等,1973b)。

我们实证研究工作的另一个证据,是在密歇根州的大急流城(Grand Rapids,Michigan)(IsHak,1972),以及在田纳西州的纳什维尔-戴维森县

(the Nashville-Davidson County area of Tennessee)(Roger 和 M. Lipsey, 1974)。在所有这些研究中,没有任何一个研究结果表明一个规模很大的中央化的警察局能够比小一些的警察局提供更好的治安服务。

因此,我们为政治经济学方法提供了很强的实证支持。对于治安而言,增加政府的规模会对最终的公共物品产出情况以及提供服务的效率产生一个负面影响。这究竟是为什么呢?

我们试图去理解更小一些的警察局用更少的钱去办更多的事的原因,因而提出了公共服务的"合作生产"的概念(Parks 等,1981)。这涉及消费者/居民的努力以及政府的努力及其之间的混合。对于政府来说,在没有公民参与的情况下修建高速公路和其他的基础设施是可行的,但我们观察到居民和他们的政府官员在一些中小规模的社区中的紧密合作有更高的效率,并且这种合作对治安产生了重要的影响。在更小一些的社区中,居民会在可疑行为或者犯罪发生时更积极地监督他们的邻里并通知警方。对警察在巡逻车执勤的观察可以展现出更小的警察局中的警员对其辖区会更加熟悉。因此,从政治经济学研究方法的角度出发,不仅仅在城市地区真正意义上的公共服务具有规模上的不经济性,而且在涉及人的服务产品也不能由公共机构有效地提供。居民也是十分重要的提供公共物品的合作者。如果他们被认为不重要或不相关,他们将会从实质上减少他们的努力。

复杂城市系统的研究

我们对于城市管理的初步研究更多集中在政府提供公共服务的规模及其影响:政府的规模是如何影响公共服务的产出和效率的。一旦我们完成一系列累积性的研究,我们就转向另一个更为困难的问题,即城市中政府部门的数量对提供公共服务的影响。当国家科学基金的自然需求应用研究分部(RANN)召集对城市提供公共服务的组织的研究计划时,我们非常高兴。当我们的研究计划中标时我们当然更加高兴。

之前描述了数量很多的政府部门提供城市公共物品的研究强调,在同一个地区拥有多个机构会所造成混乱。很少有实证研究会尝试去理解这种居民和政府所创立这种结构及其所造成的后果。在之前公共服务领域的理论研究成果的基础上(Bish,1971;Bish 和 Ostrom,1973;V. Ostrom 等,

1961),我们需要开发出一种用协调一致的方法来评估组织间结构的方法——这与学者们所认为的仅仅列举机构清单就可以为改革提供足够证据的方式不同。

我们在与警察和警长多年接触的启发下讨论新研究计划,将警察局所提供的丰富的城市公共服务分为两类——直接的服务和间接的服务。直接的服务包括巡逻、对交通事故和犯罪报警的及时回应和调查。警察局尽管是为当地居民提供直接服务的提供者,他们也是间接服务的消费者,这些间接服务比如有拘留、基本的训练、犯罪实验设备以及警力调度。间接的服务提供者可能是警察局,也可能不是。

经济学家长期以来建立了一种研究工业结构中的买主和私人产品和服务的消费者的研究方法,但他们却很少在测量公共物品和服务的结构和结果方面建立研究方法付出相应的努力。我们建立了一种新的研究方法,通过使用服务结构矩阵来描述跨部门间的结构,将其应用于80个城市地区的研究中,然后系统地评估结构如何影响其绩效。

尽管我们研究了很多城市地区的提供治安服务的警察局,但为同一群体提供双重类似服务的情况却非常罕见。因此,之前关于在同一城市地区内的多政府部门所造成的负面影响并未被发现。实际上,"利用给定的资源投入,多政府部门的城市所提供的公共服务,比只有有限政府部门的城市所提供的公共服务更多"(Ostrom 和 Parks,1999b:287)。改革者关于一个小的政府部门不应该拥有其自己的犯罪实验室的论断被证明是正确的,但警察部门自身已经解决这一问题。许多的城市中只有一个犯罪实验室,一般是位于医院或者较大的警察局中。我们开发了一些技术效率的监测方法,并且发现拥有更多自动巡逻设施的城市拥有更高的技术效率(Ostrom 和 Parks,1999b:290)。但是,在较少数量的生产者提供犯罪实验室和无线电通信设备(两者都是间接的服务)的城市中,技术效率也较高。

通过进一步挖掘目前对治安服务的研究结果并仔细收集80个城市的数据,我们可以拒绝城市改革说的根本理论。我们在《城市治安服务模式》(*Patterns of Metropolitan Policing*,Ostrom 等,1978a)中说明了城市治理中的复杂性与混乱并不相同(McGinnis,1999;Ostrom 等,1978b)。在我们进一步的关于全球资源系统治理的实证研究中,这一结论得到了继承和发展。

发展制度框架

20世纪70年代,除了通过开展研究来检验城市改革说和政治经济学方法的理论路径来理解城市管理,我还负责一门关于制度安排微观分析的研究生研讨课。文森特则负责另一门平行讨论课,关于国家和国际层面上制度设计对民主行为和结果的影响。我们的研讨课由政治学系开设,但我们的同事却不喜欢我们的研究方法,因为我们不仅需要政治学思维也要讨论经济学理论。研究生常得到不要选这个课的劝告。幸运的是,选课人数虽然较少,但足够我们发展制度分析的研究路径。

1980年秋天,文森特参加了比勒费尔德大学(Bielefeld University)跨学科研究中心(ZiF)一个为期一年名为"公共部门的引导、控制和绩效评估"的研究项目(Kaufmann等,1986)。我使用了我的第一个学术休假,并且在1981年春季和夏季学期加入了这个位于德国的研究小组,并于1982年夏天返回美国。这在我们的学术生涯中是一个十分重要的事件。与来自不同学科的学者一起工作真是一段非常美妙的经历——这些学者中就有克里斯托弗·胡德(C. Hood)、弗兰茨·克萨韦尔·考夫曼(Franz-Xaver Kaufmann)、汉斯-古特·克鲁斯尔伯格(Hanns-Günter Krüsselberg)、詹多梅尼科·马佐尼(G. Majone)、保罗·萨巴蒂尔(P. Sabatier)、莱因哈德·泽尔滕(R. Selten)、马丁·舒比克(M. Shubik)等各学科的名家——研究小组提供了一个讨论环境,任何一个人都可以提出不局限于一个学科的制度分析思路。如果不能在社会科学中建立一套通用的语言,我们就开发一种跨学科的方法对公共部门进行指引、控制和对其绩效进行评估。我很荣幸地被泽尔滕邀请参加他在比勒费尔德大学中的博弈论研讨课。在校园后的丛林中漫步时,泽尔滕和我经常就制度分析框架和博弈论发展的核心问题进行讨论。

拉里·凯瑟(Larry Kiser)和我已经写一篇题为《行动的三个世界:制度途径的元理论集成》(Kiser和Ostrom,1982)。在比勒费尔德,我进一步发展了在之后几十年中为我所有的研究提供支撑的制度分析方法(Ostrom,1986b)。其中主要的挑战是:提出一个在政治学和经济学领域同被接受的有解释力的"制度"的定义，以及开发一个通用的框架来研究立法机构、公共行政机构、市场以及关于复杂政治经济体系的其他结构。①

博弈论是一个有解释力的工具，可以帮助学者构建特定情境的数学模型，并预测这样良好定义的情境中理性人的预期行为。为了明确说明一个博弈的结构并且预测结果，理论家必须假设：①行动者的数量；②他们所处的决策位置，比如是先手还是后手；③参与者在决策树中的特定节点所能采取的行动集；④在决策节点处可以得到的信息集；⑤行动者联合影响的行动结果；⑥将决策节点处的行动者和行动映射到中间或最终结果的函数集；⑦行动和结果的收益和成本。

我提出一个博弈中的互动部分(the Working Parts)可以概念化为一个一般的互动部分，这就是 Larry Kiser 和我所称的"行动情境"(Action Situation)。之前学者使用了诸如交易(Transactions)(Commons,1924)、框架(Frames)(Goffman,1974)、情境的逻辑(Logic of the Situation)(Popper,1961)、集体结构(Collective Structures)(Allport,1962)，以及脚本(Scripts)(Schank 和 Abelson,1977；同时代的更当代的观点见 Levi,1990)。当我的同事和我研究警察时，我们观察到了多重类型的行动情境，包括警察-居民在街头或者受害者家中的互动、警察-警察在巡逻车中的互动、调度员-警察的沟通、市议会以及许多其他情境。我认为，政治经济学可以采用一个共同的结构元素集来分析各种利益情境，并解释为什么一些行为和产出在一些结构中会发生，而在另一些结构中不会发生。

尽管我们对于博弈中互动部分的理解提供了一个坚实的基础，用于构建一个分析各种行动情境的共同方法，但我们对于为什么文献中相同名字的行动情境(比如行政官僚部门、选举或立法部门)有不同的结构这个问题却缺乏共同理解的基础。尽管经济学家找出了一系列清楚地影响市场行动情境的因素，但即便如此，为什么一些市场中只存在一个垄断者而另一些市场中存在许多生产者？这个问题至今没有得到圆满解答。许多分析都从目

---

① 20世纪探讨政治和经济关系的最重要的著作是达尔和林布隆合著的《政治、经济与福利》(Dahl RA, Lindblom CE. Politics, Economics, and Welfare: Planning and Politico-Economic Systems Resolved into Basic Social Processes. New York: Harper & Row,1953.)，其中"制度"并没有出现在索引或目录之中。当两位作者讨论"规则"(Rule)的概念时，他们指的是各种形式的管制(Regulations)和官僚式程序手续(Bureaucratic Red Tape)。

前结构的特定情境出发并检验在一个市场中随着时间市场结构的发展变化,但并没有涉及影响市场结构最初形成时的规则和其他影响因素。政治经济学家认为,选举的法律广泛地影响了两党制或者多党制组织形式的发生可能性以及政客的策略。但是,他们常常争论在所有的(在法律或行政体系中的)选举行为中何为"最好的"模式,就像全世界只有唯一一种选举行为结构那样。

因此,我认为,下一个重要的步骤就是开发一套共同语言来检验多种行动情境中的基础结构。从我们之前关于物品本质的研究来看,一部分基础结构来自生物物理的领域。从地下水的以及治安的实地调研来看,一部分基础结构来自于参与群体的社区背景。除此之外,一个行动情境的基础结构,还与其涉及的正式的互动规则和行为导致结果的结果性行动情境的关系有关。这导致关于7种能够潜在影响一个行动情境7个部分的规则。下面是这7种规则(Ostrom,1986a):

(1)位置规则(Position Rules):说明一系列具体的位置以及每个位置的行动者数量。

(2)边界规则(Boundary Rules):说明行动者如何被选定进入或者离开这些位置。

(3)选择规则(Authority Rules):说明一个决策节点的某位置将可以采取的行动。

(4)聚合规则(Aggregation Rules;比如少数服从多数原则或全体一致同意原则):说明行动者在某一决策节点的行为将如何影响中介或最终的结果。

(5)信息规则(Information Rules):说明行动者之间的沟通方式,并说明什么信息必须分享、可以分享或一定不能分享。

(6)范围规则(Scope Rules):说明可能受到影响的结果。

(7)偿付规则(Payoff Rules):说明不同位置的行动者将如何分配利益和分摊成本。

为了说明分析这些隐藏在行动情境背后规则的有用性,我选择了一些重要并且被广泛研究的模型,即候选人(Elected Officials)和其他政府机构官员之间讨价还价关于服务市民的预算-产出组合的模型。唐斯(Downs,1957)、尼斯卡南(Niskanen,1971)、罗默和罗森塔尔(Romer 和 Rosenthal,1978)和麦奎尔等(McGuire 等,1979)都对同一个讨价还价博弈的均衡结果做出了自己的预测,那时他们的矛盾在于谁构建的模型是正确的。我认为,他们的预测都是对的,但是由于每个模型中设定的规则不同,他们的结果各不同。

他们4个人的模型的差异在于：(边界规则)是否假设允许超过一个的政府机构与候选人讨价还价,(权力规则)是否赋予政府机构主管或者候选人控制讨论议程的权力,以及(聚合规则)当双方没有达成一致意见时,预算水平是否维持现状还是归零。唐斯预测,这个讨价还价博弈的均衡结果是中间选民能达到最优选择；尼斯卡南预测,在只投1票和多数票胜出的选举中,均衡结果是赢得多数人投票的预算-产出最大化的组合；罗默和罗森塔尔预测,最终的均衡结果会为中间选民提供不差于现状的情况；麦奎尔等则预测,允许多个政府机构进入讨价还价的博弈将得到让全体选民获得最大净收益的均衡。我们自己关于城市地区治安成本函数的实证研究,为对选民来说当很多的政府机构被包括进来会产生更好的结果的预测,提供了经验性的支持(Parks 和 Ostrom,1981)。我很高兴能从相互竞争的模型中发掘出这一点来,通过对不同学者提出的模型的检验,解释了为什么这些预测对所谓"相同"的讨价还价模型会产生如此大的分歧。但是一些我的公共选择方面的同事却十分不安,因为他们认为我对这7种类型的规则的推论解释为制度安排的研究增加了太多的复杂性。

定义7种宽泛的影响博弈或行动情境的规则,并不是我理解这些规则最终目的。由于深受约翰·康芒斯(J. Commons)的研究工作的影响,我一直认为这些规则显著的特点就是他们是否定义一种要求、禁止或者允许的行动或者事件。但是,当研究浩如烟海的制度文献时,"规则""规范"以及"策略"则用一种令人难以理解并且重复的方式被定义。苏·克劳福特(Sue Crawford)和我用了几年时间广泛涉猎文献,研究学者是如何定义这些观念,而我们发现自身处在一个"学术的巴别塔"中。[①] 我们因此萌生建立一个

[①] 克劳福特和奥斯特罗姆(Crawford 和 Ostrom,1995)文章的表1和表2列举了学者曾经使用的术语,从中可以看到那些复杂而重复的定义。李维(Levi,1988)探讨了当规则主体对规范性承诺没有共识时,管理者很难执行规则的情况；而规范性承诺指的是详细列出的必须做、必须不能做或可以做的行动的规则。

集大成的可以使今后在制度分析方面能够有共同基础的可积累的学术架构的想法(Crawford 和 Ostrom,1995)。在我回归更深入研究突出环境问题时,这种在更一般的理论理解上的努力显得非常有用。

回归公共事物(Commons)

实证研究(Berkes,1985,1986;McCay 和 Acheson,1987;Netting,1972)为当地用户拥有解决公共事物问题的能力提供了证据,这与哈丁预测正好相反。大多学者仍然认为资源用户克服"公地悲剧"问题是不可能的。为了这个问题的研究,美国国家研究委员会(NRC)成立了专门委员会,该委员会旨在研究各种不同的公共池塘资源(Common-pool Resources)问题(美国国家研究委员会,1986)。

回溯到我的关于西部流域的水供应商如何解决他们公共池塘资源问题的博士论文撰写之时,我还没有意识到我正在研究的是公共池塘资源问题,也没有意识到这个问题通常被认为是无解的。直到我被国家研究委员会邀请加入其公共财产制度的研究,我才准备好着手尝试理解这个挑战,即为什么有的资源用户能够克服其所面临的公地悲剧,而有的却无能为力且对公共资源造成破坏。国家研究委员会的一个主要任务就是将不同学科的学者以研究小组的形式聚在一起,讨论他们自己的实证研究。考虑到不同学科所强调的变量的不同,委员会请求罗纳德·奥克森(Ronald Oakerson)来报告制度分析和发展(Institutional Analysis and Development,IAD)框架,并主持讨论会,让各学者在同一框架中讨论各自的案例。

这个讨论会很快就火了起来,吸引了来自不同学科的学者所研究的世界上不同地区不同类型资源的 1 000 多个案例。为了从这些零散的材料中提炼出一些规律,威廉·布洛姆奎斯特(William Blomquist)、詹姆斯·文施(James Wunsch)、埃德拉·施拉格(Edella Schlager)、S. Y. 唐(S. Y. Tang)、莎伦·胡可菲尔德(Sharon Huckfeldt)和我开始使用 IAD 框架慢慢开发出公共池塘资源(CPR)数据库。这个建立一个大容量并且可靠的数据库,并反映渔业、林业、灌溉系统以及其他资源如何被使用的情况,是一个严峻的挑战。来自不同学科的作者在他们的文章中使用了在他们学科认为十分重要的变量,但忽略了其他被认为是有关的变量。我们花了几年的时间全力投入到筛选这些案例、评估数据的质量和深度、记录下那些有实质性信息的案例、向案例的作者确定何时可以进一步收集案例中的数据并对其进行仔细的分析。我们的合作研究最终产生出了关于灌溉(Tang,1991,1992)、渔业(Schlager,1990)和跨学科分析(Schlager 等,1994)等领域的洞见,以至于我们可以建立正式的关系模型并开展实证研究来检验特定的假设(Ostrom 等,1992b,1994b;Ostrom 和 Gardner,1993a;Weissing 和 Ostrom,1991)。

使用 CPR 数据库进行比较分析,也使我们能够系统地进行关于产权概念的概念化开发。很多学者将产权定义为向他人出让其收益权的权利(Demsetz,1967)。这种观点认为,不能向他人出让自己权利的用户在实际上并没有产权。然而,施拉格和奥斯特罗姆(1992)发现用户的进入权(Access)、使用权(Withdrawal)、管理权(Management)、排他权(Exclusion)以及转让权(Alienation)都是十分重要的权利,而且整体上是递进的(Generally Cumulative)。比如,不可能出现在没有进入权时行使使用权的情况。这就引出了一个新的概念性术语体系,用以分析可能的权利等级(a Hierarchy of Possible rights)中的权利束(Bundles of Rights)。一个被授权的用户(an Authorized User)仅仅拥有进入权和使用权。一个索取者(Claimant)则除了这两项权利之外,还拥有管理权。业主权(Proprietorship)则会赋予用户排他权。而所有权(Ownership)则包含以上所有的权利。CPR 数据库中的每个案例都对每个权利束进行了厘清,并表明用户可以在没有转让权的情况下,实现对资源的可持续管理。这种产权的概念目前已被世界上各种产权制度的学者接受了(Brunckhorst,2000;Degnbol 和 McCay,2007,Paavala 和 Adger,2005,Trawick,2001)。

四、撰写《公共事物治理》的努力

当我们正在饶有兴致地编码和分析 CPR 数据库时,我的日程中正好出现了一个难得的机会。道格拉斯·诺斯(Doug North)在听取我做的关于公共财产体制(Common-property Regimes)的制度分析报告后十分感兴趣,并提到他和吉姆·阿尔特（Jim Alt）正在编辑剑桥大学出版社（Cambridge University Press）的一套丛书，他鼓励我写作其中的一本。随后，吉姆·阿尔特和肯·谢普斯尔（Ken Shepsle）请我为哈佛大学做一个包含5次讲座的系列讲座，并把讲座的内容作为初步的书稿。这个邀请被我推迟到1986年的秋天才付诸实践，因为在此之前，我到德国比勒费尔德大学跨学科研究中心休了另一个春季学期的学术假。莱因哈德·泽尔滕邀请了一个超有魅力的由社会科学家和生物学家组成的团队，一起探讨博弈论如何被用来理解在生物和社会系统中的相互作用及其结果的模式。[①]

在学术假期之时接到这个讲座和出书的邀请，提醒我应该写一本书，关于我们从单案例研究和对特定问题的统计分析中知道哪些经验教训的书。我梦想着分析那些在我们荟萃分析中所编码的规则，去找到这些规则与长期成功（的公共事物治理案例）之间的一般联系。我花了好几周的时间反复阅读这些案例，并把它们写下来，重新进行统计学分析。我一度认为自己是一个不能从成功案例中的特定产权角度找出一般性规律的傻瓜。最终，我发现我必须放弃这个找出成功的特定规则的研究目标。也许我需要做的是进一步抽象，并且试着在那些能够长时间存续的案例中找出更一般的规律。我甚至不知道我应该如何对这些规律命名，但终于一个想法在我脑中闪现出来，那就是把它们称作"设计原则"。

我并不认为那些发明出成功并能持续好几个世纪的公共财产体制的灌溉者、渔民和森林居住者在脑海中有这样明确的概念。并不是所有的艺术家在艺术方面受到过训练，并且知道他们在绘制一幅旷世巨作时所使用的设计原则。我认为，这些制度规则是隐藏的规则，这些规则能通过对那些长期存续系统的分析得到。下一个任务是将它们同那些失败的案例放在一起比较，来评估是否失败也可由相同的原则所刻画。如果结论是肯定的，当然说明这些原则在成功持续的和不成功的案例之间不存在明显的差异。但比较之后的结论显示，那些失败的原因并没有这些原则所刻画的特征。

在几个月的努力和在比勒费尔德所做的报告之后，我于1988年4月在

---

① 我这次到比勒费尔德，第一个学期研讨班的主题是"为什么存在性别？"（Why Sex?）这非常吸引我。我惊讶地认识到，存在两种性别而非一种，对于再生产来说是无效率的。研讨班的这个研究问题是严肃的，而且是很多杰出的生物学家都在研究的问题。

哈佛做了第一个系列的讲座。那里的同事给予了积极的回应。我至今还记得与肯·谢普斯尔、吉姆·阿尔特和鲍勃·普特南(Bob Putnam)之间的美好交流。幸运的是,道格拉斯和吉姆在我提交最初的书稿之前给了我足够的时间来校订。我引用了除了我自己的地下水案例之外的其他很多案例。我把所有的章节都发给了案例的原作者,以便他们可以批评指正。我并不想将争论的焦点放在对其他人案例的误读之上。

当我把书交给剑桥大学出版社时,我并不确定我的设计原则是会被视作一系列疯狂的想法,还是被视作对隐藏规律的发现。

现在看来当时的努力还是值得的。许多学者读了《公共事物治理》这本书(Ostrom,1990),发现他们在田野调查中所研究的稳健的自组织系统都具有由书中所描述的一些设计原则,而失败的案例则没有那些特征。因此,大部分的证据都支持我在1990年提出的设计原则。几个在印第安纳大学政治理论与政策分析研究所(Workshop in Political Theory and Policy Analysis)的访问学者和研究生(见下文的"建立促进知识合作生产的环境"一节)开发了一个数据库,来记录关于他们在系统性文献检索中所找到的研究中的信息。他们发现了涉及灌溉、近海渔业、牧场系统以及林业等的111个实证研究案例都存在当地制度设计的信息。在一篇最近的论文中,考克斯等(Cox等,2009)发现,仅仅有10%的案例不能用设计原则来帮助解释公共池塘资源系统的长期存续性。许多作者也确实在细节上给出了如何改进这个"设计原则"的好建议。考克斯和共同作者做了几个很有用的修订,并且提醒读者不要将"设计原则"等同于"设计蓝图"。

五、关于公共事物的进一步研究

除了对管理公共池塘资源的自主治理和公共财产制度稳健性的早期研究之外,我们同政治理论与政策分析研究所的同事们在灌溉资源开展了进一步研究,现在林业资源方面也有跟进。我们采用对CPR数据库进行荟萃分析时所开发的编码表格(Forms),作为研究世界林业制度和森林本身相关问题数据库的第一手材料。我们并不想仅仅关注社区所管理的资源。我们也关注由政府所有和管理、私人所有和管理、共同管理、社区管理和没有任何人管理的开放林业系统。

我们在几十个国家中建立了一个合作研究中心的网络。每个中心都会选择他们自己的森林地区做更进一步的研究。这是我们从很久以前在研究的治安服务问题上所获得的经验：知识的合作生产是必要的。一个国际研究项目——由美国学者跑到海外的不同地方，然后再回到国内——是不可能成功的。因此需要有一个合作网络，其中的每个人都用同样的内在逻辑和数据录入格式来收集和录入数据。每一位在国际森林资源和制度（International Forestry Resources and Institutions，IFRI）网络中的研究人员都在所研究的国家中居住，并且对提高森林可持续性和依靠森林生活的人们的可持续性有着长期的兴趣。

一些之前的研究结果被进一步强化了。我们发现对当地林业资源的用户来说自主治理并建立起他们自己的森林管理规则是可能的。一些群体在尝试过程中成功了，另一些则失败了。还有一些则建立了一个体系，却很快就遭到破坏。这些关键且强有力的研究结果表明：对资源用户来说难以实现自主治理，正如哈丁之前断言的那样，许多学者现在仍然相信这一结论。

更进一步，我们发现了一些运行很好且长时间依然保持很好状态的森林，其中一些森林是由政府管理的，一些是私人所有的，还有一些则是共同管理的。也就是说，与其说是因为森林管理类型起了作用，不如归因是一个特别的治理安排适合了当地的生态，或者某项具体规则随着时间推移不断调整具有了适应性，抑或用户认为系统具有合法性和公平性。此外，多项研究也发现影响这种可能性的最重要的因素是用户本身参与到日常的森林监督管理工作中（Coleman，2009；Coleman 和 Steed，2009；Gibson、Williams 和 Ostrom，2005b；Hayes，2006）。用户监督的重要性让许多学者都很吃惊。但是从我们的田野和试验研究来看，这与之前的研究结论是一致的，即建立大家共同遵守规则的彼此信任，对于维持规则的连贯性（Conformance Over Time）和资源的可持续性是重要的。

六、建立促进知识合作生产的环境

除了在研究上进行长期的合作生产之外,我们发现加强教师和学生的合作生产也是极其重要的。上面所讨论到合作研究中心就是一个例子。一个更早的推进制度理论严肃讨论的措施,是在20世纪70年代早期开始实施的每学年中每周一中午的系列学术报告会。来自人类学、商学、经济学、地理学、法学、政治学和偶尔其他学科的教师和研究生聚在一起,认真探讨各种政治经济结构、其产生的激励以及结果的模式。这个学术报告会到2009年6月为止一共召开了902次。这样的讨论使我们能开发理论洞察力、加强我们的研究设计,并成功地应用于资助项目申请中。

由文森特命名的政治理论与政策分析研究所,于1973—1974学年在印第安纳大学成立。我们与几位给我们家建房子和做家具的木匠的合作经历中积累了经验,在建造加拿大休伦湖(Lake Huron)中的曼尼托林岛(the Manitoulin Island)上的小木屋时也是如此。我们学习尊重有创造性但同时十分严谨的手工活,这样的态度成就了良好的工作氛围。我们对研究所的印象是:让研究生与不同学科的教师一起工作,学习到良好的技艺,可以掌握运用多种研究方法设计和开展优秀的研究(Aligica 和 Boettke,2009;V. Ostrom,1980)。这个研究所在去年度过了自己的第35个周年庆,庆祝活动还包括一个来自27个国家144位学者的自主治理会议,会议主题是"环球合作研究的同人们:我们学到了哪些经验?"(Workshoppers Around the World: What Lessons Have We Learned?)

七、下一本书

当我在2009年的夏天写这篇文章时,我和我的合作者已经完成一本名为《共同合作:集体行动、公共资源与实践中的多元方法》的书稿,该书的共同作者有艾米·波蒂特(Amy Poteete)和马可·詹森(Marko Janssen),由普林斯顿大学出版社出版(Poteete等,2010)。我们探讨了如何将单案例研究、多案例的荟萃分析、大样本比较实地研究、正式理论、实验研究、与结合理论与多主体仿真模型(Agent-based Models,ABM)的新方法来改进对集体行动理论的理解,并应用于公共池塘资源的研究。将这些不同的研究线索和方法整合起来是个艰巨的任务,但是如果书稿的外部评论是对这本书将来出版后的读者反映的一个指标,这样的努力会帮助我们进一步提升认知。此外,我们非常希望能够推倒那道在使用不同研究方法学者之间人为筑起的高墙,因为即使在同一个学科内尚且存在不同的方法,更不要说跨学科的情况了。

八、下一个项目

2007年,马蒂·安德烈(Marty Anderies)、马可·詹森和我在美国科学院院刊(PNAS)上组织了一期特刊"超越万能药"(Going beyond Panaceas)(Ostrom等,2007)。我发展了一个分析社会生态系统(Social-ecological Systems,SES)内部关系的框架,将其作为诊断理论的基础。2009年的夏天,《分析社会生态系统可持续性的一般框架》(*A General Framework for Analyzing Sustainability of Social-Ecological Systems*)这篇文章在《科学》(*Science*)杂志上发表(Ostrom,2009)。这让我能够影响范围更大的多学科学者群体,并能够更新一个网络化(Nested)和多层次(Multilevel)的、用于分析有关社会生态系统的可持续性的理论问题的框架;SES的可持续性会受到套嵌了多元用户和资源系统的治理系统的影响。我与来自欧洲和美国许多大学的学者以及印第安纳大学的同事,正在通过一个叫作"分析社会生态持续性的诊断本体论"(Diagnostic Ontology for Analyzing Social Ecological Sustainbility,DOSES)的项目进一步发展这个框架。DOSES将会成为全世界学者的通用框架,来用于水系统、牧场系统、渔业和城市基础设施建设的分析,以及通过IFRI网络对森林系统进行的持续研究。DOSES将IAD框架作为最核心的部分纳入,但显著增加了多种关键的生态学指标,与IAD框架中的社会和制度指标形成互补。

九、未来制度理论面临的知识挑战

尽管制度学学者自 20 世纪 60 年代以来取得了巨大的进步,但显然还有很多需要做的事情。一个主要的挑战就是继续探究影响行动情境的因素。DOSES 项目将解决社会生态系统中的这个问题,而我希望其他学者能够在其他政策领域解决这一挑战。目前年轻学者应在他们职业生涯的早期建立严谨的数据库,这样可以使他们研究复杂动态的社会生态系统。

第二个挑战就是开发可以被用于多种制度设定中的个体选择的理论。当易犯错和不断学习的个体在经常重复的简单的情境中互动时,假设他们拥有与决策相关的变量的完整信息,那么对他们建立模型是可能的。在高度竞争的环境中,我们可以进一步假设那些能够从选择性的环境压力幸存下来的个体,是因为在环境中生存相关的关键变量的值最大(比如利润和适应性)(Alchian,1950)。当个体面临一个相对简单的决策情境,在该情境中制度会制造与某一特定问题相关的变量的精确信息,那个问题就能够被充分地认为是一个直接、限制性的最大化问题。同 IAD 和 DOSES 框架兼容的最高度发展的、明确的个体选择理论——博弈理论和新古典主义经济理论——都包括一些极端的假设,比如不加限制的计算能力以及完全的个人净利润最大化。当在一个产权十分明晰严格执行并且对买卖双方而言都有一个相对低的成本的设定中分析私人物品市场时,基于完全信息和利润最大化的市场行为和结果的理论能很好地预测结果。

但是在理解许多关于当地公共物品和公共池塘资源的利益情境时则更为复杂,其中包括很大的不确定性,并且缺乏选择压力以及竞争市场的信息生产能力(Osrom,2005)。因此,需要用有限理性假设——那些个体主观上是理性的,但受到限制——来替换公理式的选择理论中的完全信息和效用最大化的假设(Ostrom 等,1994b;Simon,1965,1972;Williamson,1985)。信息搜索成本很高,并且人类信息处理能力是有限的。因此,个人经常必须在不完全信息的情况下,对所有可能的选择和结果中做出抉择。所有的个人在选择旨在实现一系列目标的策略时都有可能会犯错(V. Ostrom,

1986)。但是,随着时间的推移,他们会学习到更多的对所处情境的理解,并会使用产生更多回报的策略。互惠可能取代自私的狭隘和短期对个人利润的追求而被建立起来(Hyden,1990;Oakerson,1993)。

因此,一个人不再仅仅像古典经济学的做法那样建立个体机械选择的行为,而是采用有利他偏好且倾向于互惠的个体行为模型。我们需要建立一种深层次的在多种设定下的人类行为理论,我们就能开始预测相对于其他设定而言,在某种设定下进行互动的个体是否会建立信任和互惠关系(Ostrom,1998,1999;Ostrom 和 Walker,2003;Walker 和 Ostrom,2009)。我们不能在每一种行动情境中使用同样的个体选择模型,这会令许多制度学者失望。但我们正在渐渐建立更深入的理解,这些理解涉及一种情境结构和用户的不同属性(比如,他们是否可以交流、自愿退出或者进入、是否了解别人、是否能够从过去的行为中获取信息等)是如何互相作用的,而产生互惠和信任增加或减少的情境(Poteete 等,2010)。但是这需要更多的工作,而我鼓励年轻的学者加入到其中来应对这些重大的挑战。

今天有很多可供年轻学者探讨的挑战性问题。一些理论和方法目前可以用来处理这些问题,并且会随着时间发展进一步得到改进。现在有丰富的机会进行深入的研究,因为现在的工作基础比半个世纪前更加坚实。基于以下三点原因,我对未来非常乐观。第一,现在对妇女和少数族裔学者而言有了更多的机会,这归因于在美国大学中针对年轻教师的引进、聘用、任职,以及终身教职评定等方面的巨大制度性变革。第二,跨学科奖学金相较于过去而言更加容易申请。美国国家科学基金会(National Science Foundation)已经建立几个项目来支持社会科学家和生物物理学家关于社会生态系统动态的结构和结果变迁的研究项目。包括《保护和社会》(*Conservation and Society*)、《生态和社会》(*Ecology and Society*)、《国际公共事物学报》(*International Journal of the Commons*)、《经济行为和组织学报》(*Journal of Economic Behavior and Organization*)和《政策研究》(*Policy Studies*)在内的期刊,既有很强的多学科背景又非常受尊敬。一些政治学系仍然坚持在顶尖政治学期刊中发表论文是评定终身教职的重要标准,但这项政策开始随着时间出现变化,并开始承认跨学科和本学科的研究是同等重要和相关的。我的乐观主义的第三个原因是,复杂的制度安排并非天然就是混乱的,这一结论得到更广泛的认可。生态学家和生物学家很早之前就知道,他们研究的是包括多层级各种部分所组成的复杂现象,而他们面临的挑战就是打开这种复杂性的黑箱并理解它。我们作为社会科学家面临的挑战就是驾驭这些关于复杂系统的知识(Axelrod 和 Cohen,2000),而不是简单地寻求简化。

作者学术小结

托尔斯泰小说

探寻中国公共事物治理之道

公共事物治理研究的缘起

我进入公共事物治理这个领域,属于机缘巧合,这要追溯到20年前,那时候"黄河断流"是一个热门的社会话题。1997年,黄河断流了226天,经新闻媒体报道后,引起了社会各界的广泛关注。从社会到学术界,治理黄河、拯救母亲河的呼声此起彼伏。在此背景下,1999年,清华大学水利系和21世纪发展研究院(2000年在此基础上成立公共管理学院)组建了联合课题组,开始对黄河断流的成因、趋势与对策开展研究。该课题由21世纪发展研究院牵头,由水利系的胡和平教授和公共管理学院的胡鞍钢教授联合主持。当时还在水利系就读的我,刚刚被录取为21世纪发展研究院的直博生,两位课题负责人分别是我本科和博士导师,黄河断流的研究自然成为我承担的第一项课题,这也成为我学术生涯的开端。

围绕黄河断流开展的这项跨学科研究为期2年。黄河是由政府部门管理的,但是政府管理存在可能失灵的问题。在政府失灵的情况下,理论上可以考虑由市场来发挥作用,通过市场来优化资源配置。鉴于当时黄河水资源的管理并没有引入市场机制,能不能在黄河流域引入市场方式来优化水资源配置呢？沿着这个思路，我们做了大量的定量计算和分析论证工作。2000年，我与胡鞍钢教授在《中国软科学》期刊上发表了《转型期水资源配置的公共政策：准市场与政治民主协商》，该文指出水利服务中只有少部分具有私人物品的属性，例如水能资源、管网供水和部分的渠系灌溉水服务，市场机制可以在这些领域发挥作用。基于此，该文提出引入"准市场"配置水资源的构想。论文发表后引起了当时水利部部长汪恕诚的重视，在社会上产生了反响，水利系统随后掀起了"水权与水市场"的大讨论。这段经历也促使我将博士论文选题，聚焦在中国水权问题的研究上，并为此开展了为期四年的研究。

治水在中国是非常典型的公共事物。早在两千多年前，管子就留下了"治国必先治水"的古训。从研究黄河流域问题开始，我以转型期中国的水治理为主线，以现实的水治理问题为研究对象，开展了大量的理论和实证研究工作。在过去的十几年中，我发表了一系列的水治理研究论著，主题涉及水权和水市场、流域管理、水资源管理、水环境管理、水工程管理、农田水利管理、水利战略和水利现代化等众多方面。现在回顾来看，伴随着21世纪之初的中国治水转型，"水治理"实际上逐步成为一个新兴的学术领域，这个领域实际上是"公共事物治理"的一个子集。我在中国水治理开始历史性的变革之际，投身于水治理的公共管理和政策研究，在水治理研究中感受中国公共事物治理变革的进程，不断加深了对公共事物治理之道的认识。

奥斯特罗姆对我的影响

在我的学术生涯中，多次受到埃莉诺·奥斯特罗姆教授的启发和影响。这既包括我从事博士论文研究的早期阶段，也包括我系统研究中国水治理的青年时期。她实际上是我从水治理进入公共事物治理这个领域的引路人，在某种意义上直接影响了我的学术发展路径和人生道路选择。

我有幸结识奥斯特罗姆教授，始于读她的著作。2000年，毛寿龙教授组织出版了"制度分析与发展译丛"，其中的第一部书就是《公共事物的治理之道》。在这部享誉世界的名著中，奥斯特罗姆直面人类的集体行动困境，利用理论分析和实证研究,雄辩地论证了人类的自主治理何以可能。当时还处于博士论文选题阶段的我,被这部书中浓厚的理论色彩所吸引,特别是其"多重嵌套制度"的思想启发了我水权制度理论的构建。这部书中理论呈现的优雅和逻辑展开的紧密,也让作为青年学子的我,第一次深刻感受到了社会科学研究的巨大魅力。

2004年初,当博士论文基本完成之时,我得到中国环境与发展国际合作委员会的支持,赴北美游学。游学期间在朋友引荐下,前往印第安纳大学拜访奥斯特罗姆教授。在布鲁明顿市,奥斯特罗姆非常热情地接待了我。初次见面,这位仰慕已久的大师并没有把我当外人,她带我去参加小型研讨会,介绍我认识她的几位博士生,还特意安排我与她的丈夫文森特见面。奥斯特罗姆夫妇渊博的学识与和蔼的为人让远道而来的我倍感亲切,他们夫妇的大师风范让我有高山仰止的感觉。我在他们工作地点的政治理论与政策分析研究所徜徉良久,到这个学术殿堂访学便成为我的一个梦想。

再次见到奥斯特罗姆教授,则是三年以后的事情了,也正是这次相遇让我有机会实现到她那里访学的梦想。2007年夏天,奥斯特罗姆夫妇到访北京。当时,我已经在清华大学留校工作了。仰慕已久的大师做客家中,是非常难得的交流机会。我与奥斯特罗姆夫妇一起待了三天,与他们有大量的交流,包括介绍自己的水治理研究成果。我关于水权研究的博士论文,发表后在学界产生了反响,并由国外学术机构翻译成了英文版。所以我可以把英文版的博士论文拿给他们夫妇看,书中引用了很多他们的著述观点,他们看到后很高兴,这也给他们留下了深刻的印象。奥斯特罗姆回国之后,专门写了一封信给我,邀请我去印第安纳大学访学,我自然喜出望外,一口就答应了。

在奥斯特罗姆教授的推荐下,我获得"美中学术交流委员会中国学者发展奖金",这个奖金可以支持我访学的费用。2009年8月,我得以成行赴美国印第安纳大学政治理论与政策分析研究所访学。在访学的一年时间里,我系统学习了布鲁明顿学派的理论,特别是接触了她最新的学术思想。在奥斯特罗姆的指导下,我开展了几项研究,并尝试将她的理论应用于中国的水治理研究。非常巧合的是,在我访学期间,奥斯特罗姆因其卓越的学术贡献获得了诺贝尔奖,她因此成为世界上首位女性诺贝尔经济学奖得主。我在研究所目睹了她获奖前后的过程，见证了她学术生涯的高峰，这也成为我的一段独特而难忘的经历。

在美国跟随奥斯特罗姆访学的经历，对我的学术研究路径产生了巨大影响。2010年访学归国后，我转向中国公共事物治理实践的理论总结，这其中既有奥斯特罗姆理论的中国化应用和本土化尝试，也有中国治理经验与国际理论的比较对话和学理阐释。在多项研究中，我深感中国国情条件下的情境强烈影响西方社会科学理论在中国的适用性，对包括奥斯特罗姆在内的西方社会科学理论进行修正是非常必要的，只有发展适合中国本土的治理理论，才能对中国社会的实践产生现实指导作用。与此同时，中国经验与西方社会科学理论的对话，也为中国学者提供了理论创新的机会，有可能丰富和发展西方的社会科学理论，从而推动形成更为一般性的国际化理论。

从水治理到公共事物治理

黄河断流是我研究公共事物治理的起点，黄河断流只是中国水危机的一个侧面。除了缺水断流问题，中国还面临着洪涝灾害频繁、水污染加剧、水生态恶化、水风险增加等众多水问题，这些问题都对水治理研究提出了巨大需求。过去十几年中，我所从事的一系列研究，从不同角度揭示了水治理问题的复杂性和系统性。

水是一种非常复杂的自然资源，具有多重混合特性，这决定了水治理的复杂性。水资源由于流动性、外部性、自然垄断等原因，水资源配置过程中存在着广泛的"市场失灵"。尽管中国从新世纪之初，就把水权和水市场作为水利改革的重要取向，但十几年过去了，水权市场在实践中取得的进展非常有限。究其原因，基于完全市场假设的水权市场收益，会被现实中的很多因素抵消，这些因素包括交易成本、第三方影响、回流、市场势力、技术条件、风险和不确定性等。我在主持完成的一项国家自然科学基金课题"交易成本约束下的水权市场模拟与管理制度研究"中，对黄河流域的水权市场进行了定量模拟，发现设想中的黄河水权市场对交易成本非常敏感，跨地区的水权交易所带来的潜在收益,随着交易成本的增大,潜在的市场收益快速降低,特别是农业部门对交易成本更为敏感。这也可以解释,即使在中国水权市场较为发达的黄河中上游地区,其水权流转采用的政府主导下的"准市场"模式,实际上是国情条件约束下节约交易成本的制度安排。因此,在中国的水治理中,不宜过于强调市场机制的作用,不能低估中国探索水权市场的复杂性和长期性。

水治理中存在的"市场失灵"要求政府的介入,在具有独特国情条件的中国尤其如此。但是由于政府运作自身的局限性,实践中还存在大量"政府失灵"的问题。十几年前,我们曾经一度将黄河断流部分归因于"市场缺失",但是现在过头来看,恐怕更多应当归因为"政府失灵"。从1998年开始,水利部授权黄河水利委员会对黄河径流统一调度管理。2000年以后,黄河再也没有断流过,这是当代中国治水很大的一个成就。这其中,宁夏和内蒙古地区引入水权市场的举措,的确对提高水资源配置效率发挥了作用。但从整体来看,黄河流域强化了对各个省区的总量控制,则是更为根本的原因。相对于引入市场机制的努力,政府自身职能的调整和政策应对,显然重要得多。因此,在中国的水治理中,受限于市场机制发挥作用的有限性,研究水治理的制度设计和公共政策,帮助政府更好地发挥作用,是改进水治理更为现实的选择。

水治理中广泛存在的"市场失灵"和"政府失灵",说明从政府与市场二分的思路出发,解决公共事物治理的局限性。20世纪90年代中期以来,伴随着国际范围"治理"(Governance)思想的兴起,"良治"(Good governance)成为指导公共事物治理的新思想,为解决市场和政府双失灵的问题提供了新的应对思路。在2002年,我率先将国际社会的"治理"理论引入中国,提出中国的水治理应当从"控制"转向"良治",探讨了黄河流域"良治"的关键问题和制度框架。"良治"理论中强调多元主体的互补和互动,强调社会力量对政府和市场的制衡,这启发我研究水治理中的社会参与问题,围绕用水户协会开展了深入研究。

用水户协会是21世纪以来中国农业水管理体制的新变化,目前在全国发展已经超过10万家。那么用水户协会改革作为引入社会力量的尝试,是否改变了水治理中的市场和政府双失灵的问题呢?我在主持完成的另一项国家自然科学基金课题"基于制度分析与发展(IAD)框架的参与式灌溉管理研究"中,利用大样本农村调查数据发现,用水户协会在全国很多地区呈现低效运作甚至流于形式,建立用水户协会的村庄与没有用水户协会的村庄,其灌溉管理绩效并没有显著差异。用水户协会失效的研究结论,从某种意义上反映了公共事物治理中的"社会失灵",即引入社会力量参与治理的改革未必会取得预期的成效。因此,水治理中面临着政府、市场和社会都会失灵的窘境,水治理的研究需要引入更为系统的视角和观点。

中国目前存在很多公共事物的危机,水危机只是其中的一个缩影。我围绕水治理的一系列研究,从一个侧面反映了中国公共事物治理面临的普遍问题。近年来,由于在清华大学中国农村研究院工作的原因,我同时研究中国农村的公共治理,发现中国农村也存在着广泛的公共事物治理的危机,例如村容环境、农田水利、人文环境、生态环境呈现普遍衰败的景象。我在正在主持的国家自然科学基金课题"中国农村集体行动机制与公共事务治理"研究中指出,中国农村治理危机的实质,是中国农村集体行动能力全面衰落,中国农村集体行动同时面临政府失灵、市场失灵和社会失灵的局面。从水治理到农村公共事物治理,很多的研究启示我们,公共事物治理显然比已有的认识更为复杂,也对公共事物治理理论提出了更大的挑战。

中国公共事物治理研究展望

十年前,我曾经探讨了中国的水治理转型,提出中国应当推进以"良治"为导向的水治理改革,建立政府、市场和社会互补互动的新型水治理结构。充分发挥政府、市场与社会的作用,形成多元协作治理的格局,已经日渐成为公共事物治理的一个共识。近年来,我在研究中国农村公共事物治理中发现,为了应对农村治理危机,实践中产生了许多有价值的治理创新,如干部下派驻村担任第一书记,退休的政府官员担任村干部,成功的企业家回乡担任村干部等。这也进一步启示,中国地域辽阔,各地自然、人文环境差异极大,不存在"万能药"的农村治理模式。如何因地制宜,探索符合各地情况的治理形式,应当是未来公共事物"良治"的基本取向。

上述认识更多的是提供了理论上的思路和原则,对公共事物治理的实践指导意义有限。这也反映了围绕公共事物治理,理论明显滞后于实践的现实处境。为了能够适应快速变化的中国公共事物治理实践需要,未来需要重视以下几个方面的研究:(1)治理系统的诊断方法,需要开发能够更为精确地描述复杂治理系统的方法,为诊断复杂系统提供更逼近现实世界的分析工具;(2)治理绩效的度量标准,需要深化对多层次治理绩效的理论认识,发展更为客观的测度治理绩效的方法;(3)中国情境下的集体行动机制,需要对中国国情条件对集体行动影响机制做更深入的研究,形成宏观情境变量与微观情境变量如何影响个体行为及其互动的系统认识;(4)中国情境下的设计原则,需要进一步检验西方提出的制度设计原则在中国的适用性,发展适合中国本土的制度设计原则;(5)指导现实应用的政策工具,需要形成对各种政策工具适用条件的系统认识,推进有实践操作价值的政策工具开发和应用。

中国共产党在十八届三中全会提出,到2020年实现国家治理体系与治理能力现代化,这是当代中国伟大的改革目标。为了迅速改进中国的治理水平,不断提高治理能力,我们必须善于吸收利用人类一切优秀的文明成果。应对中国目前广泛存在的公共事物治理危机,加强理论研究,借鉴他山之石,是我们面临的更为迫切的任务。奥斯特罗姆的成果作为西方现代社会科学的优秀代表,显然在此过程中可以发挥重要作用,这也是我创作本书的重要初衷。

奥斯特罗姆博大精深的学术思想有巨大的潜力应用于中国公共事物治理研究。比如,在"制度分析与发展(IAD)框架"基础上发展起来的"社会生态系统(SES)框架",已经展现出了应用于诊断复杂治理系统的巨大潜力。通过全局性的变量诊断,可以揭示真实世界复杂的运行机制,由此可能在系统诊断的基础上,发展出针对性地矫正公共失灵的办法。可以预见,因地制宜作为一种公共事物治理的指导原则,有可能找到具体的实现途径,实现精准问题识别和对症下药。

奥斯特罗姆的一生,留下了丰厚的学术遗产,其中 SES 框架是其中的最后一件,也是国际公共事物治理学界的最前沿成果之一。目前全世界有多支研究团队在进一步开发和完善 SES 框架及理论方法,而且进展非常之快。随着治理理论的发展,利用计算机和大数据技术实现对社会生态系统的精准模拟,从而实现复杂治理系统的科学诊断,有可能逐步成为现实。相对而言,中国在这个领域的研究还很落后,追赶发达国家还有很长的路要走。中国在经济总量上已经成功实现了"超英赶美",目前在工程科技方面正在逐步"超英赶美",而在社会科学领域要"超英赶美"似乎还是一个梦。为了实现"超英赶美社科梦",还需要几代社会科学工作者付出艰苦的努力。

后　　记

　　尽管奥斯特罗姆夫妇已于2012年仙逝,他们夫妇的学术思想还在世界范围内传播发酵,对当代世界的公共事物治理发挥着重要理论参考。奥斯特罗姆夫妇的弟子分布在世界各地,他们的工作传承和发展了奥斯特罗姆的学术思想,把用地名命名的"布鲁明顿学派"变成了真正地理意义上的"多中心学派"。近年来,奥斯特罗姆的学术思想在国内也被广泛传播,她的主要著作都已经有了中译本,研究其学术思想的文章见诸多种中文期刊,反映了国内学界对其学术思想价值的认可和重视。这也促使我将与奥斯特罗姆有关的所见所思辑录成书,分享给国内的读者,这将有助于奥斯特罗姆学术思想在国内的持续传播,也可以促进学界同人对奥斯特罗姆学术思想的深入理解。

　　由于在美国跟随奥斯特罗姆访学的经历,我对她的很多学术思想有直观的认识和真切的体会。奥斯特罗姆是一位理论大师,她对发展理论有敏锐的嗅觉和精致的追求,所以她的学说体系相对艰深复杂,且很多理论不断更新。作为曾经跟随奥斯特罗姆学习的中国学者,我觉得有责任将所见所闻记录下来,这些不同时期记录的文字收录在本书的"亲历篇"中。访学归国后,我应邀在多个场合介绍奥斯特罗姆的学术思想,其中部分讲座的记录稿经整理后收录在本书的"阐释篇"中。奥斯特罗姆的学术方法中运用最广泛的是IAD框架和SES框架,这两个框架较为复杂且应用不易,本书在"研习篇"中收录了几篇研究和示范框架应用的论文。本书收录的诸篇文字,陆续形成于2010年至2016年,题材多样且风格不尽相同,部分文稿中有重复的内容,还请读者谅解。对于书中可能的纰漏错误,也请读者批评指正。

　　本书得以顺利出版,离不开以下机构提供的支持:美国印第安纳大学奥斯特罗姆研究所(原政治理论与政策分析研究所),美中学术交流委员会(ACLS),中国国家自然科学基金委员会,奥斯特罗姆中国研究会,清华大学公共管理学院,清华大学国情研究院,清华大学中国农村研究院,清华大学出版社。本书相关研究及成果出版曾得到以下基金项目的资助:国家自然科学基金项目(70973064;71573151)、国家社会科学基金重大项目(15ZDB164);清华大学自主科研计划(2014z04083)、北京市宣传文化高层次人才项目(2016XCB085)。在美国印第安纳访学期间及归国后,与奥斯特罗姆研究所各位同事的交流切磋是本书很多思想的来源,包括迈克·迈克金尼斯(Mike McGinnis)、吉米·沃克(Jimmy Walker)、布莱恩·布鲁斯(Bryan Bruns)、德里克·考奈科斯(Derek Kauneckis)、克里斯托弗·巴特莱特(Christopher Bartlett)、鲁兹·赫尔南德兹(Luz Hernandez)、爱德华多·阿拉拉尔(Eduardo Araral)、迈克尔·考克斯(Michael E. Cox)、维拉·托马斯(Sergio Villamayor-Tomas)、马蒂·安德烈(Marty Anderies)、马可·詹森(Marco Janssen)、巴巴拉·埃伦(Barbara Allen)等。在奥斯特罗姆研究所的帕蒂·赖若特(Patty Lezotte)协助下,印第安纳大学董事会授权本书封面使用奥斯特罗姆的照片,该照片于2009年摄于布鲁明顿市,是她获得诺贝尔奖之后印第安纳大学校方特意为她拍摄的。诺贝尔基金会授予本书奥斯特罗姆诺贝尔讲座稿的中文版权。美国《政治学年度评论》期刊授予本书奥斯特罗姆学术自传文章的中文版权。奥斯特罗姆中国研究会的毛寿龙教授、陈幽泓教授、王建勋教授等同人,为促进奥斯特罗姆夫妇学术思想在中国的传播和应用做了大量工作,为本书的形成提供了基础和背景。清华大学公共管理学院的老师和同事们,特别是胡鞍钢教授、薛澜教授、王有强教授、崔之元教授、孟庆国教授、齐晔教授、苏竣教授、彭宗超教授、俞樵教授等,对我从事该方向的研究提供过指导或建议。在本书成稿和编辑过程中,我指导过的多位研究生和博士后,特别是舒全峰、汪训佑、梁佼晨、吴佳喆、张明慧等均做出了贡献。印第安纳大学公共与环境事务学院满燕云教授的鼓励,加快的本书的出版进程。对上述机构、朋友和同事的支持与帮助,在此一并谨致谢忱。最后衷心感谢家人多年来对我学术事业的大力支持。

公共事物治理是人类历久弥新的课题,奥斯特罗姆夫妇在这个领域半个多世纪的耕耘,为我们留下了弥足珍贵的思想遗产。本书的出版,既是对奥斯特罗姆学术思想的中国化阐释,也是我作为中国学者对这对学术伉俪的致敬和纪念。独行者速,众行者远,希望未来有更多的中国学者,加入公共事物治理研究的行列,推动中国公共事物治理的学科发展和社会进步!

王亚华

2016年10月于北京

参 考 文 献

[1] 白尔恒,(法)蓝克利,魏丕信. 沟洫佚闻杂录·序言[M]. 北京:中华书局,2003.

[2] 白仲林. 同期相关面板数据结构突变单位根检验的统计性质——中国CPI指数平稳性的经验证据[J]. 统计研究,2008,25(10):86~91.

[3] 陈琛,骆云中,柏在耀,等. 重庆市农民用水户协会绩效评价[J]. 西南师范大学学报(自然科学版),2011,(2):20~24.

[4] 方红生,张军. 中国地方政府扩张偏向的财政行为:观察与解释[J]. 经济学(季刊),2009,03:1065~1082.

[5] 冯友兰. 中国哲学简史[M]. 北京:北京大学出版社,1985:394~395.

[6] 傅筑夫. 中国封建社会经济史[M]. 北京:人民出版社,1981.

[7] 顾浩. 中国治水史鉴[M]. 北京:中国水利水电出版社,1997.

[8] 行龙. 晋水流域36村水利祭祀系统个案研究[J]. 史林,2005,4:1~10.

[9] 行龙. 明清以来山西水资源匮乏及水案初步研究[J]. 科学技术哲学研究,2000,17(6):31~34.

[10] 胡靖. 小水利之殇与农村的公共悲剧[J]. 绿叶,2010,5:44~48.

[11] 李树明. 甘肃省农民用水户协会运行绩效综合评价[D]. 兰州:甘肃农业大学,2008:26~30.

[12] 潘护林. 干旱区集成水资源管理绩效评价及其影响因素分析[D]. 兰州:西北师范大学,2009:17~20.

[13] 王浩,于永达. 低碳经济中的中央—地方合作利益驱动研究[D]. 北京:清华大学,2009.

[14] 王济川,王志刚. Logistic回归模型:方法与运用[M]. 北京:高等教育出版社,2005.

[15] 王群. 奥斯特罗姆制度分析与发展框架评介[J]. 经济学动态,2010(4):137~142.

[16] 王瑞. 安徽省利用世界银行贷款加强灌溉农业项目绩效评价[D]. 合肥:安徽农业大学,2009:48~50.

[17] 王尚义,张慧芝. 明清时期汾河流域生态环境演变与民间控制[J]. 民俗研究,2006,3:126~138.

[18] 王学渊.基于 DEA 和 SFA 方法的农户灌溉用水效率比较研究:以西北地区的实地调查数据为例[J].中国农村水利水电,2010,(1):8~13.

[19] 王亚华.水权解释[M].上海:上海三联书店,上海人民出版社,2005.

[20] 王亚华.中国用水户协会改革:政策执行视角的审视[J].管理世界,2013,(6):61~71.

[21] 姚汉源.中国水利发展史[M].上海:上海人民出版社,2005.

[22] 张陆彪,刘静,胡定寰.农民用水户协会的绩效与问题分析[J].农业经济问题,2003,(2):29~33.

[23] 郑肇经.中国水利史[M].上海:商务印书馆,1984.

[24] 中共中央国务院关于加快水利改革发展的决定.2011 年中央一号文件[EB/OL].(2010-12-31).http://www.gov.cn/gongbao/content/2011/content_1803158.htm.

[25] 周侃.灌区用水者协会绩效评价研究[D].南京:南京农业大学,2010:24~27.

[26] 周黎安.中国地方官员的晋升锦标赛模式研究[J].经济研究,2007,07:36~50.

[27] 周亚,张俊峰.清末晋南乡村社会的水利管理与运行——以通利渠为例[J].中国农史,2005,3:21~28.

[28] 专题调研专家组.大中型灌区节水改造及管理相关重大问题专题调研报告[EB/OL].(2007-12-24)[2008-3-19].http://www.jsgg.com.cn/Index/Display.asp?NewsID=10042.

[29] Acheson J M, Gardner R. Spatial Strategies and Territoriality in the Maine Lobster Industry[J]. Rationality and Society, 2005,17(3):309~341.

[30] Agrawal A. Environmentality: Technologies of Government and the Making of Subjects[M]. Durham, NC: Duke University Press,2005.

[31] Agrawal A. Common resources and institutional sustainability[A]. In Ostrom et al. eds. , The Drama of the Commons[G]. Washington, DC: National Academy Press,2002:41~85.

[32] Agrawal A, Gibson C. Communities and the Environment: Ethnicity, Gender, and the State in Community-Based Conservation[M]. New Brunswick: Rutgers University Press,2001a.

[33] Agrawal A. Common Property Institutions and Sustainable Governance of Resources[J]. World Development, 2001b,29:1649~1672.

[34] Agrawal A. Greener Pastures: Politics, Markets, and Community among a Migrant Pastoral People[M]. Durham: Nuke University Press,1999.

[35] Alchian A A, Demsetz H. The Property Rights Paradigm[J]. Journal of Economic History, 1973,33(1): 16~27.

[36] Alchian A A. Uncertainty, Evolution, and Economic Theory[J]. Journal of Political Economy, 1950,58(3): 211~221.

[37] Aligica P D, Boettke P. Challenging Institutional Analysis and Development: The Bloomington School[M]. Oxford: Routledge,2009.

[38] Allport F H. A Structuronomic Conception of Behavior: Individual and Collective [J]. Journal of Abnormal and Social Psychology, 1962,64(1): 3~30.

[39] American Society of Civil Engineers. Describing Irrigation Efficiency and Uniformity[J]. Journal of the Irrigation and Drainage Division, 1978,104(1): 35~41.

[40] Anderson T L, Hill P J. The Race for Property Rights[J]. Journal of Law and Economics, 1990,33(1): 177~197.

[41] Anderson W, Weidner E W. American City Government[M]. New York: Henry Holt,1950.

[42] Andersson K P, Gibson C C, and Lehoucq F. Municipal Politics and Forest Governance: Comparative Analysis of Decentralization in Bolivia and Guatemala [J]. World Development, 2006,34(3): 576~595.

[43] Andersson K P, Ostrom E. Analyzing Decentralized Resource Regimes from a Polycentric Perspective[J]. Policy Sciences, 2008,41(1): 71~93.

[44] Andreoni J. Giving with Impure Altruism: Applications to Charity and Ricardian Equivalence[J]. Journal of Political Economy, 1989,97(6): 1447~1458.

[45] Aoki M. Toward a Comparative Institutional Analysis[M]. Cambridge: MIT Press,2001.

[46] Araral E. The Strategic Games that Donors and Bureaucrats Play: An Institutional Rational Choice Analysis[J]. Journal of Public Administration Research and Theory, 2009a,19(4): 853~871.

[47] Araral E. What Explains Collective Action in the Commons? Theory with Econometric Results from the Philippines[J]. World Development, 2009b,37(3): 687~697.

[48] Araral E. Decentralization Puzzles: A Political Economy Analysis of Irrigation Reform in the Philippines[D]. Dissertation, Indiana University,2006.

[49] Araral E. Bureaucratic Incentives, Path Dependence, and Foreign Aid: An

Empirical Institutional Analysis of Irrigation in the Philippines[J]. Policy Sciences, 2005,38: 131~157.

[50] Arrow K J. The Limits of Organization[M]. New York: Norton,1974.

[51] Axelrod R, Cohen M D. Harnessing Complexity [M]. New York: Free Press,2000.

[52] Axelrod R. An Evolutionary Approach to Norms[J]. American Political Science Review, 1986,80(4): 1095~1111.

[53] Bain, J S. Industrial Organization[M]. New York: Wiley,1959.

[54] Baland J M, Platteau J P. Halting Degradation of Natural Resources: Is There a Role for Rural Communities? [M]. Oxford: Clarendon Press,2000.

[55] Baland J M, Platteau J P. Does Heterogeneity Hinder Collective Action? [M]. Cahiers De La Faculte Des Sceinces Economogues Sociales No. 146. Namur. Belgium,1995.

[56] Balliet D. Communication and Cooperation in Social Dilemmas: A Meta-Analytic Review[J]. Journal of Conflict Resolution, 2010,54(1): 39~57.

[57] Banana A Y, et al. Decentralized Governance and Ecological Health: Why Local Institutions Fail to Moderate Deforestation in Mpigi District of Uganda[M]. Scientific Research and Essays, 2007,2(10): 434~445.

[58] Banana A Y, Gombya-Ssembajjwe W. Successful Forest Management: The Importance of Security of Tenure and Rule Enforcement in Ugandan Forests[A]. In People and Forests: Communities, Institutions, and Governance, ed. Clark C. Gibson, Margaret A. McKean, and Elinor Ostrom, 87-98. Cambridge, MA: MIT Press,2000.

[59] Bardhan P. Irrigation and Cooperation: An Empirical Analysis of 48 Irrigation Communities in South India[J]. Economic Development and Cultural Change, 2000,48(4): 847~865.

[60] Basurto X, Ostrom E. Beyond the Tragedy of the Commons[J]. Economia delle fonti di energia e dell'ambiente, 2009,52(1): 35~60.

[61] Batistella M, et al. Settlement Design, Forest Fragmentation, and Landscape Change in Rondonia, Amazonia. Photogrammetric Engineering and Remote Sensing, 2003,69(7): 805~812.

[62] Bell F W. Technological Externalities and Common-Property Resources: An Empirical Study of the U. S. Northern Lobster Fishery[J]. Journal of Political

Economy, 1972, 80(1): 148~158.

[63] Benjamin P, et al. Institutions, Incentives, and Irrigation in Nepal[R]. Decentralization: Finance & Management Project Report. Burlington: Associates in Rural Development, 1994.

[64] Berkes F. Community-Based Conservation in a Globalized World[J]. Proceedings of the National Academy of Sciences, 2007, 104(39), 15188~15193.

[65] Berkes F, Colding J, and Folke C. Navigating Social-Ecological Systems: Building Resilience for Complexity and Change[M]. Cambridge: Cambridge University Press, 2003.

[66] Berkes F, Folke C. Linking Sociological and Ecological Systems: Management Practices and Social Mechanisms for Building Resilience[M]. New York: Cambridge University Press, 1998.

[67] Berkes F. Common Property Resources: Ecology and Community-Based Sustainable Development[M]. London: Belhaven, 1989.

[68] Berkes F. Local-levelManagement and the Commons Problem: a Comparative Study of Turkish Coastal Fisheries[J]. Marine Policy, 1986, 10: 215~229.

[69] Berkes F. The Common Property Resource Problem and the Creation of Limited Property Rights[J]. Human Ecology, 1985, 13(2): 187~208.

[70] Bish R L. The Public Economy of Metropolitan Areas[A]. In Chicago: Rand McNally/Markham Bish RL, Ostrom V. Understanding Urban Government: Metropolitan Reform Reconsidered. Washington, DC: American Enterprise Institute for Public Policy Research, 1971.

[71] Blomquist W, Ostrom E. Deliberation, Learning, and Institutional Change: the Evolution of Institutions in Judicial Settings[J]. Constitutional Political Economy, 2008, 19(3): 180~202.

[72] Blomquist W, Parks R B. Fiscal, Service, And Political Impacts Of Indianapolis-Marion County's Unigov[J]. Publius the Journal of Federalism, 1995a, 24(4): 37~54.

[73] Blomquist W, Parks R B. Unigov: local government in Indianapolis and Marion County, Indiana[A]. In The Government of World Cities: The Future of the Metro Model, ed. LJ Sharpe, 77-89. New York: Wiley, 1995b.

[74] Blomquist A W, et al. Regularities from the Field and Possible Explanations[A]. In Rules, Games, and Common-Pool Resources, ed. Elinor Ostrom, Roy

Gardner, and James Walker, 301-318. Ann Arbor, MI: University of Michigan Press, 1994.

[75] Blomquist A W. Dividing the Waters: Governing Groundwater in Southern California[M]. ICS Press, 1992.

[76] Blomquist W, Ostrom E. Institutional capacity and the resolution of a commons dilemma[J]. Policy Stud. Rev, 1985, 5(2): 383~393.

[77] Bollens J C, Schmandt H J. The Metropolis and Its People, Politics and Economic Life[M]. New York: Harper & Row. 2nd ed, 1970.

[78] Bolton G E, Ockenfels A. ERC: A Theory of Equity, Reciprocity, and Competition[J]. American Economic Review, 2000, 90(1): 166~193.

[79] Bos M G, Burton M A and Molden D J. Irrigation and Drainage Performance Assessment: Practical Guidelines[M]. Wallingford: CABI Publishing, 2005.

[80] Boyd R, Richerson P J. Culture and the Evolutionary Process[M]. Chicago: University of Chicago Press, 1985.

[81] Bravo G, Marelli B. Irrigation Systems as Common-Pool Resources: Examples from Northern Italy[J]. Révue de Géographie Alpine/International Journal of Alpine Research, 2008, 96(3): 15~25.

[82] Bray D B, et al. The Institutional Drivers of Sustainable Landscapes: A Case Study of the Mayan Zone in Quintana Roo, Mexico[J]. Land Use Policy, 2004, 21(4): 333~346.

[83] Brock W A, Carpenter S R. Panaceas and Diversification of Environmental Policy [J]. Proceedings of the National Academy of Sciences, 2007, 104 (39): 15206~15211.

[84] Brockington D, Igoe J. Eviction for Conservation: A Global Overview [J]. Conservation and Society, 2006, 4(3): 424~470.

[85] Bromley D W. Closing Comments at the Conference on Common Property Resource Management [A]. In Proceedings of the Conference on Common Property Resource Management, 591-98. Washington, DC: National Academies Press, 1986.

[86] Brooks J S, et al. Testing Hypotheses for the Success of Different Conservation Strategies[J]. Conservation Biology, 2006, 20(5): 1528~1538.

[87] Brunckhorst D J. Bioregional Planning: Resource Management beyond the New Millennium[M]. Amsterdam: Harwood Academic, 2000.

[88] Buchanan J M. An Economic Theory of Clubs[J]. Economica, 1965, 32(125): 1~14.

[89] Buchanan J M, Tullock G. The Calculus of Consent[M]. Ann Arbor: Univ. Mich. Press, 1962.

[90] Burt C M, Clemmens A J, Strelkoff T, et al. Irrigation Performance Measures: Efficiency and Uniformity[J]. Journal of Irrigation and Drainage Engineering, 1997, 123(6): 423~442.

[91] Burt C M. Aspects of efficiency[A]. Paper presented at the Irrigation Technical Conference. Denver, Colo, 1983.

[92] Canadell J G, Raupach M R. Managing Forests for Climate Change Mitigation[J]. Science, 2008, 320(5882): 1456~1457.

[93] Cardenas J-C, Stranlund J, and Willis C. Local Environmental Control and Institutional Crowding-Out[J]. World Development, 2000, 28(10): 1719~1733.

[94] Cardenas J-C. How Do Groups Solve Local Commons Dilemmas? Lessons from Experimental Economics in the Field [J]. Environment, Development and Sustainability, 2000, 2(3-4): 305~22.

[95] Casari M, Plott C R. Decentralized Management of Common Property Resources: Experiments with a Centuries-Old Institution[J]. Journal of Economic Behavior and Organization, 2003, 51(2): 217~247.

[96] Caves R. American Industry: Structure, Conduct, Performance[M]. Englewood Cliffs, NJ: Prentice-Hall, 1964.

[97] Chhatre A, Agrawal A. Trade-offs and Synergies between Carbon Storage and Livelihood Benefits from Forest Commons [J]. Proceedings of the National Academy of Sciences, 2009, 106(42): 17667~17670.

[98] Chhatre A, Agrawal A. Forest Commons and Local Enforcement[J]. Proceedings of the National Academy of Sciences, 2008, 105(36): 13286~13291.

[99] Chi C. Key Economic Areas in Chinese History: As Revealed in the Development of Public Works for Water-control [M]. New York: A. M. Kelly Publishers, 1936.

[100] Ciriacy-Wantrup, S V, and Richard C. Bishop. Common Property as a Concept in Natural Resources Policy. Natural Resources Journal, 1975, 15 (4): 713~727.

[101] Clark C W. The Worldwide Crisis in Fisheries: Economic Models and Human

Behavior[M]. Cambridge, UK: Cambridge University Press, 2006.

[102] Coleman E A. Institutional Factors Affecting Biophysical Outcomes in Forest Management[J]. Journal of Policy Analysis and Management, 2009a, 28(1): 122~146.

[103] Coleman E A, Steed B C. Monitoring and Sanctioning in the Commons: An Application to Forestry[J]. Ecological Economics, 2009b, 68(7): 2106~2113.

[104] Committee for Economic Development. Modernizing Local Government[M]. New York: Committee for Economic Development, 1966.

[105] Commons J R. Legal Foundations of Capitalism. Madison, WI: University of Wisconsin Press, 1924.

[106] Congleton R D, Ostrom E. Understanding Institutional Diversity[J]. Public Choice, 2007, 132(3): 509~511.

[107] Copeland B R, Taylor M S. Trade, Tragedy, and the Commons[J]. American Economic Review, 2009, 99(3): 725~749.

[108] Coward E W. Irrigation and Agricultural Development in Asia[M]. Ithaca, NY: Cornell University Press, 1980.

[109] Cox M, Arnold G, and Tomas S V. Design Principles are not Blue Prints, but are They Robust? A Meta-analysis of 112 Studies[R]. Lincoln Institute of Land Policy Working Paper, 2009.

[110] Cox M, Arnold G, and Tomas S V. A Review and Reassessment of Design Principles for Community-Based Natural Resource Management[R]. Paper presented at Workshop Political Theory and Policy Analysis, Indiana University, 2009.

[111] Cox J C, Sadiraj K, and Sadiraj V. Implications of Trust, Fear, and Reciprocity for Modeling Economic Behavior[J]. Experimental Economics, 2008, 11(1): 1~24.

[112] Cox J C, Deck C A. On the Nature of Reciprocal Motives[J]. Economic Inquiry, 2005, 43(3): 623~35.

[113] Cox M, Arnold G, and Tomas S V. A Review and Reassessment of Design Principles for Community-Based Natural Resource Management[J]. Ecology and Society, 2010, 15(4): 38~56.

[114] Crawford S E S, Ostrom E. A Grammar of Institutions[A]. In Understanding Institutional Diversity, 137-74. Princeton, NJ: Princeton University

Press, 2005.

[115] Crawford S E S, Ostrom E. A Grammar of Institutions[J]. The American Political Science Review, 1995, 89(3): 582~600.

[116] Dahl R A. A Preface to Democratic Theory[M]. Chicago: University Chicago Press, 1956.

[117] Dahl R A, Lindblom C E. Politics, Economics, and Welfare: Planning and Politico-Economic Systems Resolved into Basic Social Processes[M]. New York: Harper & Row, 1953.

[118] Dawes RM, et al. Organizing Groups for Collective Action[J]. The American Political Science Review, 1986, 80(4): 1171~1185.

[119] de Oliveira A, Croson R, and Eckel C. Are Preferences Stable across Domains? An Experimental Investigation of Social Preferences in the Field[R]. CBEES Working Paper #2008-3, Dallas: University of Texas, 2009.

[120] Degnbol P, McCay B J. Unintended and Perverse Consequences of Ignoring Linkages in Fisheries Systems[J]. ICES Journal of Marine Science, 2007, 64(4): 793~797.

[121] Demsetz H. Toward a Theory of Property Rights[J]. American Economic Review, 1967, 57(2): 347~359.

[122] Dietz T, Ostrom E, and Stern P. The Struggle to Govern the Commons[J]. Science, 2003, 302(5652): 1907~1912.

[123] Downs A. An Economic Theory of Democracy[M]. New York: Harper & Row, 1957.

[124] Dutta K. Strategies and Games: Theory and Practice[M]. Cambridge, MA: MIT Press, 1999.

[125] Eckel C C, Grossman P J. The Relative Price of Fairness: Gender Differences in a Punishment Game[J]. Journal of Economic Behavior and Organization, 1996, 30(2): 143~158.

[126] Eckstein H. Authority Patterns: a Structural Basis for Political Inquiry[J]. The American Political Science Review, 1973, 67: 142~61.

[127] Eggertsson T. Economic Behavior and Institutions[M]. Cambridge, UK: Cambridge University Press, 1990.

[128] Elster J. Solomonic Judgements: Studies in the Limitations of Rationality[M]. Cambridge, UK: Cambridge University Press, 1989.

[129] Fairbank J K. The United States and China(4th Revised and Enlarged Edition) [M]. Cambridge: Harvard University Press,1983.

[130] Faysse N. Coping with the Tragedy of the Commons: Game Structure and Design of Rules[J]. Journal of Economic Surveys, 2005,19(2): 239~261.

[131] Feeny D, et al. The Tragedy of the Commons: Twenty-Two Years Later[J]. Human Ecology, 1990,18: 1~19.

[132] Fehr E, Leibbrandt A. Cooperativeness and Impatience in the Tragedy of the Commons[R]. IZA Discussion Paper 3625,2008.

[133] Fehr E, Gachter S. Altruistic Punishment in Humans[J]. Nature, 2002,415(6868): 137~140.

[134] Fehr E, Schmidt K M. A Theory of Fairness, Competition, and Cooperation [J]. Quarterly Journal of Economics, 1999,114(3): 817~868.

[135] Feng Y. A Short History of Chinese Philosophy [M]. New York: Free Press,1966.

[136] Fiona H. China 'on Course' to Meet Emissions Targets[N]. Financial Time, 2009-09-14.

[137] Frey B S, Oberholzer-Gee F. The Cost of Price Incentives: An Empirical Analysis of Motivation Crowding-Out[J]. American Economic Review, 1997,87(4): 746~755.

[138] Friesema H P. The Metropolis and the Maze of Local Government[J]. Urban Affairs Review, 1966,2(2): 68~90.

[139] Frohlich N, Oppenheimer J A. Choosing Justice: An Experimental Approach to Ethical Theory[M]. Berkeley, CA: University of California Press,1992.

[140] Futemma C, Brondízio E S. Land Reform and Land-Use Changes in the Lower Amazon: Implications for Agricultural Intensification[J]. Human Ecology, 2003,3(3): 369~402.

[141] Gardner R, et al. The Power and Limitations of Proportional Cutbacks in Common-Pool Resources[J]. Journal of Development Economics, 2000,62(2): 515~533.

[142] Ghate R, Nagendra H. Role of Monitoring in Institutional Performance: Forest Management in Maharashtra, India[J]. Conservation and Society, 2005,3(2): 509~532.

[143] Gibson C C, Andersson K, Ostrom E and Shivakumar S. The Samaritan's

Dilemma: The Political Economy of Development Aid[M]. Oxford: Oxford University Press,2005a.

[144] Gibson C C,Williams J, Ostrom E. Local Enforcement and Better Forests[J]. World Development, 2005b,33(2): 273~284.

[145] Gibson C C, McKean M A and Ostrom E. People and Forests: Communities, Institutions, and Governance[M]. Cambrige: MIT Press,2000.

[146] Gigerenzer G, Selten Bounded Rationality: The Adaptive Toolbox [M]. Cambridge, MA: MIT Press,2001.

[147] Goffman, E. Frame Analysis: An Essay on the Organization of Experience[M]. Cambridge, MA: Harvard University Press,1974.

[148] Gordon H S. The Economic Theory of A Common-property Resource: the Fishery[J]. Journal of Political Economy, 1954,62: 124~142.

[149] Grafton R Q. Governance of the Commons: A Role for the State? [J]. Land Economics, 2000,76(4): 504~517.

[150] Gulick L. Metropolitan Organization[J]. The ANN ALS of the American Academy of Political and Social Science, 1957,314(1): 57~65.

[151] Haller T, Merten S. We are Zambians—Don't Tell Us How to Fish! Institutional Change, Power Relations and Conflicts in the Kafue Flats Fisheries in Zambia[J]. Human Ecology, 2008,36: 699~715.

[152] Hardin R. Collective Action as an Agreeable n-Prisoners' Dilemma[J]. Systems Research and Behavioral Science, 1971,16(5): 472~481.

[153] Hardin G. The Tragedy of the Commons[J]. Science, 1968,162: 1243~1248.

[154] Hawley A H, Zimmer B C. The Metropolitan Community: Its People and Government[M]. Beverly Hills, CA: Sage,1970.

[155] Hayes T M. Parks, People, and Forest Protection: An Institutional Assessment of the Effectiveness of Protected Areas[J]. World Development, 2006,34(12): 2064~2075.

[156] Heckathorn D D. Collective Action and Group Heterogeneity: Voluntary Provision vs Selective Incentives[J]. American Sociological Review, 1993,58: 329~350.

[157] Henrich J, et al. Costly Punishment across Human Societies[J]. Science, 2006, 312(5781): 1767~1770.

[158] Henrich J, et al. Foundations of Human Sociality: Economic Experiments and

Ethnographic Evidence from Fifteen Small-Scale Societies[M]. Oxford: Oxford University Press,2004.

[159] Hirsch W Z. Local Versus Areawide Urban Government Services[J]. National Tax Journal, 1964,17: 331~339.

[160] Ho P. Studies on the Population of China[M]. Cambridge: Harvard University Press,1959: 1368~1953.

[161] Hobbes T. Leviathan or the Matter, Forme and Power of a Commonwealth Ecclesiasticall and Civil[M]. Michael Oakeshott,Oxford: Basil Blackwell,1960.

[162] Holt, Charles A. Markets, Games, and Strategic Behavior [M]. Boston: Pearson Addison Wesley,2007.

[163] Hyden G. Reciprocity and governance in Africa[A]. In The Failure of the Centralized State: Institutions and Self-Governance in Africa, ed. J Wunsch, D Olowu, 245-69. Boulder, CO: Westview,1990.

[164] Isaac R M, Walker J M. Communication and Free-Riding Behavior: The Voluntary Contribution Mechanism [J]. Economic Inquiry, 1988, 26 (4): 585~608.

[165] Isaac R M, Walker J M, and Williams A W. Group Size and the Voluntary Provision of Public Goods: Experimental Evidence Utilizing Large Groups[J]. Journal of Public Economics, 1994,54(1): 1~36.

[166] Isaac R M, Walker J M, Thomas S H. Divergent Evidence on Free Riding: An Experimental Examination of Possible Explanations[J]. Public Choice, 1984,43 (2): 113~149.

[167] Isaac R M, McCue K F, and Plott C R. Public Goods Provision in an Experimental Environment[J]. Journal of Public Economics, 1985, 26 (1): 51~74.

[168] IsHak S R. Consumers' Perception of Police Performance: Consolidation Vs Deconcentration: The Case of Grand Rapids, Michigan Metropolitan Area[D]. PhD thesis. Indiana University, Bloomington,1972.

[169] Jager W, Janssen M A. Using Artificial Agents to Understand Laboratory Experiments of Common-Pool Resources with Real Agents[A]. In Complexity and Ecosystem Management: The Theory and Practice of Multi-Agent Systems, ed. Marco A. Janssen, 75-102. Cheltenham, UK: Elgar,2002.

[170] Janssen M A. Evolution of Cooperation in a One-Shot Prisoner's Dilemma Based

on Recognition of Trustworthy and Untrustworthy Agents[J]. Journal of Economic Behavior and Organization, 2008,65(3-4): 458~471.

[171] Joshi N N, Ostrom E, Shivakoti G P, Lam W F. Institutional Opportunities and Constraints in the Performance of Farmer-Managed Irrigation Systems in Nepal [J]. Asia-Pacific Journal of Rural Development, 2000,10(2): 67~92.

[172] Joshi N N, et al. An Institutional Analysis of the Effects of Different Modes of Assistance on the Performance of Farmer - Managed Irrigation Systems in Nepal [A]. Paper presented at Crossing Boundaries, the Seventh Biennial Conference of the International Association for the Study of Common Property, 1-18. Vancouver,Canada,1998.

[173] Kaufmann F X, Majone G, and Ostrom V. Guidance, Control, and Evaluation in the Public Sector[M]. Berlin and New York: de Gruyter,1986.

[174] Kiser L, Ostrom E. The Three Worlds of Action: A Metatheoretical Synthesis of Institutional Approaches[A]. In Strategies of Political Inquiry, ed. E. Ostrom. 179~222. Beverly Hills, CA: Sage,1982.

[175] Koestler A. The Tree and the Candle[A]. In Unity through Diversity: A Festschrift for Ludwig von Bertalanffy, ed. William Gray and Nicholas D. Rizzo, 287-314. New York: Gordon and Breach Science Publishers,1973.

[176] Lam W F, Ostrom E. Analyzing the Dynamic Complexity of Development Interventions: Lessons from an Irrigation Experiment in Nepal[J]. Policy Sciences, 2010,43(1): 1~25.

[177] Lam W F. Designing Institutions for Irrigation Management: Comparing Irrigation Agencies in Nepal and Taiwan[J]. Property Management, 2006, 24 (2): 162~178.

[178] Lam W F. Coping with Change: A Study of Local Irrigation Institutions in Taiwan[J]. World Development, 2001,29(9): 1569~1592.

[179] Lam W F. Governing Irrigation Systems in Nepal: Institutions, Infrastructure and Collective Action [M]. San Francisco, CA: ICS Press Institute for Contemporary Studies,1999.

[180] Lam W F. Governing Irrigation Systems in Nepal: Institutions, Infrastructure and Collective Action[M]. Oakland,CA: Institute for Contemporary Studies Press,1998.

[181] Lam W F, Lee M, Ostrom E. The Institutional Analysis and Development

Framework: Application to Irrigation Policy in Nepal[A]. In Policy Studies and Developing Nations: An Institutional and Implementation Focus. D. W. Brinkerhoff, ed. Greenwich, CT: JAI Press,1997: 53~85.

[182] Lam W F. Institutions, Engineering Infrastructure, and Performance in the Governance and Management of Irrigation Systems: The Case of Nepal[D]. Dissertation,Indiana University,1994.

[183] Leibbrandt A, Gneezy U, and List J. Ode to the Sea: The Socio-Ecological Underpinnings of Social Norms[R]. Unpublished manuscript: University of Chicago,2011.

[184] Levi M. A logic of institutional change[A]. In The Limits of Rationality, ed. KS Cook, M Levi, pp. 403-418. Chicago: University Chicago Press,1990.

[185] Levi M. Of Rule and Revenue[M]. Berkeley: University of California Press,1988.

[186] Lineberry R L, Fowler E P. Reformism and public policies in American cities [J]. American Political Science Review, 1967,61: 701~716.

[187] Liu J, et al. Ecological Degradation in Protected Areas: The Case of Wolong Nature Reserve for Giant Pandas[J]. Science, 2001,292(5514): 98~101.

[188] Lutsey N, Sperling D. America's Bottom-Up Climate Change Mitigation Policy [J]. Energy Policy, 2008,36(2): 673~685.

[189] Marshall G R. Nesting, Subsidiarity, and Community-Based Environmental Governance beyond the Local Level[J]. International Journal of the Commons, 2008,2(1): 75~97.

[190] Marwell G, Ames R E. Experiments on the Provision of Public Goods I: Resources, Interest, Group Size, and the Free Rider Problem[J]. American Journal of Sociology, 1979,84(6): 1335~1360.

[191] Mayr E. The Growth of Biological Thought[M]. Cambridge, MA: Harvard University Press,1982.

[192] McCay B J, Acheson J M. The Question of the Commons: The Culture and Ecology of Communal Resources[M]. Tucson, AZ: University of Arizona Press,1987.

[193] McGinnis M D. Polycentric Games and Institutions: Readings from the Workshop in Political Theory and Policy Analysis[M]. Ann Arbor, MI: University of Michigan Press,2000.

[194] McGinnis M D. Polycentric Governance and Development[M]. Ann Arbor, MI: University of Michigan Press,1999a.

[195] McGinnis M D. Polycentricity and Local Public Economies[M]. Ann Arbor, MI: University of Michigan Press,1999b.

[196] McGuire T, Coiner M, and Spancake L. Budget-Maximizing Agencies And Efficiency in Government[J]. Public Choice, 1979,34(3/4): 333~359.

[197] Meinzen-Dick R. Beyond Panaceasin Water Institutions[J]. Proceedings of the National Academy of Sciences, 2007,104(39): 15200~15205.

[198] Mohamed R A. A Theory for Monitoring an Irrigation Conveyance System for Management[D]. Fort Collins,Colo: Colorado State University,1987.

[199] Molden D J,Gates T K. Performance Measures Evaluation of Irrigation-Water Delivery Systems[J]. Journal of Irrigation and Drainage Engineering, 1990,116 (6): 804~823.

[200] Netting R M. Of Men and Meadows: Strategies of Alpine Land Use [J]. Anthropological Quarterly, 1972,45(3): 132~144.

[201] Niskanen W A. Bureaucracy and Representative Government[M]. Chicago: Aldine-Atherton,1971.

[202] North D C. Understanding the Process of Institutional Change[M]. Princeton: Princeton University Press,2005.

[203] North D C. Institutions, Institutional Change and Economic Performance[M]. New York: Cambridge University Press,1990.

[204] NRC(National Research Council). The Drama of the Commons[M]. National Academies Press. Washington, DC,2002.

[205] NRC(National Research Council). Proceedings of the Conference on Common Property Resource Management [M]. Washington, DC: National Academy Press,1986.

[206] Oad R, Levine G. Distribution of Water in Indonesian Irrigation Systems[J]. Transaction of the ASAE-American Society of Civil Engineers, 1985,28(4): 1166~1172.

[207] Oakerson R J. Reciprocity: a Bottom-Up View of Political Development[A]. In Rethinking Institutional Analysis and Development: Issues, Alternatives, and Choices, ed. V Ostrom, D Feeny, H Picht, 141-58. San Francisco: ICS Press, 1993.

[208] Oakerson R J. Analyzing the Commons: A Framework[A]. In Making the Commons Work: Theory, Practice, and Policy, ed. Daniel W. Bromley et al., 41-59. Oakland, CA: ICS Press, 1992.

[209] Oakerson R J. A Model for the Analysis of Common Property Problems[A]. In Proceedings of the Conference on Common Property Resource Management, 13-30. Washington, DC: National Academies Press, 1986.

[210] Olson M. The Logic of Collective Action[M]. Cambridge, MA: Harvard University Press, 1965.

[211] Ones U, Putterman L. The Ecology of Collective Action: A Public Goods and Sanctions Experiment with Controlled Group Formation[J]. Journal of Economic Behavior and Organization, 2007, 62(4): 495~521.

[212] Orbell J M, Kragt A V, and Dawes R M. Explaining Discussion-Induced Cooperation[J]. Journal of Personality and Social Psychology, 1988, 54(5): 811~819.

[213] Ostrom E. Background on the Institutional Analysis and Development Framework[J]. Policy Studies, 2011, 39: 7~27.

[214] Ostrom E, Basurto X. Crafting Analytical Tools to Study Institutional Change[J]. Journal of Institutional Economics, 2011, 7(3): 317~343.

[215] Ostrom E. Beyond Markets and States: Polycentric Governance of Complex Economic Systems[J]. American Economic Review, 2010a, 100(3): 641~672.

[216] Ostrom E. A Long Polycentric Journey[J]. Annual Review of Political Science, 2010b, 13: 1~23.

[217] Ostrom E. A General Framework for Analyzing Sustainability of Social-Ecological Systems[J]. Science, 2009, 325: 419~422.

[218] Ostrom E. Developing a Method for Analyzing Institutional Change[A]. In Sandra Batie and Nicholas Mercuro eds. Assessing the Evolution and Impact of Alternative Institutional Structures. New York: Routledge Press, 2008.

[219] Ostrom E. Institutional Rational Choice: An Assessment of the Institutional Analysis and Development Framework[A]. In Paul Sabatier, ed. Theories of the Policy Process, 2nd, 21-64. Boulder, CO: Westview Press, 2007a.

[220] Ostrom E. A Diagnostic Approach for Going Beyond Panaceas[J]. Proceedings of the National Academy of Sciences, 2007b, 104(39): 15181~15187.

[221] Ostrom E, Nagendra H. Insights on Linking Forests, Trees, and People from

the Air, on the Ground, and in the Laboratory[J]. Proceedings of the National Academy of Sciences, 2006,103(51): 19224~19231.

[222] Ostrom E. Understanding Institutional Diversity[M]. Princeton, NJ: Princeton University Press, 2005.

[223] Ostrom E, Walker J, Trust and Reciprocity: Interdisciplinary Lessons from Experimental Research[M]. New York: Russell Sage Found, 2003.

[224] Ostrom E, et al. The Drama of the Commons[M]. Washington, DC: National Academies Press, 2002.

[225] Ostrom E. Coping with Tragedies of the Commons[J]. Annual Review of Political Science, 1999a, 2: 493~535.

[226] Ostrom E, Parks R B. Neither Gargantua nor the Land of Lilliputs: Conjectures on Mixed Systems of Metropolitan Organization[A]. In Polycentricity and Local Public Economies: Readings from the Workshop in Political Theory and Policy Analysis, ed. Michael D. McGinnis, 284-305. Ann Arbor, MI: University of Michigan Press, 1999b.

[227] Ostrom E. A Behavioral Approach to the Rational Choice Theory of Collective Action[J]. American Political Science Review, 1998, 92(1): 1~22.

[228] Ostrom E, Lam W F, Lee M. The Performance of Self-Governing Irrigation Systems in Nepal[J]. Human Systems Management, 1994a, 13: 197~207.

[229] Ostrom E, Gardener R, Walker J. Rules, Games, and Common-Pool Resources [M]. Michigan: The University of Michigan Press, 1994b.

[230] Ostrom E, Gardner R. Coping with Asymmetries in the Commons: Self-Governing Irrigation Systems Can Work[J]. Journal of Economic Perspectives, 1993a, 7(4): 93~112.

[231] Ostrom E Schroeder L and Wynne S. Institutional Incentives and Sustainable Development: Infrastructure Policies in Perspective [M]. Boulder, CO: Westview Press, 1993b.

[232] Ostrom E. Crafting Institutions for Self-Governing Irrigation Systems[M]. San Francisco, CA: Institute for Contemporary Studies Press, 1992a.

[233] Ostrom E, Walker J, and Gardner R. Covenants with and without a Sword: Self-Governance is Possible[J]. American Political Science Review, 1992b, 86 (2): 404~417.

[234] Ostrom E Walker J. Communication in a Commons: Cooperation without

External Enforcement[A]. In Laboratory Research in Political Economy, ed. Thomas R. Palfrey, 287-322. Ann Arbor, MI: University of Michigan Press,1991.

[235] Ostrom E. Governing the Commons: The Evolution of Institutions for Collective Action [M]. Cambridge, UK: Cambridge University Press,1990.

[236] Ostrom E, et al. CPR Coding Manual[R]. Bloomington,IN: Indiana University, Workshop in Political Theory and Policy Analysis,1989.

[237] Ostrom E. An Agenda for the Study of Institutions[J]. Public Choice, 1986a,48 (1): 3~25.

[238] Ostrom E. A Method of Institutional Analysis. In Guidance, Control, and Evaluation in the Public Sector[A]. ed. FX Kaufmann, G Majone, V Ostrom, 459-475. Berlin and New York: de Gruyter,1986b.

[239] Ostrom E Parks R B and Whitaker G P. Patterns of Metropolitan Policing[M]. Cambridge, MA: Ballinger,1978a.

[240] Ostrom E, Parks R B, Whitaker G P, Percy S L. The Public Service Production Process: A Framework For Analyzing Police Services [J]. Policy Studies Journal, 1978b,7: 381~389.

[241] Ostrom E. The Delivery of Urban Services: Outcomes of Change[M]. Beverly Hills, CA: Sage Publications,1976a.

[242] Ostrom E. Size and Performance in a Federal System[J]. Acoustics Speech & Signal Processing Newsletter IEEE, 1976b,6(2): 33~73.

[243] Ostrom E, Whitaker G P. Community Control and Governmental Responsiveness: The Case of Police in Black Neighborhoods[A]. In Improving the Quality of Urban Management, ed. Willis Hawley and David Rogers, 303-34. Beverly Hills, CA: Sage, 1974.

[244] Ostrom E, Whitaker G P. Does Local Community Control of Police Make a Difference? Some Preliminary Findings [J]. American Journal of Political Science, 1973a,17: 48~76.

[245] Ostrom E, et al. Community Organization and the Provision of Police Services [M]. Beverly Hills, CA: Sage,1973b.

[246] Ostrom E, Parks R B, Whitaker G P. Do We Really Want To Consolidate Urban Police Forces? A Reappraisal of Some Old Assertions [J]. Public Administration Review, 1973c,33: 423~432.

[247] Ostrom E, Parks R B. Suburban Police Departments: Too Many and Too Small? [A]. In The Urbanization of the Suburbs, ed. Louis H. Masotti and Jeffrey K. Hadden, 367-402. Beverly Hills, CA: Sage,1973d.

[248] Ostrom E. Metropolitan Reform: Propositions Derived From Two Traditions [J]. Social Science Quarterly, 1972,53(3): 474~493.

[249] Ostrom E. Some Postulated Effects of Learning on Constitutional Behavior[J]. Public Choice,1968,5: 87~104.

[250] Ostrom E. Public Entrepreneurship: A Case Study in Ground Water Basin Management[D]. PhD diss. University of California, Los Angeles,1965.

[251] Ostrom V. The Intellectual Crisis in American Public Administration[M]. 3rd ed. Tuscaloosa, AL: University of Alabama Press,2008.

[252] Ostrom V. The Meaning of Democracy and the Vulnerability of Democracies: A Response to Tocqueville's Challenge[M]. Ann Arbor: University Michigan Press,1997.

[253] Ostrom V. The Meaning of American Federalism: Constituting a Self-Governing Society[M]. San Francisco: ICS Press,1991.

[254] Ostrom V. A Fallabilist'S Approachto Norms and Criteria of Choice[A]. In Kaufmann F. X, Majone, G and Ostrom, V editors. Guidance, Control, and Evaluation in the Public Sector, 229~244. Berlin: Walter de Gruyter,1986.

[255] Ostrom V. Artisanship and Artifact[J]. Public Administration Review, 1980, 40(4): 309-17.

[256] Ostrom V, Ostrom E. Public Goods and Public Choices[A]. In Alternatives for Delivering Public Services: Toward Improved Performance, ed. Emanuel S. Savas, 7-49. Boulder,CO: Westview Press,1977.

[257] Ostrom V. Language, Theory and Empirical Research in Policy Analysis[J]. Policy Studies Journal, 1975,3(3): 274~282.

[258] Ostrom V, Ostrom E. Public choice: a Different Approach To The Study Of Public Administration [J]. Public Administration Review, 1971, 31 (2): 203~216.

[259] Ostrom V, Ostrom E. A Behavioral Approach to the Study of Intergovernmental Relations[J]. The ANN ALS of the American Academy of Political and Social Science, 1965,359(1): 137~146.

[260] Ostrom V. The Political Economy of Water Development [J]. American

Economic Review, 1962,52(2): 450~458.

[261] Ostrom V, Tiebout C M and Warren R. The Organization of Government in Metropolitan Areas: A Theoretical Inquiry[J]. American Political Science Review, 1961,55(4): 831~842.

[262] Paavola J, Adger W N. Institutional Ecological Economics[J]. Ecological Economics, 2005,53(3): 353~368.

[263] Pagdee A, Kim Y-S, and Daugherty P J. What Makes Community Forest Management Successful: A Meta-Study from Community Forests throughout the World[J]. Society & Natural Resources, 2006,19(1): 33~52.

[264] Parks R B, et al. Consumers as Coproducers of Public Services: Some Economic and Institutional Considerations[J]. Policy Studies Journal, 1981, 9: 1001~1011.

[265] Parks R B, Ostrom E. Complex Modelsof Urban Service Systems[A]. In Urban Policy Analysis: Directions for Future Research, ed. TN Clark, 171-99. Beverly Hills,CA: Sage,1981.

[266] Parks R B. Complementary Measures of Policy Performance[A]. In Public Policy Evaluations, ed. KM Dolbeare, 185-218. Beverly Hills,CA: Sage,1976.

[267] Pfennig D W, Ledon-Rettig C. The Flexible Organism[J]. Science, 2009,325 (5938): 268~269.

[268] Popper K R. The Poverty of Historicism[M]. New York: Harper & Row,1961.

[269] Posner R. Economic Analysis of Law[A]. In Economic Foundation of Property Law, ed. Bruce A. Ackerman. Boston,MA: Little,Brown and Co,1975.

[270] Poteete A R, Janssen M A and Ostrom E. Working Together: Collective Action, the Commons and Multiple Methods in Practice[M]. Princeton, NJ: Princeton University Press,2010.

[271] Poteete A R, Ostrom E. Heterogeneity, Group Size and Collective Action: The Role of Institutions in Forest Management[J]. Development and Change, 2004a, 35: 437~461.

[272] Poteete A R, Ostrom E. In Pursuit of Comparable Concepts and Data about Collective Action[J]. Agricultural Systems, 2004b,82(3): 215~232.

[273] Przeworski A, Teune H. The Logic of Comparative Social Inquiry[M]. New York: Wiley,1970.

[274] Reeson A F, Tisdell J G. Institutions, Motivations and Public Goods: An Experimental Test of Motivational Crowding[J]. Journal of Economic Behavior and Organization, 2008,68(1): 273～281.

[275] Regmi A R. The Role of Group Heterogeneity in Collective Action: A Look at the Intertie between Irrigation and Forests: Case Studies from Chitwan, Nepal [D]. Dissertation, Indiana University,2007.

[276] Rogers B D, Lipsey C M. Metropolitan Reform: Citizen Evaluations of Performance in Nashville-Davidson County, Tennessee[J]. Acoustics Speech & Signal Processing Newsletter IEEE, 1974,4(4): 19～34.

[277] Romer T, Rosenthal H. 1978. Political Resource Allocation, Controlled Agendas, and the Status Quo. [J]. Public Choice,33(4): 27～43.

[278] Rothstein B. Social Traps and the Problem of Trust[M]. Cambridge, UK: Cambridge University Press,2005.

[279] Rudel T K. Meta-Analyses of Case Studies: A Method for Studying Regional and Global Environmental Change[J]. Global Environmental Change, 2008,18(1): 18～25.

[280] Sabatier P. The Need for Better Theories[A]. In Paul Sabatier, ed. Theories of the Policy Process, 2nd, Boulder,CO: Westview Press,2007.

[281] Sally D. Conservation and Cooperation in Social Dilemmas: A Meta-Analysis of Experiments from 1958 to 1992[J]. Rationality and Society, 1995,7(1): 58～92.

[282] Samuelson P A. The Pure Theory of Public Expenditure[J]. Review of Economics and Statistics, 1954,36(4): 387～389.

[283] Satz D, Ferejohn J. Rational Choice and Social Theory[J]. Journal of Philosophy, 1994,91(2): 71～87.

[284] Schank R C, Abelson R P. Scripts, Plans, Goals, and Understanding: An Inquiry in Human Knowledge Structures[M]. Hillsdale, NJ: Lawrence Erlbaum Associates,1977.

[285] Schelling T C. Choice and Consequence: Perspectives of an Errant Economist [M]. Cambridge, MA: Harvard University Press,1984.

[286] Schelling T C. Micromotives and Macrobehavior[M]. New York: Norton,1978.

[287] Schelling T C. The Strategy of Conflict[M]. Oxford: Oxford University Press,1960.

[288] Schlager E, Blomquist W. Embracing Watershed Politics[M]. Boulder, CO: University Press of Colorado, 2008.

[289] Schlager E. A Comparison of Frameworks, Theories, and Models of the Policy Process[A]. In Paul Sabatier, ed. Theories of the Policy Process, 2nd. Boulder, CO: Westview Press, 2007.

[290] Schlager E, Blomquist W and Heikkila T. Building the Agenda for Institutional Research in Water Resource Management[J]. Journal of the American Water Resources Association, 2004, 40(4): 925~936.

[291] Schlager E, Blomquist W, and Tang S Y. Mobile Flows, Storage, and Self-Organizing Institutions for Governing Common Pool Resources[J]. Land Economics, 1994, 70(3): 294~317.

[292] Schlager E. Fishers' Institutional Responses to Common-Pool Resource Dilemmas [A]. In Rules, Games, and Common-Pool Resources, ed. Ostrom E, Roy Gardner, and James Walker, 247~65. Ann Arbor, MI: University of Michigan Press, 1994.

[293] Schlager E, Ostrom E. Property-Rights Regimes and Natural Resources: A Conceptual Analysis[J]. Land Economics, 1992, 68(3): 249~262.

[294] Schlager E. Model Specification and Policy Analysis: The Governance of Coastal Fisheries[D]. PhD Dissertation Indiana University, 1990.

[295] Schumpeter J A. Capitalism, Socialism and Democracy[M]. New York: Harper Torchbooks, 1942.

[296] Scott A. The Fishery: The Objectives of Sole Ownership[J]. Journal of Political Economy, 1955, 63(2): 116~124.

[297] Selten R. Bounded Rationality[J]. Journal of Institutional and Theoretical Politics, 1990, 146: 649~658.

[298] Sen A K. The Idea of Justice[M]. Cambridge, MA: Harvard University Press, 2009.

[299] Sen A K. Rational Fools: A Critique of the Behavioral Foundations of Economic Theory[J]. Philosophy and Public Affairs, 1977, 6(4): 317~344.

[300] Shivakoti G P, Ostrom E. Improving Irrigation Governance And Management in Nepal[M]. Oakland, CA: Institute for Contemporary Studies Press, 2002.

[301] Shivakoti G P, Ostrom E. Farmer and Government Organized Irrigation Systems in Nepal: Preliminary Findings from Analysis of 127 Systems[A]. Paper are

Presented at the 4th Annual Conference of the International Association for the Study of Common Property, Manila, Philippines, 1993.

[302] Simon H A. The Potlatch between Economics and Political Science[A]. In Competition and Cooperation: Conversations with Nobelists About Economics and Political Science, ed. James E. Alt, Margaret Levi, and Ostrom E, 112~19. New York: Russell Sage Foundation, 1999.

[303] Simon H A. Near Decomposability and Complexity: How a Mind Resides in a Brain[A]. In The Mind, the Brain, and Complex Adaptive Systems, ed. Harold J. Morowitz and Jerome L. Singer, 25-44. Reading, MA: Addison-Wesley, 1995.

[304] Simon H A. The Sciences of the Artificial[M]. 2nd ed. Cambridge, MA: MIT Press, 1981.

[305] Simon H A. Theories of bounded rationality[A]. In Decision and Organization: A Volume in Honor of Jacob Marschak, ed. CB McGuire, R Radner, 161-176. Amsterdam: North Holland, 1972.

[306] Simon H A. Administrative Behavior: A Study of Decision-making Processes in Administrative Organization[M]. New York: Free Press, 1965.

[307] Simon H A. A Behavioural Model of Rational Choice[J]. Quarterly Journal of Economics, 1955, 69: 99~188.

[308] Skoler D L, Hetler J M. Government Restructuring and Criminal Administration: The Challenge of Consolidation [A]. In Crisis in Urban Government. A Symposium: Restructuring Metropolitan Area Government. Silver Springs, MD: Thomas Jefferson, 1971.

[309] Small L E, Svendsen M. A Framework for Assessing Irrigation Performance [J]. Irrigation and Drainage Systems, 1990(4): 283~312.

[310] Smith V L. Theory and Experiment: What Are the Questions? [J]. Journal of Economic Behavior and Organization, 2010, 73(1): 3~15.

[311] Smith V L. Constructivist and Ecological Rationality in Economics[J]. American Economic Review, 2003, 93(3): 465~508.

[312] Smith V L, Walker J M. Rewards, Experience and Decision Costs in First Price Auctions[J]. Economic Inquiry, 1993, 31(2): 237~245.

[313] Steed B, Blomquist W. Responses to Ecological and Human Threats to a California Water Basin Governance System[A]. Presented at the 26th Annual

Meeting of the Association for Politics and the Life Sciences, Indiana University, Bloomington, October. 2006: 25~26.

[314] Stern N. The Economics of Climate Change: the Stern Review[M]. Cambridge: Cambridge University Press,2007.

[315] Stewart J I. Cooperation When N Is Large: Evidence from the Mining Camps of the American West[J]. Journal of Economic Behavior and Organization, 2009, 69(3): 213~225.

[316] Stigler G J. The tenable range of functions of local government[A]. In Private Wants and Public Needs, ed. ES Phelps, 167-176. New York: Norton,1962.

[317] Sugden R. The Economics of Rights, Co-Operation and Welfare[M]. Oxford: Blackwell,1986.

[318] Tang S Y. Institutions and Performance in Irrigation Systems[A]. In Ostrom E., Gardner R and Walker J eds., Rules, Games, and Common-Pool Resources. University of Michigan Press,1994: 225~245.

[319] Tang S Y. Institutions and Collective Action: Self Governance in Irrigation[M]. San Francisco,CA: ICS Press Institute for Contemporary Studies,1992.

[320] Tang S Y. Institutional Arrangements and the Management of Common-Pool Resources[J]. Public Administration Review, 1991,51(1): 42~51.

[321] Tang S Y. Institutions and Collective Action in Irrigation Systems [D]. Dissertation, Indiana University,1989.

[322] Terborgh J. Requiem for Nature[M]. Washington, DC: Island Press,1999.

[323] Titus C H. A Nomenclaturein Political Science[J]. American Political Science Review, 1931,25: 45~61.

[324] Toonen T. Resilience in Public Administration: The Work of Elinor and Vincent Ostrom from a Public Administration Perspective[J]. Public Administration Review, 2010,70(2): 193~202.

[325] Trawick P B. Successfully Governing the Commons: Principles of Social Organization in an Andean Irrigation System[J]. Human Ecology, 2001,29(1): 1~25.

[326] Tucker C M. Changing Forests: Collective Action, Common Property, and Coffee in Honduras[M]. Berlin: Springer,2008.

[327] Uphoff N T, Ramamurthy P, and Steiner R. Managing Irrigation: Analyzing and Improving the Performance of Bureaucracies. [M]. New Delhi: Sage,1991.

[328] Vedeld T. Village Politics: Heterogeneity, Leadership and Collective Action [A]. Paper Presented at Constituting the Commons: Crafting Sustainable Commons in the New Millennium. Eight Conference of the International Association for the Study of Common Property. Bloomington, Indiana, USA,2000.

[329] Wade R. Village Republics: Economic Conditions for Collective Action in South India[M]. San Francisco: ICS Press,1994.

[330] Walker J, Ostrom E. Trust and Reciprocity as Foundations for Cooperation[A]. In Whom Can We Trust?: How Groups, Networks, and Institutions Make Trust Possible, ed. Karen S. Cook, Margaret Levi, and Russell Hardin, 91-124. New York: Russell Sage Foundation,2009.

[331] Warren R O. Government of Metropolitan Regions: A Reappraisal of Fractionated Political Organization[M]. Davis, CA: University of California, Institute of Governmental Affairs,1966.

[332] Webb E L, Shivakoti G, Decentralization, Forests and Rural Communities: Policy Outcomes in South and Southeast Asia [M]. New Delhi: Sage India,2008.

[333] Weissing F, Ostrom E. Irrigation Institutions and the Games Irrigators Play: Rule Enforcement on Government- and Farmer-Managed Systems[A]. In Games in Hierarchies and Networks: Analytical and Empirical Approaches to the Study of Governance Institutions, ed. Fritz W. Scharpf, 387-428. Frankfurt, Germany: Campus Verlag,1993.

[334] Weissing F, Ostrom E. Irrigation Institutions and the Games Irrigators Play: Rule Enforcement without Guards [A]. In Game Equilibrium Models II: Methods, Morals, and Markets, ed. R Selten, 188-262. Berlin: Springer-Verlag,1991.

[335] Weschler L F. Water Resources Management: The Orange County Experience [M]. Davis, CA: University of California, Institute of Governmental Affairs,1968.

[336] William B, Peter d. The Design and Promise of the Institutional Analysis and Development Framework[J]. Policy Studies Journal, 2011,39: 1~6.

[337] Williamson O E. The Economics of Governance: Framework and Implications [A]. In Economics as a Process: Essays in the New Institutional Economics,

ed. Richard N. Langlois, 171-202. Cambridge, UK: Cambridge University Press,1986.

[338] Williamson O E. The Economic Institutions of Capitalism: Firms, Markets, Relational Contracting[M]. New York: Free Press,1985.

[339] Williamson O E. Markets and Hierarchies: Analysis and Antitrust Implications [M]. New York: Free Press,1975.

[340] Wilson J A. Fishing for Knowledge[J]. Land Economics, 1990,66(1): 12～29.

[341] Wilson J A, et al. Chaos, Complexity, and Community Management of Fisheries[J]. Marine Policy, 1994,18(4): 291～305.

[342] Wilson J Q. Crime in the streets[J]. Public Interest,1966,5: 26～35.

[343] Wilson W. Congressional Government: A Study in American Politics [M]. Boston: Houghton Mifflin,1885.

[344] Wolfgang M E. Uniform Crime Reports: a Critical Appraisal[J]. University of Pennsylvania Law Review, 1963,3: 708～738.

[345] Wollenberg E, et al. Fourteen Years of Monitoring Community-Managed Forests: Learning from IFRI's Experience[J]. International Forestry Review, 2007,9(2): 670～684.

[346] Xing L. The Case Study on the System of Irrigation and Sacrificial Rites in the 36 Villages of Jinshui Drainage Area[J]. Historical Review, 2005,4: 1～10.

[347] Yamagishi T. The Provision of a Sanctioning System as a Public Good[J]. Journal of Personality and Social Psychology, 1986,51(1): 110～16.

[348] Yandle T. Understanding the Consequence of Property Rights Mismatches: A Case Study of New Zealand's Marine Resources[J]. Ecology and Society, 2007, 12(2).

[349] Young et al. The Globalization of Socio-ecological Systems: An Agenda, for Scientific Research[J]. Global Environmental Change, 2006,16: 304～316.

[350] Yandle T, Dewees C M. Privatizing the Commons—Twelve Years Later: Fishers' Experiences with New Zealand's Market-Based Fisheries Management [A]. In The Commons in the New Millennium: Challenges and Adaptation, ed. Nives Dolsak and Ostrom E, 101-27. Cambridge,MA: MIT Press,2003.

[351] Zimmerman J F. Metropolitan Reform in the U. S.: an Overview[J]. Public Administration Review, 1970,30: 531～543.